郑永廷文集

郑永廷◎著

（第四卷）

中山大学出版社
SUN YAT-SEN UNIVERSITY PRESS
·广州·

图书在版编目（CIP）数据

郑永廷文集：共八卷／郑永廷著. —广州：中山大学出版社，2023.8
ISBN 978-7-306-07872-8

Ⅰ.①郑…　Ⅱ.①郑…　Ⅲ.①政治—中国—文集　Ⅳ.①D6-53

中国国家版本馆 CIP 数据核字（2023）第 143907 号

ZHENG YONGTING WENJI（DI-SI JUAN）

出　版　人：王天琪
策划编辑：嵇春霞　卢思敏
责任编辑：卢思敏
封面设计：曾　斌
责任校对：陈　莹
责任技编：靳晓虹
出版发行：中山大学出版社
电　　话：编辑部 020-84110283，84113349，84111997，84110779，84110776
　　　　　发行部 020-84111998，84111981，84111160
地　　址：广州市新港西路 135 号
邮　　编：510275　　　　传　真：020-84036565
网　　址：http://www.zsup.com.cn　　E-mail：zdcbs@mail.sysu.edu.cn
印　刷　者：恒美印务（广州）有限公司
规　　格：787mm×1092mm　　1/16
总　印　张：122 印张
总　字　数：2190 千字
版次印次：2023 年 8 月第 1 版　　2023 年 8 月第 1 次印刷
总　定　价：680.00 元（全八卷）

目录

现代思想道德教育的概念解读[*]

现代思想道德教育，是相对传统思想道德教育而言的。要阐述现代思想道德教育的含义，必须弄清与之相关的几个概念。

一、现代与现代化

什么是现代？不同的科学和不同的角度对此有不同的界定。

历史学所说的"现代"，一般是指帝国主义和无产阶级革命的时代，即无产阶级夺取社会主义革命胜利的时代，1917 年俄国十月革命是世界现代史的开始。但也有的主张以经济条件为依据，认为现代起始于 19 世纪末 20 世纪初帝国主义的形成。由于各国政治、经济、文化状况不同，各国现代起始的时间有迟有早。关于我国现代史的启端，有的人认为是以 1919 年五四运动为起点，也有的人认为是以 1840 年鸦片战争为标志。1949 年，中华人民共和国成立，完成了 20 世纪初开始的现代化变迁中政治制度、政治秩序的转换，这在现代中国是一个重要的转折点。

如果从时间的角度来界定现代，则现代是相对于古代、近代而言的，包括当代。如果从文化、思想道德的视角来界定现代，那么现代与传统则具有对应关系。现代与传统分别表示着时间的序列以及时间的延续和过程，既有时间上的前后差异，也有时间上的相互转换，同时还有活动于时空中的人们思想道德观念的传衍与变化。传统是指过去的某一时间范围，是由过去的物质条件和制度、社会心理意识、思想观念、行为方式决定的。而现代则是指现在和未来的某一时限范围，它是传统的延续，也是传统的发展，是传统的转换和再生。传统和现代不仅有时间上的界限，而且有质的不同。从新中国成立到 1978 年党的十一届三中全会召开前这段时间，我们可以把它看作一个时代，是现代的传统；而 1978 年以后则是一个新的历史时期，是中国特色社会主义现代化建设时期，是对过去传统的发展。新的时期同传统时代有质的不同。我们这里所说的现代，主要是指 1978 年党的十一届三中全会以

* 原载于《现代思想道德教育理论与方法》，广东高等教育出版社 2000 年版，收录时有修改。

来的时期，是以无产阶级革命时代和以和平与发展时代为依据的划分。

所谓现代化，是指社会和人的现代特性发生、发展过程的现实活动。现代化是一个发展过程，是一种现实的创造性活动。它一方面指由传统向现代转变的过程，另一方面指现代社会发展的过程。传统作为一种生活模式、思维方式和行为方式，表现在每一代人身上，展示在每一代人面前，不可能被简单和彻底地清除掉。当人们按照传统的思维方式和行为方式来思考和处理现代问题时，就会发生困难，遇到障碍，思想上会产生困惑和迷惘，从而引发对这些思维方式和行为方式的重新审视和检查，进而认识到它们与现实的矛盾与对立，于是就要施以改造和转化。这一认识的过程和改造的活动就是现代化。现代化就是对传统的改造，在思想道德层面上，就是使人们的思想观念、道德观念、思维方式、心理意识完成全面的转变和更新，从而推动整个社会的改革。

从这个意义上说，传统是现代化的前提或基础，传统经过现代化的改革和转换，得到扬弃和再生，成为新的观念和精神。这种新的观念和精神塑造了现代社会的面貌和主体形象。

在国际上，"现代化"的概念过去长期被理解为单纯的凭借 GNP（国民生产总值）来计算的经济增长。这种计算概念是 20 世纪 30 年代由卡内兹（S. S. Kamets）与拉克（C. Claric）创始的，在 1945 年时任美国总统罗斯福向国会提交的预算咨文中被首次提出。后来，一些社会学家扩大了现代化的含义，把它拓展到社会的其他领域。美国纽约州立大学社会学教授贝迪阿·纳思·瓦尔马（B. N. Varma）在其著作《社会学和政治学的发展——个理论的探索》（*The Sociology and Politics of Development—A Theoretical Study*）（1980）中指出："现代化的含义是指一种特殊的社会变革，这种变革，首先渗透到西方人的价值观念、态度、信念和行动中，并改变了西方社会的制度和目标。""现代化，既是一种意识形态，又是一种社会关系结构，变革者不断地使它向前发展。说得坏，这是为自己而变革；说得好，这是一种受价值观念指导的变革过程，永无止境。"[①] 瓦尔马关于现代化是一种受价值观念指导的永无止境的变革过程的观念，启示我们应当重视思想道德领域的现代化问题，而不应当只是把现代化局限于物质、经济领域。同样，美国学者西里尔·E. 布莱克（C. E. Black）等也曾这样表述过现代化的含义：所谓现代化，是指这样一个过程，即在科学和技术革命的影响下，社会已经发

---

① ［美］贝迪阿·纳思·瓦尔马：《现代化问题探索》，知识出版社 1983 年版，第 4—12 页。

生了变化或者正在发生着变化；是一个持续的过程，自身没有界限分明的阶段，是一个影响社会的各个方面的扩增过程；现代化的过程会无限期地持续下去。[①]

关于现代化的这些界定说明，现代化是一个具有指向性的文化变迁过程，这个持续不断、永无止境的变革过程，是受人们价值观念指导的一种有目的、有计划，涉及经济、政治、文化各个层面的进步运动。因而，研究人们价值观念和思想道德观念的变化、发展，研究现代社会条件下的思想道德教育，对推动其他领域的现代化无疑具有前导性作用。

二、现代思想道德教育

为了界定和理解现代思想道德教育，我们首先要说明为什么要提出"思想道德教育"这个概念。关于以什么概念来表述教育的重点、性质、内容，各个时代是不同的。随着社会的发展，教育概念也是不断发展的，这是时代的要求、发展的要求。过去，我们主要使用"思想政治教育"这个概念，现在我们也经常运用。实际上，"思想政治教育"这个概念也经历了一个发展过程。俄国十月革命胜利以后，苏维埃政权建立，为了巩固新生的红色政权，在列宁领导下，于1920年成立了人民教育委员会，并在这个委员会下专门设立了政治教育委员会，担负政治教育职责。列宁在《在全俄省、县国民教育厅政治教育委员会工作会议上的讲话》一文中，最先提出"政治教育"的概念，并论述了教育与政治的关系，提出了政治教育的任务是要战胜资本主义"最深刻、最强烈的思想上的反抗""要完成改造群众的工作""要同旧习惯、旧风气、旧思想决裂""要培养一支新的教育大军"等。显然，政治教育的提出，是巩固新生社会主义政权的需要。后来，斯大林为了提高党的理论水平，宣传列宁主义，反对资产阶级思想和形形色色的机会主义思想，于1934年在《在党的第十七次代表大会上关于联共（布）中央工作的总结报告》中，首次提出"思想政治工作"的概念，并提出了思想政治工作的几项任务。在这些思想政治工作任务中，主要内容就是思想政治教育。

毛泽东同志在他的著作中，关于"思想政治教育"概念的表述有几种：

---

① ［美］西里尔·E. 布莱克等：《日本和俄国的现代化》，周师铭等译，商务印书馆 1984 年版，第 16—26 页。

在《论联合政府》一文中，提出"思想教育"的概念；在《严重的教训》等文章中，运用了"政治工作"的概念；1957年，在《在省市自治区党委书记会议上的讲话》和《关于正确处理人民内部矛盾的问题》两篇文章中，分别使用了"政治思想工作"和"思想政治工作"的概念；在有些文章中，还用过"思想工作"和"政治工作"的概念。邓小平同志在他的文章和讲话中，运用的是"思想政治教育"和"思想政治工作"的概念。

经典作家提出的"政治教育""思想政治教育""思想政治工作"的概念，其含义有相互包容、相互重叠的一面，也有相互区别、各有侧重的一面。在革命与战争时期，党为了夺取政权和巩固政权，教育工作就要强调政治思想，突出政治思想，把政治工作和思想教育结合起来。

实行改革开放以后，即进入新的历史时期，党实现了工作中心的转移，以经济建设为中心，发展经济，发展社会生产力，投身经济建设是全国人民的主要任务。在经济活动、业务活动中，社会的道德问题日显突出，特别是开放的扩大、改革的深入、矛盾冲突和许多道德方面的问题积压在一起，引起了新旧道德的剧烈振荡，思想迷惘、道德失范，在由传统向现代转换的过程中成为不可忽视的社会问题。道德建设作为一个独立的议题被推向了时代的前台。邓小平同志多次强调，要加强思想教育，包括道德教育，"要培养和树立优良的道德风尚"。党和国家在提出建设"四化"（即四个现代化，工业现代化、农业现代化、国防现代化、科学技术现代化）的历史任务的同时，还提出了加强社会主义精神文明建设的战略方针。1986年，《中共中央关于社会主义精神文明建设指导方针的决议》提出，精神文明建设的根本任务是适应社会主义现代化建设需要，培养有理想、有道德、有知识、有纪律的社会主义公民，提高整个中华民族的思想道德素质和科学文化素质，提出精神文明建设包括思想道德建设和科学文化建设两个方面，要把提高整个中华民族的思想道德素质作为社会主义精神文明建设的根本任务之一，并提出了进行"全民范围的道德建设"的任务、要求、方针、政策和具体内容。1996年，《中共中央关于加强社会主义精神文明建设若干重要问题的决议》进一步明确了思想道德教育的基本任务和基本内容，并建构了思想道德建设的理论体系。这样，以适应新的历史时期需要的思想道德教育已成为我国社会主义现代化整个战略任务中不可缺少的组成部分。

思想道德教育包括思想教育和道德教育两个方面。思想教育主要是马克思主义科学世界观和方法论的理论教育，特别是邓小平理论教育；社会主义和共产主义的理想教育；党的路线、方针政策教育以及社会主义、集体主义、爱国主义教育；等等。道德教育主要是以为人民服务为核心，以集体主义为原则，以爱祖国、爱人民、爱劳动、爱科学、爱社会主义为基本要求，开展社会公德、职业道德、家庭美德的教育。把思想教育和道德教育结合在一起，形成了新时期思想道德教育的体系和特征。

如何理解现代思想道德教育？现代思想道德教育是现代教育的组成部分。关于"现代教育"的概念，列宁早在《青年团的任务》一文中就提出来了。列宁指出："每个青年必须懂得，只有接受现代教育，他们才能建立共产主义社会。""应该使培养、教育和训练现代青年的全部事业，成为培养青年的共产主义道德的事业。"① 显然，列宁这里所讲的面向现代青年的现代教育包括现代思想道德教育。

对于现代思想道德教育，我们可以把"时间概念"和"性质概念"两个方面结合起来理解。从时间上说，现代即现在的时代，它处于过去和未来之间，是一个相对确定的概念，是相对于古代、过去时代而言的。现代思想道德教育的含义，是相对于古代思想道德教育、传统思想道德教育而言的。从性质上说，现代思想道德教育是从传统思想政治教育转变、发展而来的，它与社会现代化、人的现代化紧密相连，包含着现代性的内涵，即现时代的性质。所以，现代思想道德教育不是仅从时间上说的，而是主要从性质上说的。因为现代是现代人历史的活动和现代人活动的历史，包含丰富的内涵，所以对思想道德教育的现代性内涵，更要从它具有的现时代的性质方面来理解所谓的现代性。这种性质是现代人的社会和现代社会的人的时代属性，是一种社会-文化结构，是对现代社会特性的反映。现代社会的特性表现在很多方面，如全球性与地方性、世界性与民族性、开放性与竞争性、发展性与变更性、多元性与主导性等。现代性是相对于传统性而言的，来源于传统性，包含了传统性，但现代性又不同于传统性，且高于传统性。现代思想道德教育是思想道德教育现代化的结果，是对社会现代化、人的现代化的积极回应。它是属于现代社会、现代人的教育，是具有同古代、过去时代传统思想道德教育不同属性的教育。它是传统思想政治教育的发展：它既是现代的反映，又是社会遗产的积累，是历史与现实的共同体。它虽与传统的思想政治教育有共性，但它更有传统思想政治教育所没有的、发展的现代性内涵。

---

① 《列宁全集》第 39 卷，人民出版社 1995 年版，第 293–312 页。

三、现代思想道德教育与传统思想政治教育

前面我们对现代思想道德教育进行界定，是以传统思想政治教育为参照，从教育内涵性质的不同来说明的。那么，现代思想道德教育与传统思想政治教育相比较，又有哪些特征呢？

第一，所处的时代不同，服务的对象不同。传统的思想政治教育是战争与革命时代的教育，它以阶级斗争为纲，以政治为中心，为夺取政权、巩固政权服务。它必须围绕战争和革命展开，动员、组织人民群众进行英勇不屈的斗争，取得革命的胜利。传统思想政治教育在我国历史上起过巨大作用，为无产阶级夺取政权和巩固政权建立了不朽功绩，并在长期的革命实践中不断探索、发展，形成了完整的理论体系。后来，传统思想政治教育由于受"左"的思想影响，没有随着社会的发展而改变服务对象和进行新的探索，特别是在"文化大革命"中为错误的政治运动服务，致使思想政治教育的形象遭受损害，思想政治教育的理论与方法受到怀疑，对现代思想道德教育作用的发挥是有影响的。

现代思想道德教育是和平与发展时代的教育，是以经济建设为中心，坚持四项基本原则，坚持改革开放，服从和服务于社会主义现代化建设的教育。教育的时代内容、服务对象和任务同过去相比已经不同。时代主题的变化带来时代内容的变化，社会主义现代化建设的伟大实践不仅向思想道德教育不断提出新情况、新问题、新要求，推动思想道德教育发展，而且为思想道德教育不断提供新内容、新途径、新条件，保证思想道德教育发展。因此，新的时代赋予了思想道德教育新的使命和新的时代面貌。

第二，所处的环境不同，教育的内容不同。我国社会的环境，已大大不同于过去。对内对外开放，改变了过去封闭与半封闭的环境；复杂多变的信息，改变了过去相对单一的文化环境；单位之间和人际的竞争环境，改变了过去绝对平均主义的状况；社会主义市场经济体制的建立，改变了过去的计划经济体制。所有这些客观条件的变化，都已经和正在深刻影响着人们的价值观念、思维方式和行为方式，也在不断改变着思想道德教育的内容、途径和方法。

第三，发展趋势不同，教育手段不同。传统思想政治教育是在科学技术发展相对较慢，各个学科呈现分化发展趋势的情况下运行的，思想政治教育与现代科学技术尚无直接的结合与渗透，传统的经验模式与教育方法十分突

出。现代科学技术的迅速发展，带来了思想道德教育的深刻变革与巨大进步。思想道德教育不仅可以吸收相关学科的最新研究成果，直接运用现代科学技术所提供的现代化技术与手段，而且作为一门新兴的、综合的学科确立起来，走上了科学化的发展轨道，确立了科学的形象。

第四，运行状况不同，教育要求不同。在革命战争年代和计划经济条件下，思想政治教育强调统一性与权威性，其运行状况多以传授、服从、执行为特征，难免会出现照抄照搬，甚至教条主义、形式主义的倾向。在改革开放和市场经济条件下，多种经济成分和分配方式的共存，多种文化的渗透与激荡，多种价值取向的存在，必然导致对思想道德教育的不同要求。思想道德教育必须克服过去的单一运行模式，坚持原则性与灵活性相结合、先进性与广泛性相结合的原则，创造性地开展思想道德教育。

总之，现代思想道德教育同传统思想政治教育是两种状态、特征不同的教育，是分属于两个不同时代的教育。但是，我们肯定现代思想道德教育，并不是要否定传统思想政治教育。除了要历史地、客观地肯定传统思想政治教育在历史上的重要作用，我们还要继承传统教育的教育传统。传统教育和教育传统的概念是不同的，传统教育是已定型的教育，是过去时代一种实体性的东西。而教育传统则是联结教育的过去、现在与将来的一个动态的流程，处在不断更新、重构、创造之中的尚未定型的东西。已定型的传统教育是无法适应和被搬到现在这个时代来的，而传统教育的优良的教育传统则是可以被传承并融于现代教育体系中的，而且现代教育要以传统教育为基础和前提，才能建构现代教育的体系。所以，我们既要看到现代思想道德教育与传统教育的联系，不要隔断历史，又要看到它们的区别，不断创新发展。

论现代思想道德教育的理论*

现代思想道德教育的理论是现代思想道德教育的指导思想，是赋予现代思想道德教育以现代性和时代性特征的理论，是对现代思想道德教育规律和特点的概括。

一、现代思想道德教育的理论基础

现代思想道德教育的理论基础是马克思主义，马克思主义理论不仅为现代思想道德教育提供世界观和方法论的正确指导，而且是现代思想道德教育的主要内容。特别是邓小平理论，是马克思主义与中国社会主义现代化建设相结合的结晶，赋予思想道德教育时代气息与现代特征。"作为毛泽东思想继承和发展的邓小平理论，是指导中国人民在改革开放中胜利实现社会主义现代化的正确理论。在当代中国，只有把马克思主义同当代中国实践和时代特征结合起来的邓小平理论，而没有别的理论能够解决社会主义的前途和命运问题。邓小平理论是当代中国的马克思主义，是马克思主义在中国发展的新阶段。"① 邓小平理论坚持马克思主义基本原理，结合中国社会主义现代化建设实际，反映时代特征，不仅为我国社会的发展指明了正确方向，而且为一切工作提供了科学的指导。

邓小平所强调的解放思想、实事求是的思想路线，在新的实践基础上，既继承前人，又突破陈规，开拓了马克思主义的新境界。正是这条正确的思想路线，指导人们冲破错误思想的禁锢，打破传统道德的束缚，转变观念，大胆改革，推动思想道德教育由传统向现代的转化。解放思想、实事求是，最先是从思想领域开始的，冲破"两个凡是"，进行思想领域的拨乱反正，开展真理标准的讨论，扩大对内对外开放，开辟了思想道德领域的新天地，开创了思想道德建设的新途径，有力地促进了人们思想观念的现代化。正是

---

* 原载于《现代思想道德教育理论与方法》，广东高等教育出版社 2000 年版，收录时有修改。

① 江泽民：《高举邓小平理论伟大旗帜，把建设有中国特色社会主义事业全面推向二十一世纪——中国共产党第十五次全国代表大会报告》，载《人民日报》1997 年 9 月 13 日。

这条正确的思想路线，使我们找到了改革发展的道路，获得了进入新的历史时期的精神动力，实现了由传统向现代的转变。我国人民思想的大解放，精神面貌的深刻变化，是坚持解放思想、实事求是思想路线的结果，是坚持改革开放的结果。如果没有这条解放思想、实事求是的思想路线的指引，我们可能还在错误的思想道德漩涡中苦斗。

邓小平关于社会主义初级阶段的理论和党的基本路线，是解放思想、实事求是思想路线具体运用的成果，是邓小平同志对当代中国基本国情作出的科学判断，并以这个判断为立论根据，制定的我国现阶段的基本路线和基本纲领，揭示了我国社会主义现代化建设的特点和规律。完整准确地把握这一科学判断，坚持一切从社会主义初级阶段的基本国情出发，对于我们坚持党的基本路线一百年不动摇，对于我们贯彻党在现阶段的方针政策，意义是十分重大的。我们进行思想道德教育，同样要从我国社会主义初级阶段的基本国情出发，基于基本国情、文化传统，确定教育内容和教育方法，提出教育要求，克服过去教育脱离社会主义初级阶段政治、经济、文化的实际的教条主义、空想主义倾向，使思想道德教育富有中国特色，富有民族性和实效性。同时，思想道德教育还要遵循党的基本路线，冲破以阶级斗争为纲，以政治运动为中心的传统，适应和平与发展时代的要求，坚持以经济建设为中心，坚持四项基本原则，坚持改革开放，从而规定了思想道德教育新的服务对象，开拓了思想道德教育新的领域，赋予思想道德教育时代特征和现代面貌。因此，社会主义初级阶段的理论和党的基本路线决定了新时期的思想道德教育的方向和面貌，决定了思想道德教育必须坚持民族性与现代性的统一、中国特色与时代性的统一。

邓小平精神文明建设的理论为现代社会条件下的思想道德教育提供了直接的理论指导。在强调发展社会主义物质文明的同时，邓小平强调加强精神文明建设。从我国社会主义现代化建设的总体布局可以看到，我国社会主义现代化包括三个方面的建设：一是物质方面的现代化建设，即通常所说的"四个现代化"，这"四个现代化"是其他方面现代化的基础。二是社会结构、社会关系方面的现代化建设，即社会运行机制方面的现代化。三是精神文明建设，属于人的精神世界的现代化，主要是提高人的思想道德素质和科学文化素质。这三方面的建设是相互联系、相互制约、相互促进的。在社会主义条件下，无论是物质文明建设、各种体制改革，还是精神文明建设，都是通过人和为了人的建设，它们的动力源和目的性是共同的。但从作用对象来看，它们是不同的。物质文明建设是人把物作为自己的作用对象，使物符合和满足于人的需要的建设；体制改革是人作用于社会结构、社会关系，使各种体制更加符合社会生产力发展要求的改革；精神文明建设则主要是人作用于人，人把人作为自己的建设对象的建设，包括自己把别人看作建设对象和自己把自己看作建设对象两种情况：前者强调相互教育、相互影响，后者强调自我教育、自我完善、自我实现。

社会主义精神文明建设现代化，就其基本内容来说，就是社会的主体——人的社会主义现代化、文明化理论。物质文明建设和各种体制改革都离不开人的思想道德素质和科学文化素质与之相适应，后者又随着物质文明建设的发展和体制改革的完善而不断发展和提高。如果没有现代思想道德观念和掌握现代科学技术的人，现代化的科学技术和管理体制就不会转化成为现实的生产力，社会也不会有现代化的面貌。所以，"社会主义精神文明建设的根本任务，是适应社会主义现代化建设的需要，培养有理想、有道德、有文化、有纪律的社会主义公民，提高整个中华民族的思想道德素质和科学文化素质"①。"四有"新人的目标体现了现代社会人的全面性、多样性发展；"两个"素质的提高反映了现代社会对人的要求。这些都是从我国公民素质和民族素质的现实水平出发，为适应社会主义现代化建设的迫切需要，并且着眼于未来的共产主义目标，在总结历史经验的基础上提出来的，它是我们在新的历史时期开展思想道德教育的指导方针，是马克思主义关于培养全面发展的时代新人的思想在我国社会当前阶段的发展和运用。

社会主义精神文明建设的理论强调了思想道德建设在整个社会主义现代化建设中的地位和作用。"精神文明建设，包括思想道德建设和教育科学文化建设两个方面，渗透在整个物质文明建设之中，体现在经济、政治、文化、社会生活的各个方面。"② 而思想道德建设又决定着精神文明建设的社会主义性质，决定着物质文明建设的方向。这是因为，思想道德建设的主要内容是马克思主义的世界观，是建设中国特色社会主义的共同理想和共产主义的理想、信念和道德，是同社会主义公有制和政治制度相一致的集体主义思想和为人民服务的精神，是社会主义的爱国主义和国际主义，等等。概括起来说，最重要的是理想、道德和纪律。对此，邓小平同志进行过多次论述。

邓小平教育理论是现代思想道德教育的重要理论基础。邓小平教育理论

---

① 《中共中央关于社会主义精神文明建设指导方针的决议》，人民出版社 1996 年版。
② 《中共中央关于社会主义精神文明建设指导方针的决议》，人民出版社 1996 年版。

深刻地揭示了我国现代教育事业的本质和发展规律，精辟阐述了我国教育改革和发展的一系列重大理论和实践问题，具有鲜明的中国特色和时代特征，是马克思主义教育理论在当代中国的新发展。

邓小平教育理论的内容涉及教育的地位和作用、教育的性质和方向、培养目标和教育改革等各个方面。邓小平提出的"教育要面向现代化，面向世界，面向未来"的指导方针，是同他关于社会主义现代化的战略目标和战略部署的构想一脉相承的，反映了他从当代世界发展和民族历史命运的高度对我国社会主义教育提出的总体要求，即教育要为实现现代化战略目标，为迎接世界新技术革命的挑战，为我们国家的未来发展服务。

"三个面向"的战略思想不仅是整个教育改革和发展的指导方针，而且是思想道德教育的指导思想。1985 年，《中共中央关于改革学校思想品德课和政治理论课程课程教学的通知》就指出，对政治理论课的课程设置、教学内容、教学方法必须进行改革，这是培养社会主义建设人才的迫切任务之一，强调"马克思主义从来不是也不可能是一个封闭的、凝固的体系。因此，在它的教学中必须面向现代化、面向世界、面向未来"。党的十五大报告进一步指出："建设有中国特色社会主义的文化，就是以马克思主义为指导，以培育有理想、有道德、有文化、有纪律的公民为目标，发展面向现代化、面向世界、面向未来的，民族的科学的大众的社会主义文化。"[①] 思想道德教育面向现代化，就是要求思想道德教育与我国现代经济、社会发展的战略目标和战略步骤相适应，提高我国公民的思想道德素质和科学文化素质，培养合格人才，为社会主义现代化建设服务。思想道德教育面向世界，就是要吸取人类共同创造的文明成果，学习外国好的东西，充实丰富我们的思想道德教育；就是要引导青年正确认识世界，对当今世界的复杂形势和各国政治、经济、文化的历史和现状有一个清醒的看法，并能自觉抵制资本主义不健康的生活方式、价值观念以及各种腐朽思想的侵蚀，具有能够面向世界竞争的思想道德风貌。思想道德教育面向未来，就是要站在关系到我国现代化建设成败和民族前途命运的高度，培养青年一代具有适应未来社会发展需要的思想道德素质，具有面向 21 世纪的崇高理想和品德。总之，"三个面向"的战略思想赋予了思想道德教育开放性、超前性、现代性和民族性的鲜明特点和时代特征，是我们改革、发展思想道德教育的正确指导方针。

---

① 江泽民：《高举邓小平理论伟大旗帜，把建设有中国特色社会主义事业全面推向二十一世纪——中国共产党第十五次全国代表大会报告》，载《人民日报》1997 年 9 月 13 日。

邓小平关于重视思想道德教育的思想，关于"学校应该永远把坚定正确的政治方向放在第一位"的观点，关于学生要坚持德、智、体等方面全面发展的论述，关于培养"四有"新人的要求，既是对思想政治教育优良传统的继承，又是在新的历史条件下新的发展，使思想道德教育在政治与业务、德育与智育以及理想与纪律等许多关系方面，具有更加明确、全面的遵循。

二、现代思想道德教育理论的探索

改革开放以来，思想道德教育工作者以邓小平理论为指导，以改革开放条件下的社会实践为基础，继承党的思想政治教育的优良传统，借鉴国外思想道德教育的经验教训，进行了现代思想道德教育理论的探索，取得了丰硕的成果。其主要表现如下。

第一，开办思想政治教育专业，探索学科基础理论。为了加快思想道德教育的科学化进程，在改革开放过程中，我国高校开办了思想政治教育专业，建立了马克思主义理论与思想政治教育学科，确立了学科的理论体系。这一理论体系以改革开放以来的思想道德教育实践为基础，总结传统思想政治教育的经验教训，围绕着人们思想形成、发展规律和思想政治教育规律进行研究探索，形成了思想政治教育学原理、思想政治教育方法论、思想政治教育史等理论著作，形成了政治观、人生观、道德观教育的理论与方法和与思想道德教育相关的一系列理论成果。运用这一理论体系，培养、训练了一大批思想道德教育的专门人才，使思想道德教育走上了学科化建设的道路，实现了由经验向科学的转变，从而大大改变了思想道德教育的面貌。

第二，现代思想道德教育不仅有其学科作为理论基础，而且在现代科学技术迅速发展和广泛渗透的情况下，在对外开放的环境之中，思想道德教育既面临着现代化、科学化的强大压力，也面临着现代化、科学化的良好机遇。思想道德教育通过借鉴和广泛吸纳相关学科，如伦理学、教育学、心理学、哲学、系统科学等的最新研究成果，通过比较思想道德教育研究，吸收古代和国外有用的东西，从而丰富了思想道德教育的内容和方法，充实了思想政治教育的理论体系。

第三，现代思想政治教育不仅建立在现代社会的实践基础上，而且是以广大思想政治教育工作者的研究为支撑的。在现代社会条件下开展思想政治教育，面临的情况和问题比过去复杂得多，一些传统的方式和内容已不再适用，需要经常研究新情况，解决新问题。因此，思想道德教育研究已经成为现代社会条件下思想道德教育工作者必不可少的手段，成为维护思想道德教育有效性的重要条件和思想道德教育理论发展的动力。将我国广大专职和兼职的思想道德教育工作者组织起来开展研究，各种思想道德教育研究会几乎遍布全国各个领域的各个单位，个人研究与集体攻关相结合，理论研究与实证研究相结合，学科研究与工作研究相结合，形成了纵横交错的研究网络，形成了丰富的理论成果和应用成果，从而有效改变了思想道德教育的传统性、经验性面貌，有力推动了思想道德教育的科学化、现代化进程。

论思想道德教育的现代化*

思想道德教育的现代化是一个由多层次、多因素构成的系统的互动过程，是一个整合运行的过程。

一、思想道德教育观念的现代化

思想道德教育观念的现代化是思想道德教育现代化的前提条件，是影响其他环节现代化的决定性因素。思想道德教育作为一种有目的、有指向的社会文化活动，更加突出地受思想观念的支配。过时的、保守的教育体制和教育方式往往凭借过时的、保守的思想观念的维系而习惯性地持续下去，对反映时代特征的教育内容和现代化手段也会按过时的、保守的思维方式予以裁定与阐释，使之蒙上保守的色彩。因此，要实现思想道德教育的现代化，首先必须更新教育观念，实现教育者教育观念的现代化。教育观念现代化的标志主要表现在以下几个方面。

第一，开放的观念。现代社会是一个空前开放的社会。世界经济和区域经济一体化的发展趋势，科学技术发展所带来的"地球村"等概念，各国文化的相互激荡，各个领域和各个学科的相互渗透，大大提升了社会的开放程度，提高了人们的社会化程度。思想道德教育面临着开放的大舞台，只有改变传统的、封闭的教育观念和教育体系，打破思想道德教育仅仅局限于课堂、书本、理论的界限，确立开放的教育观念，并建立开放的教育体系，才能与现代社会这一发展趋势保持一致。

第二，发展的观念。世界各国的经济、文化、教育、科技等都处在不断改革发展之中，处在激烈竞争发展之中，处在广泛渗透发展之中。改革与竞争彻底改变了传统社会发展迟缓的状况，成为现代社会各个领域发展的动力。面对迅速、全面发展的社会，思想道德教育也要在竞争中不断改革，在改革中不断发展，既要以社会的全面迅速发展作为发展的条件，更要担负起促进社会全面、迅速发展的重任。思想道德教育的发展，包括思想道德教育

---

* 原载于《现代思想道德教育理论与方法》，广东高等教育出版社 2000 年版，收录时有修改。

观念、功能、领域、内容、方法等各个方面向纵深方向的不断更新、拓展，即在新的社会条件下，不但继承、弘扬传统并赋予传统以新的活力，而且发展、创新并形成新的理论与方法。

第三，多样化观念。无论是在自然经济条件下，还是在计划经济条件下，思想道德教育都倾向于千篇一律，即有着统一的教育要求和评定标准、单一的教育内容和教育进度、模式化的教育格局和教育方式。这种简单化、单一性的思想道德教育已经不适应社会主义市场经济的发展，也不适应信息社会的要求。经济、社会、文化的多样化发展大大增强了人们的独立性、自主性和选择性，价值取向的多样性、思想表现的层次性、道德要求的广泛性必然成为现代社会多样化发展的侧面，使思想道德领域呈现主导性与多样性相结合、先进性与广泛性相结合的生动活泼、丰富多彩的局面。

第四，创造性观念。现代社会的开放性、竞争性和发展性，客观地、逻辑性地对创造性提出了要求，而人们自主性、选择性的增强又为人们发挥创造性提供了主观条件。因此，现代思想道德教育不能再像过去那样只注重传达、解释、认识、理解，必须以马克思主义为指导，紧密结合现代社会的实际和本系统的实际，创造性地开展思想道德教育。思想道德教育的创造性，不仅表现在过程上是理论与实际的高度结合、思想与行为的协调一致，而且表现在结果上是创立本单位富有特色的精神文化，能有效调动人们的主观能动性，最大限度地开发人们的潜能和人力资源。总之，思想道德教育观念的现代化就是要在广泛的时空维度上，确立一种动态的、立体的、辐射的教育观念，一种创造的、高效的教育观念。

二、思想道德教育体制的现代化

思想道德教育体制，包括思想道德教育决策与管理体制、运行与结构体系。思想道德教育体制的现代化不仅是思想道德教育现代化的重要部分，而且是实现整个思想道德教育现代化的重要保证。

首先，思想道德教育体制的现代化是教育决策、管理的民主化和科学化。教育决策、管理的民主化，就是要充分尊重、发挥人们在教育决策、管理上的自主性与创造性，让更多人关心思想道德教育和精神文明建设；就是要把思想道德教育与人们的本职工作结合起来，动员、组织更多人参与决策与管理，主动地参加各项活动；就是要把思想道德教育同人们的全面发展与切身利益结合起来，经常听取人们的意见，满足人们发展的需要。思想道德教育决策和管理的科学化，最重要的是要民主化，依靠群众，广开言路，尊重群众的首创精神，善于集中群众的创造智慧。同时，决策和管理要遵循科学程序，运用科学方法，按照思想道德教育规律办事，改变过去凭经验办事的传统方式，克服主观性和盲目性，尽可能减少和避免决策和管理上的失误所造成的损失。

其次，思想道德教育体制的现代化是要使教育适应法制社会的要求，使之系统化、规范化。教育运行的系统化就是按现代化社会的要求，使教育形成体系完善、功能齐全、环节配套的系统，即有咨询、研究、决策系统，有实施、执行、协调系统，有反馈、调节、检测、评估系统，能保证思想道德教育科学、系统、有序、有效运行。教育运行的规范化，就是教育的要求、目标、内容、政策、队伍等有章可循，有制可循，而不是随意的或可有可无的。

最后，思想道德教育体制的现代化还要符合现代社会资源配置的要求，实现教育结构的最优化，即各种教育机构、教育人员都能充分配合，发挥特色、优势，力求产生最好的效果。

三、思想道德教育内容的现代化

思想道德教育内容是最能体现和反映时代特点和面貌的，选择什么内容开展教育，决定了思想道德教育的特性。因此，思想道德教育内容的现代化是整个思想道德教育现代化的着力点。

实现思想道德教育内容现代化，首先就是要以马克思主义中国化的重大理论成果——邓小平理论为指导、为中心、为主要内容开展教育。邓小平理论是马克思主义理论的继承和发展，它反映了当代和平与发展的时代特征，揭示了中国社会主义现代化建设的规律，具有鲜明的时代性、现代性。我们运用邓小平理论，就能够顺利解决现代社会条件下思想道德方面的各种新情况和新问题。当然，在新的形势下，我们也要运用传统的教育内容，这是继承和发展的需要。但在内容的选择上，我们不能以传统为主，更不能把当代马克思主义搁置一边而只讲传统。即使讲传统内容，也应同新的实际相结合，为解决思想道德的新情况、新问题服务。

实现思想道德教育内容现代化，还须选择现实生活中的实际内容和环境内容开展教育，用具有现代发展趋势、体现时代特点的人和事来教育、引导群众，选择和创造开放环境、竞争环境、信息环境、创新环境的内容来感染群众、激励群众，而不应选择过时、保守、狭隘的事例去教育群众。

四、思想道德教育手段的现代化

思想道德教育手段，是在教育过程中教育者与受教育者相互传递、接受思想道德信息的工具及其使用的方法。思想道德教育手段的现代化，就是不断地用现代科学技术武装、改造教育信息的传播媒体，以实现教育手段的最优化。思想道德教育手段的现代化，是实现思想道德教育现代化的推动力量。

传统的思想道德教育手段单一，方法单调，储存、加工、传播的信息量少，强度弱，效率低。这种状况与现代大众传播媒介的广泛影响及电视电化教学已不相称，并且与大量思想道德信息的选择、加工、储存的需要不相适应。因此，运用现代科学技术改革教育手段，是实现思想道德教育现代化的重要途径。

现代思想道德教育发展论*

现代思想道德教育的发展，既由现代社会的发展和人的发展的客观要求对其提出了必要性，又由现代社会的发展和人的发展所创造的条件为其提供了可能性。现代思想道德教育的发展是现代社会发展的一个组成部分，它应当与现代社会的发展协调一致。现代思想道德教育的发展包括内涵发展和外延拓展，是内涵和外延既分化又综合的统一过程。现代思想道德教育的发展，是一个由旧质到新质的渐进与突变相结合的过程，既包括传统思想道德教育向现代思想道德教育的转变，又包括现代思想道德教育的超越与深化。

一、发展与思想道德教育发展

所谓发展，是指事物由小到大、由简到繁、由低级到高级、由旧质到新质的运动变化过程。事物的发展是事物内部矛盾运动的结果，是量变与质变的统一。

"发展"这个概念是一个哲学概念，在中国古代，发展是兴起、兴旺的意思；在西方则是成长的意思。"发展"这个概念随着社会的发展在不断发展。有人认为进化、进步就是发展；有人把实现内在潜能的过程称作发展；有人把周期轮回看作发展；也有人把变化、演进说为发展；还有的人认为，发展就是超越原有的状态，达到更高水平或阶段。总之，"发展"这个概念运用的领域越来越大，其内涵也越来越丰富，以至到了现代社会，有学者把"发展"作为一个独立的研究对象，建立了"现代发展学"学科。

把"发展"的概念引入政治领域，形成了"政治发展理论"。政治发展理论起始于20世纪五六十年代的美国。在20世纪60年代，美国的经济学家、社会学家、政治学家、心理学家进行跨学科、多面向的理论研究，形成了发展经济学、发展社会学、发展心理学等新学科，政治发展理论实际上也可被称为"发展政治学"。政治发展理论兴起之后，"政治发展"一词成为政治学界的流行术语，但学界对此的定义却莫衷一是。许多学者认为，"政

---

* 原载于《现代思想道德教育理论与方法》，广东高等教育出版社 2000 年版，收录时有修改。

治发展"是一个具有特定目标的发展过程，这些目标包括政治结构的划分、民主政治的建立等。在他们看来，"政治发展"与"政治现代化"是同一概念，"政治现代化"可以被定义为从传统政体向现代政体的运动过程，也可以被定义为社会、经济和文化现代化的政治内容和政治后果。美国著名政治发展理论家、保护主义政治学代表人物亨廷顿（S. P. Huntington）则认为，"政治发展"与"政治现代化"是有区别的，"政治发展"是"现代化的政治性后果"，主要指政治体系制度化的提高，而"政治现代化"则主要表现为民众政治参与的扩大。在政治发展中，他特别强调政治稳定和政治秩序的意义，认为政治稳定与政治民主有同等价值，缺少政治稳定和秩序的"政治发展"只会导致政治衰败。

把"发展"的概念引入伦理学，形成了现代西方伦理学。现代西方伦理学是整个资本主义社会经历了一次又一次精神道德危机，传统道德观念面临激烈冲击，在可怕的道德堕落席卷西方社会的情况下，由资产阶级思想家对传统资产阶级道德进行改造、更新、发展而形成的。现代西方伦理学流派众多，观点纷呈，有的甚至相互矛盾。但它们也有一些共同特点，例如，唯心史观是它们共同的哲学基础，非理性主义是突出特征，形式主义、相对主义倾向明显，信仰主义、愚昧主义复活等。这些流派虽然在伦理道德发展上取得了一些成果，但是，人们借助其还是无力解决当代资本主义社会的精神道德危机。美国道德教育家劳伦斯·柯尔伯格根据现代社会环境对青年影响扩大的趋势，主张道德教育要开辟课堂以外的领域，提出了"发展性道德教育"和"隐蔽课程"的概念。2005 年，台湾地区学者韦政通出版了一部专著《伦理思想的突破》，主要研究传统伦理向现代伦理的发展。他分析了传统伦理的特征与价值，论述了现代伦理与传统伦理的关系，研究了现代伦理革新、发展的条件、动力以及新的伦理规范。在现代开放社会条件下，伦理具有动态性，正是这种动态性促进了人的发展，"伦理是人发展的工具，人不是表现伦理的工具"①。

既然"发展"的概念已经被广泛引入各个领域，那么，我们也可以把它引入思想道德教育领域，并称之为思想道德教育发展。所谓思想道德教育发展，就是传统思想道德教育的观念、内容、方式、体制、模式等各个方面适应现代社会发展和人的发展的需要，并促进社会发展和人的发展的改革、转变，就是实现思想道德教育现代化。思想道德教育发展实际上包含两个方

---

① 韦政通：《伦理思想的突破》，台湾水牛图书出版行业有限公司 1994 年版，第 8 页。

面：一是传统思想道德教育向现代思想道德教育转变发展的过程，这是一个复杂而艰难的过程，是一个渐进变革的过程。在这个过程中，思想道德教育的改革是按照全社会逐步改革开放的进程进行的。由于经济领域改革发展很快，现代科学技术发展迅速，而思想道德教育受其特点影响，发展相对比较滞后，加上要改变长期形成的、体系十分完备且在过去时代发挥过巨大作用的传统思想道德教育体系，建立适应现代社会的新体系，在认识上和实际工作中，都会遇到许多矛盾和困难。因此，改革旧体系、建构新体系都只能是一个渐进发展的过程。二是现代思想道德教育完善深化发展的过程，这是一个渐进整合、体统完善的过程，是伴随社会现代化发展和人的全面发展的协调和深化的过程。所以，我们可以说，思想道德教育发展的本质是实现思想道德教育现代化，它同思想道德教育现代化应是同一概念。由此可见，我们在思想道德教育中引入"发展"的概念，目的就是从理论上，从思想道德教育与现代社会发展和人的发展关系上，探讨传统思想道德教育向现代思想道德教育转变发展的规律，就是要推动思想道德教育现代化。

二、现代思想道德教育发展的理论依据

对于现代思想道德教育发展的理论，不能仅从思想道德领域中寻找，这就如同探寻思想道德教育发展的原因不能仅从其自身来寻找的道理一样。现代思想道德是现代社会的价值体系，它与现代社会的经济、政治、文化密切相关，既是现代社会发展的价值取向，又是现代社会发展的动力。因此，现代思想道德教育与现代社会的发展理论和人的发展理论直接相关。

第一，改革开放理论与现代思想道德教育发展。改革开放理论是我国新时期最重要的发展理论。所谓改革，是从根本上改变束缚我国生产力发展的经济体制，建立充满生机和活力的社会主义市场经济体制，同时相应地改革政治体制和其他方面的体制，以实现社会主义现代化。改革的实质就是要改变传统的经济、政治、科技、教育、文化体制等各种具体制度，因为传统体制和具体制度束缚了生产力发展和社会的发展；改革的根本目的是适应现代社会发展的需要，实现我国经济、政治、文化现代化。改革为生产力发展和社会发展提供直接动力，已经并还将引起我国社会生活发生深刻变化。我国的改革是整个社会的全面改革，"是全方位的"。改革必然带来人们思想观念、道德观念、价值观念和行为方式的深刻变化，思想道德教育面临这些变化必须改革。同时，经济、政治、文化、教育、科技体制的改革，也必然要

求并带动思想道德教育的改革。总之，思想道德教育要适应新形势发展的要求，自身一定要进行改革。改革不仅为思想道德教育提供发展动力，而且为其提供理论指导。

所谓开放，就是根据中国的发展离不开世界的历史经验教训，并为了适应现代开放世界的要求，对外实行开放政策。实行对外开放，是在总结我国过去实行封闭政策，导致贫困落后，经济、社会发展缓慢的经验教训的基础上提出来的一种新的发展观，正如邓小平同志所说，"中国要谋求发展，摆脱贫穷和落后，就必须开放"①。实行对外开放，也是在分析当今世界的特点，把握当今世界历史潮流的基础上所确立的一种发展观。"现在的世界是开放的世界。中国在西方国家产业革命以后变得落后了，一个重要原因就是闭关自守……我们提出要发展得快一点……这就要求对内把经济搞活，对外实行开放政策。"② 实行对外开放，还是根据世界经济、科技相互结合、相互渗透的一体化发展趋势，根据中国的发展离不开世界的实际而形成的一种协调发展观。总之，实行对外开放的目的是发展，对外开放的本质就是发展，而且是面向世界的快速、协调发展。这一本质和趋势不仅已为许多发达国家的发展所证实，而且为我国实行开放后的发展所证实。

我国的对外开放和改革一样，都是从经济领域、沿海城市起始的，即"对内经济搞活，对外经济开放"。建立开放基地，创立经济特区，而后，开放由南向北，由东到西，由经济领域到其他领域，逐步推开、扩大，形成了全方位、全社会的开放格局。教育要面向现代化、面向世界、面向未来的理论，就是发展的理论。开放已经和正在强有力地推进思想道德教育发展。首先，开放打破了传统思想道德教育的狭隘领域和教育层面，为思想道德教育提供了"三个面向"的广阔发展舞台，也为思想道德教育提供了发挥作用的广泛时空领域，思想道德教育能够以其高度社会化、现代化的面貌融入现代社会。其次，开放冲破了传统思想道德教育的功能制约，为思想道德教育带来了许多新情况和新机遇。思想道德教育只有发展自身功能，才能在开放条件下充分发挥作用。再次，开放改变了传统思想道德教育的封闭、单一的文化环境，使思想道德教育面临着复杂多变的文化环境、信息环境，面临着各种理论、思潮、信息的激荡、冲击，思想道德教育必须在这样的复杂环境中进行比较、鉴别、选择，"有比较才能有鉴别，有鉴别和斗争才能发

---

① 《邓小平文选》第3卷，人民出版社1993年版，第266页。
② 《邓小平文选》第3卷，人民出版社1993年版，第64—65页。

展"。"正确的东西总是在同错误的东西作斗争的过程中发展起来的。真的、善的、美的东西总是在同假的、恶的、丑的东西相比较而存在，相斗争而发展的"，"这是真理发展的规律，当然也是马克思主义发展的规律"。① 总之，开放不仅促进了思想道德教育的领域拓展和功能发展，而且为思想道德教育的比较与发展提供了条件。

改革和开放是不可分割地联系在一起的，它们互相结合、互为条件，是推动我国经济和社会全面发展的"两个轮子"和强大动力，是最能反映我国新时期各个领域、各项工作迅速发展的特征的鲜明标志。

第二，和平和发展理论与现代思想道德教育发展。邓小平指出："现在世界上真正大的问题，带全球性的战略问题，一个是和平问题，一个是经济问题或者说发展问题。"他强调"应当把发展问题提到全人类的高度来认识，要从这个高度去观察问题和解决问题"②。正因为和平与发展问题"关系全局"，具有"全球性、战略性的意义"，所以和平与发展构成了时代特征，成为当今世界的主题。邓小平还多次提出，中国要充分利用当今世界的环境，充分发展自己，并提出了"发展才是硬道理"，中国的主要目标是发展的思想。因此，发展对中国来说是一个时代性问题、战略性问题、政治性问题，不发展不行，发展慢了也不行。

我国的发展，当然主要是经济的发展，是生产力的发展。但经济基础的发展不仅必然带动上层建筑的发展，而且需要发展的上层建筑为其服务。上层建筑不发展或者发展太慢所产生的滞后作用，无疑会对经济的发展产生障碍。因此，我国的发展又是经济与社会的全面协调发展。思想道德是决定上层建筑性质与方向的因素，是直接作用于经济的内容，它对经济发展的方向、速度是有直接影响的。是以传统的思想道德为指导发展经济，还是以现代的思想道德为指导发展经济，这当然不是一个小问题，而是一个时代性问题、政治性问题。因此，现代思想道德教育面临着经济、社会全面、协调发展的局面，必须积极主动发展自身，必须保持一定超前发展的优势，来推动经济、社会的发展。思想道德教育不发展，或者发展慢了，就会成为经济和社会发展的障碍。

在和平与发展的时代，思想道德教育的发展是一种变革的渐变式发展。所谓变革，就是在从传统思想道德教育转变到现代思想道德教育的整个过程

---

① 《毛泽东著作选读》（下），人民出版社 1986 年版，第 785 页。

② 《邓小平文选》第 3 卷，人民出版社 1993 年版，第 105 页、第 282 页。

中，都必须贯彻改革精神，改革过时的、旧的体系，建立现代的、新的体系。所谓渐变式，就是传统体系向现代体系的转变不是突然实现的，而是逐步实现的，是在旧质不断消失、新质不断生成过程中实现的，并最终要形成现代思想道德教育体系。同时，思想道德教育的发展是全面的协调式发展。所谓全面的发展，就是关涉思想道德教育的各个因素、各个环节都要相应地发展，而不能仅仅是某一方面的发展。所谓协调式发展，就是思想道德教育内部要素、各环节发展要相互配合，不能顾此失彼；思想道德教育发展要同经济、社会发展相结合，不能相互割裂与对立。全面协调式发展，归根结底是为了人和社会的全面发展。因此，和平与发展的理论对思想道德教育的改革发展来说，是具有鲜明时代特征和全局性指导意义的理论。

第三，可持续发展理论与现代思想道德教育发展。"可持续发展"一词，是由世界环境与发展委员会于 1987 年开始推广使用的。世界环境与发展委员会在报告中是这样界定"可持续发展"的：要在"既符合现代人的需要，又不损害未来几代人的需要"的情况下获得发展。可见，发展是以现代人的需要和未来人的需要为出发点的。如果按照这一基本精神来界定它的概念，则"可持续发展"是指环境质量与经济增长和社会发展之间的一种内在的积极的联系，各类发展既要满足现代人不断增长的需要，又要不损害未来几代人的需要。

对可持续发展，虽然经济学家、生态学家、社会学家的认识和理解各有侧重，并形成了不同观点，但他们都认为必须把社会、经济、生态三个方面结合起来考虑，不能把三者孤立甚至对立起来。在可持续发展中，关键因素是人。人既是可持续发展的目的，即可持续发展归根到底是为了现代人和未来人的长远利益；人又是实现可持续发展的决定性因素，即经济发展、环境质量、生态平衡归根到底是由人决定的。所以，可持续发展实际上是"以人为中心的发展"。在现代社会条件下，在经济、环境、生态方面出现的严重问题，如片面追求经济发展，导致环境恶化、生态破坏的现象，绝不仅仅是科学技术上的问题，而在很大程度上是人的价值观问题、伦理道德问题。社会和自然的不平衡、不协调发展，归根到底是人的不全面、不协调发展的反映和表现。正因为如此，环境伦理、生态伦理、科技伦理以及信息伦理才被尖锐而突出地提到了现代人的面前。现代人如果不从思想道德上警醒，不从可持续发展上找到自身发展的方位与路径，特别是找到正确的价值观念和伦理支持，就会遇到生存危机。这种危机在很大程度上可以说是由思想道德危机而导致的生存环境危机。

按照可持续发展理论，现代思想道德教育不能仅仅关照人自身的思想道德，这和经济学家不能只顾发展经济而不顾环境状况，生态学家不能只研究自然生态而忽视社会状况的道理一样。现代思想道德教育要探索人的思想道德同社会经济发展和人的生存环境（包括社会环境与自然环境）之间的关系，坚持以全面、协调的观念研究经济、环境、生态中人的思想道德情结，发展经济伦理、环境伦理、生态伦理内容，用以协调人与社会、自然的关系，保持人的发展与社会、自然界的发展的平衡。同时，可持续发展理论还要求思想道德教育确立"面向未来"的观念，即长远发展观念，来预防人们的短期行为与片面发展，引导人们始终站在社会发展的前面，进行全面发展。所以，可持续发展理论有助于我们解释社会活动、人际关系和风俗习惯，有助于规范人们相互之间及对自然资源、自然环境的各种行为，并提供文化修养、激励机制以及价值信念等一整套观念，为思想道德教育提供长远的发展指导。

三、现代思想道德教育的领域发展

现代思想道德教育的领域发展，主要是指思想道德教育作用的时间范围与空间范围的扩大，是思想道德教育发展的一个重要方面。

思想道德教育在现代社会条件下之所以要扩展领域，首先是由现代发展理论与实践决定的。前面讲的和平与发展的理论与实践、改革开放理论与实践、可持续发展理论与实践，都既为思想道德教育领域的发展指明了方向，也为其领域的发展提供了条件。传统的思想道德教育在国家处于封闭与半封闭条件的情况下，是无法面向世界和走向世界的；在计划经济的集中统一体制下，是很少进行横向联络与沟通的；在以政治运动为中心的条件下，是不大重视向经济和业务领域的渗透的。这样，思想道德教育多限于政治思想、政治理论、政治道德层面和日常规范，也就是限于自身领域，仅注重人们思想与行为的现实表现，常常就思想论思想，就教育论教育。这种教育状况虽在当时的历史条件下发挥过一定作用，但随着和平与发展时代的到来，改革开放的冲击和可持续发展要求的提出，思想道德教育就不能再固守原来的狭小领域，而必须扩展领域，面向现代化，面向世界，面向未来，充分发挥自己的作用。

其次，在现代社会条件下，各个领域既分化、又综合的发展趋势，为思想道德教育领域扩展提供了范式。既分化、又综合，是各学科领域、经济领域、文化领域的普遍发展趋势。分化促进各个领域向纵深方向发展，综合促进各个领域向横向范围延伸，分化与综合相结合，形成了各个领域的立体交错的发展模式。思想道德教育同样要适应、遵循这一发展趋势。思想道德教育的分化，就是思想道德教育向未知领域、宏观领域、微观领域的扩展与深入，开辟新的教育领域，发展新的学科分支；思想道德教育的综合，就是思想道德教育向经济、业务、环境领域的渗透，与经济工作、业务工作、环境建设整合，克服过去的分离现象，形成综合教育格局和综合性学科分支。思想道德教育的分化与综合发展趋势，总是相辅相成地结合在一起的，即分化中有综合，综合中有分化，分化与综合相结合，便形成思想道德教育的立体扩展趋势。

思想道德教育向未来领域发展，既是现代社会的客观要求，又是由思想道德教育的特点所决定的。

首先，随着开放的扩大和改革的深化，新情况、新问题不断出现；社会信息的迅速变化和社会信息量的剧增，增加了人们判断与选择的难度；科学技术的迅猛发展，不断改变着社会的生产方式和人们的活动方式；物质文化生活水平的逐步提高，也不断提升着人们的期望值。所有这些，既增加了社会的复杂程度，又加快了社会的变化频率。因此，现代社会对每一个单位、每一个人来说，在其发展过程中总是既存在机遇，又存在风险。所谓机遇，就是发展的有利条件和有利时机。所谓风险，就是发展的不利因素和失败危险。机遇不是人人都可以看得到并抓得住的，它具有稍纵即逝的特点；风险也不是人人都可以预料到并有效防范的，它具有偶然性与突发性的特点。因而，发展的机遇与风险在很大程度上都具有未知性和未来性的特点。人们当然都希望自己能抓住机遇，避免风险，因而人们便更加关注发展的前景，更加注重未来领域的发展趋向。其次，在市场经济条件下，竞争机制已被广泛引入各个领域和各个单位，每个人都要面对竞争，竞争是有效促进发展的一种方式。只要有竞争，就会有主动与被动、优胜与劣汰的差别，人们在对这种差别进行判断和选择时，总是力求主动和优胜，避免被动与劣汰。这样，人们对发展过程中的多种因素都会作出自己的分析，特别是对尚未出现的不确定因素既关切而又难以把握，对发展前景，即竞争的结果十分关注。以上两个方面，是同过去的时代不同的。在过去的时代，社会发展较慢，因素相对简单，人们在发展过程中所面临的机遇与风险都相应较少，一切都能保持较长时间不变，因而人们对未来凭经验就可以大致把握。同时，计划经济体制的集中统一方式，平均主义的分配方式与思维定式，也使人们很少担心差别的产生与存在，对个人前景产生某种依赖，关心不多。如果说过去的时代使人们习惯于关注过去和现在，那么，现代社会则使人们更加重视现在和未来。

思想道德教育只有面向未来，探索适用于未来领域的理论与方法，才能满足社会发展和人的发展，否则，思想道德教育就会丧失这一领域而显得保守和落后。同时，按照思想道德教育的特性，它应当是面向未来的。它担负着为未来培养人才的任务，它的一个重要作用是导向作用，即以正确的思想指导人们进行实践活动，因而思想道德教育应具有超前性和预防性。如果思想道德教育不能给人们以正确的思想指导，只是对已经发生的思想和行为进行判断与裁决，那么，思想道德教育只会处于一种被动应对的状况，就会仍然停留在传统状态而缺乏现代气息。

现代思想道德教育面向未来的主要任务是相互联系的两个方面：其一是思想道德教育本身的科学预测与决策。在现代社会条件下进行思想道德教育，同过去时代的不同之处的一个重要表现是，现在的思想道德教育具有自主性与创造性，教育的整个过程都面临着机遇与风险，不是任何教育活动都会有成效并能顺利发展的，无效甚至出现负效果，以及停滞甚至倒退的情况完全有可能发生。为了避免思想道德教育的失效，争取主动并取得成效，思想道德教育必须面向未来，进行科学预测和决策。通过预测，尽可能降低对未来发展的无知程度，减少风险，把握机遇；通过决策，制订正确的教育计划，规范未来实施行为，开展预防教育，掌握主动权。在现代社会条件下，思想道德教育的科学预测与决策问题是教育由经验走向科学的重要标志，是教育争取主动并取得成效的前提条件。其二，保证和促进单位和个人面向未来的顺利发展。思想道德教育当然不能代替人们在经济、业务方面的预测与决策，但思想道德教育应当帮助人们增强面向未来的意识，增强预测与决策的自觉性，使之对未来发展趋势有清晰的认识，学会抓住机遇，化解风险，避免偶然因素和不道德行为的干扰。同时，还要帮助人们掌握科学预测和决策方法，克服经验主义、盲目主义倾向。如果思想道德教育不能发挥这样的作用，有些人可能会陷于复杂因素的困扰而无所适从，甚至可能从迷信中寻求慰藉，把未来的发展寄托在侥幸或超现实的虚幻想象之上。在现实生活中，特别是竞争加剧之后，一些人的投机、侥幸心理和行为有所增长，一些人的迷信色彩加重，这在一定程度上是由思想道德教育还没能有效地开发未来领域所致。

论思想道德教育价值*

　　思想道德教育，是为实现我国社会主义现代化建设和培养"四有"新人的目标，对人们施加思想道德影响的教育实践活动。思想道德教育是实现思想道德价值的基本途径。思想道德教育有没有价值，有什么价值，是有争论的问题。争论的实质是思想道德教育有没有经济价值，是否承认思想道德教育能够实现人的内在价值。这里我们重点讲讲思想道德教育的社会经济价值和对人的价值。

一

　　思想道德教育有没有经济价值，这既是一个理论问题，也是一个实际问题。说它是一个理论问题，是因为我们在理论上对它研究不够，还没有从本质上认识它、把握它。正因为在理论上没有解决问题，所以在实践中，一些人总是把思想道德教育同经济工作、业务工作分离开来，对立起来，以为思想道德教育解决不了经济工作、业务工作中的问题，有的甚至认为其对经济工作、业务工作有妨碍作用，因而轻视甚至忽视思想道德教育。我们要认识并实现思想道德教育的经济价值，首先必须从理论上进行研究。关于思想道德教育经济价值的理论，主要有以下两个方面。

　　第一，精神与物质相互转化理论。物质与精神相互之间是可以转化的。对此，马克思早就作过论述："理论一经掌握群众，也会变成物质力量。理论只要说服人就能掌握群众；而理论只要彻底，就能说服人。"① 在这里所说的"理论说服人"就是思想道德教育，"理论一经掌握群众，也会变成物质力量"讲的就是理论在一定条件下具有经济价值。马克思的这一思想得到了列宁、毛泽东、邓小平的继承和发展：列宁强调没有革命的理论，就不会有革命的运动，"一个阶级如果不从政治上正确地处理问题，就不能维持

　　* 原载于《华南理工大学学报（社会科学版）》1999 年第 1 期，收录时有修改。
　　① 《马克思恩格斯选集》第 1 卷，人民出版社 1972 年版，第 9 页。

它的统治，因而也就不能解决它的生产任务"①。毛泽东则明确提出："物质可以变成精神，精神可以变成物质。""代表先进阶级的正确思想，一旦被群众掌握，就会变成改造社会、改造世界的物质力量。"② 邓小平在新的历史条件下，总结、肯定了过去搞革命要有理想、信念、道德、纪律，现在搞社会主义建设，实现"四个现代化"，同样要发扬革命精神。没有这些精神，怎么能建设社会主义？所以他强调毛泽东说过的话："人是要有一点精神的。"③ 同时，邓小平还根据现代社会的实际，提出了社会主义物质文明、精神文明"两手抓""两手都要硬"的理论，揭示了物质文明与精神文明互为条件、相互转化的辩证关系：物质文明是精神文明的物质基础和前提条件，精神文明能动地反作用于物质文明，这种反作用不仅表现为先导作用、能动作用，而且思想道德直接为生产关系和社会制度服务，作为一种精神力量直接参与物质文明的创造，并使精神文明的成果在物质生产过程中转化为物质成果。因此，"两个文明建设"的理论在理论上、政策上、工作上把物质与精神统一起来了，是物质与精神相互转化理论的新发展。

第二，马克思主义社会生产力理论。人类的社会生产是一个大系统，包括物质生产、精神生产和人的自身生产。同这三个生产领域相关联的有三种形态的生产力，即物质生产力、精神生产力和人口生产力。这三种生产力互相渗透、互相制约，形成环形联系，统称为社会生产力。在这里，我们主要讲物质生产力。构成物质生产力的要素基本上是物的因素和人的因素：物的因素主要是生产工具、生产资料、生产技术和生产对象；人的因素主要是劳动者，包括科技工作者及管理者。物的因素是物质生产力中的基础因素，人的因素则是物质生产力中的主体性因素，是推动物质生产力发展的决定性因素。列宁说："全人类的首要的生产力是工人、劳动者。"④ 这是因为物的因素归根结底是由人创造的，并只有被人掌握才能形成现实的物质生产力。那么，人的因素包括什么内容呢？一般来说，人的因素主要是指思想道德素质和科学文化素质。思想道德素质主要是指劳动者的思想觉悟、道德水平、劳动态度以及事业心、责任感等，科学文化素质主要是指劳动者学习、运用知识、技术的业务能力与水平。思想道德不仅决定科学文化的性质和方向，而

① 《列宁选集》第4卷，人民出版社1972年版，第442页。
② 《毛泽东著作选读》，人民出版社1986年版，第839页。
③ 《邓小平文选》第2卷，人民出版社1994年版，第364—369页。
④ 《列宁选集》第3卷，人民出版社1972年版，第843页。

且影响科学文化、技术技巧和人的体力发挥的程度和速度，也就是影响在生产力中起决定作用的劳动力，即劳动能力。

马克思曾经论述过劳动力支出和劳动时间的关系以及影响劳动力支出和劳动时间的各种因素。他指出："形成价值实体的劳动是相同的人类劳动，是同一的人类劳动力的耗费。体现在商品世界全部价值中的社会的全部劳动力，在这里是当作一个同一的人类劳动力，虽然它是由无数单个劳动力构成的……社会必要劳动时间是在现有的社会正常的生产条件下，在社会平均的劳动熟悉程度和劳动强度下制造某种使用价值所需要的劳动时间。""只有社会必要劳动量，或生产使用价值的社会必要劳动时间，决定该使用价值的价值量。"① 马克思在这里明确说明，商品价值包含劳动力，社会必要劳动时间是确定商品价值的重要尺度。那么，社会必要劳动时间和与之相关的商品的价值是由什么决定的呢？马克思讲了两个因素，即"劳动的物质因素是否具有正常性质并不取决于工人，而是取决于资本家。再一个条件，就是劳动力本身的正常性质。劳动力在它被使用的专业中，必须具有在该专业占统治地位的平均的熟悉程度、技巧和速度"② 。马克思讲的前一个因素是客观因素，后一个因素是主观因素，即从事生产的人的性质，包括"熟悉程度""技巧""速度"以及影响"技巧""速度"发挥的思想、情感因素。而这些因素又影响和决定社会必要劳动时间，也就是影响和决定商品价值。教育，包括技术教育和思想道德教育，正是训练劳动力生产技能，加快劳动速度，提高工作效率的主要手段。因此，教育在确定社会必要劳动时间上，即在决定商品价值上有着重要作用。这一作用就是激发人的思想情感，增强精神动力，可以缩短必要劳动时间。此外，教育还担负着让人们把劳动能力充分发挥出来的任务，会赋予劳动能力某种价值取向和某种发挥规范。也就是说，劳动能力的培养总是会同一定的思想道德教育相伴随，绝不会有毫无价值取向和规范的劳动能力的培养和发挥，人的劳动能力同人的精神动力、人的创造能力与创造精神总是结合在一起，在创造物质财富的同时，也创造着精神财富。

① 《马克思恩格斯全集》第 23 卷，人民出版社 1972 年版，第 52 页。
② 《马克思恩格斯全集》第 23 卷，人民出版社 1972 年版，第 222 页。

在社会主义条件下，劳动者的劳动态度、劳动的积极性、主动性以及责任感、事业心，更会影响劳动者对生产客观条件利用的程度，影响劳动者技术技巧的发挥，影响劳动的进度和生产的速度，从而影响经济价值的创造。因此，思想道德教育与经济价值的创造直接相关。在现代社会条件下，发展人的劳动能力，提高人的劳动能力，就是要提高人的思想道德素质和科学文化素质，开发人的潜力。只有现代化的科学文化知识，而没有现代观念和正确的价值取向，现代科学文化的作用难以被发挥出来，会制约经济价值的创造；只有现代观念和现代思想道德而无现代科学文化知识，也难以创造经济价值。所以，现代社会更是一个人的德性、智能、体力等方面全面、协调发展的社会，因而也更需要全面的教育与之相适应。

第一，马克思主义的生产劳动理论。马克思在定义价值的时候，是把它同劳动联系在一起的。马克思、恩格斯在他们的著作中，从许多方面考察过生产劳动，如从简单劳动过程的角度考察劳动；从其结果的角度考察劳动，认为凡是直接从事物质生产的才是生产劳动；从社会关系、社会形态来考察资本主义的劳动，认为无论是物质生产还是精神生产，只要创造了交换价值，就都是生产劳动，老板用教师的资本"交换教师的劳动能力，通过这个过程使自己发财"，当教员"不仅训练孩子的大脑，而且还为校董的发财致富劳碌时，他才是生产工人"①。马克思和恩格斯还从生产过程协作性的发展角度考察生产劳动，认为随着社会劳动过程本身协作性质的发展，生产劳动的概念不断扩大，劳动者可以远离劳动对象，但仍然是物质生产劳动的参加者，如工程师、设计师、管理人员等。

马克思、恩格斯不仅围绕着价值问题对资本主义社会生产劳动作了考察，还对资本主义的生产方式作了深入的研究，并得出结论：在资本主义私有制前提下，人们普遍性与特殊性的统一存在于物质生产领域的彼岸，人的价值仅仅表现为劳动力商品，即物的价值。只有到共产主义"这个阶段上，自主活动才同物质生活一致起来"，劳动才"转化为自主活动"②。也就是说，劳动成为劳动主体不仅实现了自身与劳动者创造的物质财富相结合，而

---

① 《马克思恩格斯全集》第 26 卷（第 1 分册），人民出版社 1974 年版，第 443 页。

② 《马克思恩格斯全集》第 3 卷，人民出版社 1956 年版，第 77 页。

且与劳动者内在的理想性、自由性、全面性、个体性相统一，这就意味着人的价值主体地位的真正确立。这样，马克思主义生产劳动论、价值论在其深广的意义上与社会主义、共产主义理论联系起来了。从上面马克思、恩格斯对生产劳动的考察可以看到，生产劳动是与物质财富的创造、经济价值相联系的。随着社会的发展，生产劳动的概念不断扩大，生产劳动者的范围也不断扩大，即包括脑力劳动者、复杂劳动者。在社会主义条件下，劳动者不仅创造社会财富，而且实现自身价值。按照马克思恩格斯的理论来分析思想道德教育，我们可以得出这样几个结论：其一，思想道德教育是一种教育实践活动，是一种劳动，是一种与经济工作、业务工作相结合的脑力劳动。其二，从思想道德教育可以培养、发挥与物质生产过程有关的劳动者的劳动能力的角度看，思想道德教育具有某种生产性，这正是马克思所说的"孟德维尔在他的《蜜蜂的寓言》（1705 年版）中，已经证明了任何一种职业都具有生产性"①。恩格斯也曾断言：将来"精神要素当然就会列入生产要素中，并且会在政治经济学的生产费用项目中找到自己的地位"②。马克思、恩格斯的这些论述，已经越来越被现代社会的发展所证实。其三，从思想道德教育要服务于经济工作和业务工作的角度看，思想道德教育是一种服务性劳动，而且这种劳动直接加入经济工作、业务工作的过程，成为一种不可缺少的活动，提供特殊的使用价值。马克思说："有些服务，是训练劳动力，维护它，使它发生变形的，总之，使它取得一种专门性，或只把它维持。例如教师们的服务……""服务这个名词，一般地说，不过是指这种劳动所提供的特殊使用价值，就像其他一切商品也提供自己的特殊使用价值一样；但是，这种劳动的特殊使用价值在这里取得了'服务'这个特殊名称，是因为劳动不作为物，而是作为活动提供服务的……"③ 因此，从与经济工作、业务工作相结合的思想道德教育具有服务性这一特殊使用价值来看，思想道德教育也具有某种生产性。

在社会上，曾经有人提出，新中国成立以来，我国经济之所以落后，生产力发展不如西方国家那样快，主要原因是在经济部门、业务部门设立了党的组织和政治思想工作机构，强调了思想道德教育，如果在经济、业务部门取消党的组织和思想道德教育，使经济和业务部门成为单纯的经济单位和业

---

① 《马克思恩格斯全集》第 26 卷（第 1 分册），人民出版社 1974 年版，第 416 页
② 《马克思恩格斯全集》第 1 卷，人民出版社 1956 年版，第 607 页。
③ 《马克思恩格斯全集》第 26 卷（第 1 分册），人民出版社 1974 年版，第 435 页。

务单位，生产力就会快速发展。这种说法可以说是既不符合我国的实际，也不符合国外的实际。据联合国统计资料，从1949年至1989年，中国比世界几个大国的国民生产总值年平均增长率都高；至于同一时期工业年平均增长率，中国也远远高于其他国家。此外，据联合国预测，中国今后的经济将继续稳步增长。

再从我国500家先进企业来看，它们之所以进入先进行列，共同的主要经验是重视培养、提高管理人员和职工队伍的思想道德素质和业务素质，加强了思想道德教育和管理工作，企业的精神面貌、风气、传统好，经济决策正确，因而数十年来其利润平均每年递增15%～20%。在我国，一个企业和业务单位在社会主义文化的大环境背景下，不重视思想道德教育，不重视提高管理人员和职工队伍的素质，不重视企业正确价值取向的引导和统一，就经济抓经济，很难把职工的积极性调动起来，也很难有效地把他们组织起来，经济也不可能得到提高。因此，认为思想道德教育对经济发展"无用"的论调是没有根据的。

另外，我们还可以从国外的许多事实来说明现代社会条件下思想道德教育对发展经济的重要作用。在我们国家，有不少人对资本主义国家并不了解，以为发达资本主义国家经济和科技的发展是单纯发展经济、重视科技的结果，没有什么思想道德条件，这实际上是一种误解。在资本主义国家，资本家为了发展经济和科技而获得更大利润，事实上，随着社会的发展，他们也在不断地由重视金钱向重视精神，由重视机器、技术向重视人转变。我们知道，在国外，与经济活动、业务活动相关的道德教育活动更多是以管理的方式出现的。在管理活动中，关于决策的价值观，关于"两面人"（即两面利益取向）的冲突，关于人际关系矛盾等都与伦理有关，都伴随着相应的思想道德教育。因此，我们不能把管理活动看作与伦理无关，不能以为西方企业没有思想道德教育活动。在20世纪40年代以前，西方企业和业务单位先后使用亚当·斯密和泰罗的管理理论。这些管理理论把人当作"经济人"，当作"活的机器""机器的附件"，资本家用严厉的监视、管制、惩罚、威胁等手段来对付工人，根本不重视人的精神活动，不把人当人看待。对于资本主义的这种无道德管理，马克思、恩格斯和西方许多学者都作过深刻揭露。随着工人的觉醒和劳资双方矛盾的加剧，资本家开始研究新的管理方式来解决日益增强的矛盾，争取更大的剩余价值。1927—1932年，创立人群关系论的代表埃尔顿·梅奥参加了美国芝加哥西方电气公司霍桑工厂的一项试验，即管理学上有名的"霍桑试验"。霍桑试验的目的是找出生产效率的影响因素，以寻求提高劳动生产率的途径。但霍桑试验最后得出了与泰罗科学管理不同的结论，即人不是"经济人"，而是"社会人"，工人不是单纯地追求金钱的动物，而是还要追求友情、归属感、安全感等心理欲望的社会动物；满足工人的社会欲望，提高工人的士气，即劳动的积极性、主动性、协作性相结合的精神状态，是提高生产效率的关键。事实上，企业中存在着以感情为纽带的"非正式组织"，对生产效率有重要影响，企业领导应更多地重视职工的精神需要和人际关系。这些试验的结果成为人群关系理论形成的基础。人群关系理论形成后，在西方社会引起广泛关注，之后，学者纷纷重视对职工思想、情感、道德、行为的研究，形成了马斯洛的需要层次理论，赫茨伯格的双因素（保健因素、激励因素）理论，道格拉斯·麦格雷戈和威廉·大内分别指出的 X-Y 理论和 Z 理论。1949 年，在美国芝加哥召开了一个由多学科专家参加的会议，给这门综合性的学科命名为"行为科学"。行为科学按照资本主义的思想道德原则，重视对人的管理，重视发挥人的内在积极性，因而具有浓厚的伦理色彩。它缓解了西方企业中劳资双方的矛盾，对促进西方经济发展起了很大的作用。

　　西方重视思想道德的另一个事实是新的管理理论——企业文化的创立。第二次世界大战以后，日本经过恢复之后经济发展很快。20 世纪 70 年代末，美国学者傅高义以大量事实写了一本《日本名列第一——对美国的教训》，在全美引起震动。一向以"金元帝国"自居的美国不得不把目光转向日本，派了一大批专家、学者研究日本经济发展的原因。经过研究，美国人惊奇地发现，长期以来为美国所忽视的因素恰恰是促使日本经济走向成功之所在。他们从比较美日两国企业入手，找出美日企业的实质性差距：美国企业一向注重制度、组织、定额，而日本企业则致力于企业中的文化因素，即注重企业职工的道德、价值观念和团队精神等精神文化方面的宣传与教育，注重企业中良好的人际关系。美国人在对日本的企业研究中获得巨大启示与收获后，他们的眼光便从经济角度转向了内涵更为丰富而深刻的文化领域，其中主要是精神文化领域，即道德、价值观念与团队精神等。美国学者以此为基础，于 20 世纪 70 年代末总结出了一种新的管理理论——企业文化理论。这一理论提出了这样的结论：大凡成功的企业，都有强有力的企业文化，即有明确的企业经营哲学；有员工共同的价值观和无形的行为准则，并有各种各样用来宣传、强化这些价值观念的仪式和习俗；企业的成败，取决于企业文化这一非技术、非经济因素，因为它直接影响着企业中的每一件事。

通过以上两个事实，我们再也不能简单地认为资本主义国家的企业和业务系统不重视思想道德教育的作用了。

三

思想道德教育是精神生产的一种途径和方式，它的作用对象，总的来说是人，但不是抽象、孤立的人，而是从事物质生产和精神生产活动的人。前面我们讲了思想道德教育与物质生产的关系，分析了精神价值向经济价值的转化以及精神价值是如何被包含在经济价值中的。这里我们可以分析思想道德教育与其他精神生产活动的关系及其对其他精神生产活动的价值。其他精神生产活动，包括科学技术活动、文化艺术活动、宣传舆论活动、执法守法活动等。思想道德在这些活动中也起着导向、动力、规范的作用，思想道德教育对这些活动同样具有价值。由于现代科技在社会生活中的作用越来越突出，在这里，我们重点讲讲思想道德教育与现代科学技术活动的价值关系。

有人认为，"科学技术是第一生产力"，在知识经济条件下，知识起决定作用，是最具价值的，再谈思想道德教育已经过时了，不起作用了。于是，一些人又从单纯的经济活动转向只注重科技活动。之所以出现这种认识，是因为把生产力的构成要素同推动生产力发展的因素混同了。从现代社会来看，推动生产力发展的因素主要有科学技术，是居于首位的；教育管理，是越来越重要的；信息、资金，是不可缺少的。这几大因素是渗透到生产力本身构成要素中发挥作用的，它们固然重要，但要发挥作用，关键还是人，因而这几大因素并没有改变人在生产力要素中的主体性、决定性地位。"科学技术是第一生产力"，这是指它在推动现代社会生产力发展的诸因素中处于首位，而并不是说它在推动全社会发展中居于第一位。马克思也曾说过，科学技术在提高人的劳动生产力中处于首位，而绝不是说它比人的因素还重要，也不是说它在整个生产力系统中起决定作用。现代科学技术是由人创造的，也要靠人来掌握和运用。如果认识不到这一点，就会见物不见人，就会走向技术主义、科学主义。思想道德与现代科学技术的关系，实际上是现代社会人的客观与主观的关系，是人类追求真、善、美的统一，因为科学技术主要回答世界"是什么""怎么样"的问题，是对客观规律的探索和运用，是对"真"的追求；而思想道德则主要回答世界"应当是什么""怎样更好"的问题，是人类主体性和本质力量的体现，是对"善"和"美"的追求。人类作为体现主观、客观统一的结晶，应当既掌握客观规律，又体现主体意志；既发展科学技术，又讲究思想道德。此外，思想道德能为客观世界提供善和美的基础，给认识、征服、开发、利用自然的活动提供一个正确和长远、合理的思路。否则，科学技术就会成为一种盲目的力量，甚至成为可怕的魔鬼，损害人们的利益，危害人们的生存。科学技术是一把双刃剑，现代科学技术更是如此，它可以为人们造福，创造财富，也可以使人们遭害，毁灭财富。现代高科技既可以被人用来创造巨大的物质财富，也可以被人用来犯罪；生物技术既可以被用来改良品种，增加产量，也可以被用来制造杀害人的生物武器；计算机使生产、管理提高了效率，但计算机也为一些人窃取别人的成果和财产提供了条件；资源的深度开发给一些单位增加了利润，同时却又造成了环境污染；原子能技术被用于生产和生活，给社会带来巨大好处，但如果它被用于战争，则可能对人类造成毁灭；等等。这些都说明，现代科学技术的正价值大，负价值也大，能充分发挥科学技术正价值，制约、克服现代科学技术负价值的，在很大程度上是现代社会的"善"和"美"，即思想道德。实际上，科学技术本身并不存在正价值与负价值，科学技术以认识、利用、改造自然为目的，并保持在其合理范围内，正是人与自然关系和谐的表现。人类和自然并不是本质对立的，人的本质力量需要外在对象化，而自然也在人的内在领域展现永恒必然的规律。利用科学技术认识、利用自然并没有错，人们的错误在于没有和谐把握科学技术与思想道德的关系。如果人们能对科学的目的和运用作出合理的判断与选择，对思想道德价值的追求和对经济物欲的追求一样努力，人和自然的关系便会是协调的。人在创造美好物质文明的同时，也应发展美好的德性与人生。真、善、美在终极本质上是不可分离的，科学的"真"如果离开了人类的"善"和"美"，就会失去它存在的真正价值，其结果将导致非科学。许多现代学者对西方社会出现的道德沦丧、物欲横流问题所带来的危机，对滥用现代科学技术所造成的罪孽深感忧虑与愤慨，他们呼吁人类的道德复苏，呼吁建立科学与人文协调发展的整体文化。美国著名科学家与科学史家布鲁诺斯基在他的著作《科学与人文价值》一书中，深刻阐述了科学的价值在于人的价值的思想，分析了科学力量和道德力量的关系，并提出：当今世界文明的困境并不是科学本身的恶果，而是人们鄙弃了真正的科学人文精神。著名英国科技史专家李约瑟认为，现代科学技术的进步给人类带来了各种道德上的问题，这些道德问题可以从中国文化所包含的伟大的传统道德精神中得到解答。中国人将"天人"看作一个整体的观念，以德性、理性统领真、善、美的文化价值体系，给陷入唯物质文化和唯科学文化怪圈中的西方世界提供了一种古老而又非常现代的智慧，中国人的特殊天赋可以在这方面影响整个世界。

当然，充分肯定思想道德教育价值，并不是要制约、否定现代科学技术的价值。相反，我们是要在其合理性上更加充分利用、发挥现代科学技术的作用，避免西方社会所出现的某些严重社会问题。我们应当强调思想道德教育与现代科学技术的紧密结合，继承我国"天人合一"的传统思想。但是，我国社会也确实存在注重伦理道德而忽视科学技术的传统，这种传统是与古代血缘宗法社会的根基直接相关的，它不仅严重扼制了我国古代社会科学技术的发展，而且影响了现代科学技术作用的发挥，成为制约我国现代化建设的一个重要因素。因此，思想道德教育的艰巨任务是要促进现代科技的发展。

在现代社会条件下，我们应当高度重视现代科学技术，努力创造更多物质财富，享受现代物质文明成果，这是毫无疑问的。同时，我们也要吸取西方人的教训，不能在强调重视科学价值时忽视道德价值，在强调物质价值时否定精神价值。随着社会的全面发展进步，人应当离动物性越来越远，现代人在享受现代物质文明的同时，也应当享受现代精神文明成果，拥有现代文明道德。如果现代人在享受现代丰富物质文明时，精神世界却如前面所说的那样矛盾和痛苦；如果现代人享受着高度现代化的物质成果，而道德文明程度却很低下，那么，现代人就成为现代社会很不协调的角色，甚至成为妨碍现代社会进步的障碍，失去了现代人存在的意义。所以，思想道德教育也担负着使现代人的内在道德符合现代社会要求，使现代人的内在精神生活与现代物质生活相协调的重任。

论思想道德教育的功能发展[*]

传统思想道德教育的主要功能是导向和保证功能，它们在革命和建设过程中起了很大作用，但由于受当时社会历史条件的限制，它的主要服务对象是政治，经济考虑较少，其作用方式主要是规范性、维护性的，比较缺乏发展性。所以，在新的历史条件下，传统思想道德教育的功能已经不能适应新形势发展的需要，面对新的历史条件，思想道德教育必须发展新功能。

一、导向功能的发展

导向功能主要是一种政治思想功能，即保证正确的政治方向。导向功能之所以要发展，主要原因如下：其一，导向的内容已经发展。传统的政治主要是革命的政治、阶级斗争的政治，围绕这一政治内容，形成了传统的导向方式。在新的历史时期，政治内容主要是经济的政治、建设的政治，即社会主义现代化是最大的政治。为了保证以经济建设为中心，促进生产力发展，还要坚持四项基本原则，坚持改革开放，这就是党在新时期的基本路线。这一基本路线集中体现了新时期的政治内容。显然，党的基本路线既有传统的政治内容，也有新增加的政治内容；既有经济因素，也有政治因素；既突出了重点，也兼顾了其他。其具有多样性、综合性、系统性的特点。其二，导向的对象有了新变化。传统的思想道德教育导向的对象主要是集体，而由于集体的经济工作、业务工作都被摆到次要位置，突出了集体的政治性，因此集体在很大程度上是政治共同体，其文化特征基本相似。同时，由于过分强调集体的作用，个人往往不被重视，对个人的导向也同集体一样，方式基本是相同的。在新时期，集体和个人的经济工作、业务工作成为中心工作之后，特别是在市场经济条件下，集体和个人的独立性、自主性、创造性增强之后，集体和个人的特色纷纷显露，集体和个人的发展已不是单纯政治上的发展，因而对集体和个人的导向必须从对象的实际和特点出发，而不能采用千篇一律的方式。脱离集体和个人的实际，不顾集体和个人的特点，进行空

---

  [*] 原载于《学校党建与思想教育》1999 年第 Z2 期，收录时有修改。

泛的导向，很难有效果。其三，导向的要求有了新标准。传统思想道德教育的导向是单一的政治内容的导向，其标准也主要是政治标准，例如，毛泽东在《关于正确处理人民内部矛盾的问题》中所提出的"六条判断标准"。这些标准具有坚持性、限制性。而新时期思想道德教育导向的要求是以经济建设为中心，发展生产力，其标准应该主要看"是否有利于发展社会主义社会的生产力，是否有利于增强社会主义国家的综合国力，是否有利于提高人民的生活水平"。显然，新时期思想道德教育的导向要坚持未来性、发展性。

二、保证功能的发展

保证功能在传统思想道德教育中主要是保证政治思想上的共识性；保证政治制度、政治秩序的巩固性；保证工作、生活的秩序性。这样的功能在新的形势下还应保持，但也要发展。开放不断扩大，改革不断深入，竞争不断加剧的发展形势，不仅深刻影响到人们的思想道德观念，而且涉及相互利益的调整，新旧体制的矛盾和冲突，新旧思想观念的矛盾和冲突，贫富差距拉大之后的矛盾和冲突。一方面，这些矛盾和冲突不可避免地要发生，不发生就不会有发展；但另一方面，又不能使这些矛盾和冲突超过社会和人们可以承受的限度，并且要不断地把它们引向新的发展方向，使之化解，否则，社会就会因发展失衡而动乱，社会动乱就会严重阻碍、破坏社会发展。因此，在我国实行体制转换过程中，思想道德教育尤其要发挥稳定作用，即稳定社会秩序，安定政治局面，保证改革、发展的顺利进行。改革、发展、稳定是我国新时期的一项重要方针，是相互依存的一个整体，其中，稳定是压倒一切的前提性条件。稳定，首先是政治稳定，政治稳定最重要的是形成政治共识，即把人们的认识统一起来，从而使人们的行为统一起来。政治共识的形成要靠思想道德教育通过正确的政治理论的吸引、凝聚，对错误政治观点的排斥、批判，与具有不同政治倾向的人协商、对话的综合方式来实现。

随着工作重点的转移，特别是多种所有制和多种分配制度并存的情况出现后，社会生活中的经济因素上升为主导性因素，政治利害关系淡化，经济利益关系突出，人们关心自己的物质利益，也十分重视获取物质利益的方式。对内对外开放的扩大和激烈的竞争使经济利益关系向更广阔的领域延伸，使获取物质利益的手段与方式更加复杂多变，甚至使经济因素渗透到了政治、伦理、法律关系之中，社会人际关系出现了过去不曾有过的新情况。

这些新情况有积极的一面，也有消极的一面，其集中表现是道德问题。因此，要运用解决道德问题的方式，即主要是协调、调解、调节、调整的方式来解决政策、人际关系、物质利益方面的问题，而不能简单运用解决政治问题的方式来解决这些新问题。

随着科学文化教育的普及、发展和都市化程度的提高，人们逐步形成了现代化的工作与生活方式。这种现代化的生活方式包括通过大众传媒来了解外面世界的发展；通过自身的科学文化基础来选择有价值的信息；通过广泛的比较形成富有自己特色的思维方式和价值取向；按照自主性、创造性原则从事工作和学习；按照自己的兴趣和爱好来选择职业、工作方式和休闲方式；等等。虽然大众传媒为人们提供了形成共识的公众领域，但大众传媒也为人们提供了思想、道德、价值选择的多元化取向；虽然现代交通、通信条件缩短了人们联系、交往所需的时间，但人和人之间的思想道德追求和生活方式拉大了距离；虽然人们同在一个单位、同住一栋高楼，但人和人之间的要求与期望往往相差甚远。人们的自主性、创造性的增强，必然导致个性的发展和观念的变化，因此，现代社会的人与人之间，各种类型的人之间，上下级之间更需要沟通、理解和尊重。要使人们真正实现思想、道德上的社会化，把自己融入现代社会的整体之中，成为现代社会生活中一个和谐的成员，理解、沟通十分重要。而思想、道德上的社会化、现代化是不能自我完成的，它需要教育、引导、启发、沟通、学习。因此，沟通人们的思想、情感，使人们在比较中相互理解和认同，做到相互契合与支持，这是引导人们走向现代化、社会化的重要任务，也是现代思想道德教育的重要功能。

总之，现代思想道德教育的稳定功能、协调功能、沟通功能是现代社会发展和人的发展的需要，是思想道德教育保证功能的新发展。

三、开发功能的发展

不管是社会的改革发展、可持续发展，还是经济、政治、文化的发展，归根结底要以人的发展为中心，要以人的发展为基础。而人的发展是指人的全面协调发展，是人对自身原有状态的不断超越，是人的潜能的充分发挥。如何充分发挥人的潜能？人能否自发充分发挥自己的潜能？这就提出了思想道德教育开发功能的问题。思想道德教育之所以具有并可以发展开发功能，是因为人在认识和改造世界的过程中具有主观能动性，又称自觉能动性。人的自觉能动性不仅"是人区别于物的特点"，是人本质特征的表现，而且它对人的体力、智力的发展和发挥产生巨大的作用。人的自觉能动性包括人的信仰、理想、道德、情感、意志等，这些精神因素都是思想道德教育所关涉的内容。思想道德教育的开发功能就是通过充分发挥人的主观能动性，促进人的体力、智力的充分发展和发挥来发掘人的内在潜能的。

发展思想道德教育开发功能，首先，必须发挥人的感官优势，尊重人的兴趣和爱好，培养人的特长。人的感官都各自有其特殊的作用，由于先天遗传和后天培养训练、发掘程度不同，人们的感官发挥作用的程度是不同的，即有些感官发挥作用充分，显示出优势，而有些感官发挥作用一般或不突出。例如，有的人听力敏锐，声音辨别能力强；有的人视力犀利，一目十行；有的人头脑敏捷，善于思考；等等。感官优势常常影响着人的兴趣和爱好，反映人的特长；而兴趣和爱好往往是最好的老师，它能够引导人去进一步学习、钻研、创造，这应当是开发人的潜力的基础。过去，我们基本忽视了人的感官优势，也不大重视人的兴趣爱好，似乎注重了这些东西就是否定了实践的作用，就是强调了个人的主观性，违反唯物论。其实，承认人的感官的差异性，重视感官的作用，正是坚持了唯物论；而重视人的兴趣与爱好，正是尊重人的主观能动性。开发人的潜力如果不以此为基础，就有可能成效不显。当然，人的感官可以通过训练提高其能力，人的兴趣和爱好也可以通过培养而不断增强。但如果一个人已经有明显的感官优势和一定的兴趣、爱好，我们为何不以此为基础来做进一步训练、提高，从而节约教育资源呢？过去，我们忽视人的自主性、创造性，过分强调个人要服从集体的需要；忽视个人的兴趣、爱好与特长，使人才不能尽其所长，甚至对有特殊才能的人进行限制，造成了人才资源的浪费。现在，人们的自主性、选择性、创造性增强了，我们应当重视每个人已经拥有的资源，把它作为进一步发展、开发的基础。

其次，充分调动人的主动性、积极性，促进人的智力与能力的发展。人的主动性、积极性既是人工作、学习的动力，也是人智力与能力全面发展的动力，它是人力资源开发的推进器，是充分发挥人的潜力的关键。人的主动性、积极性来自哪里？概括来说，主要来自远大理想、坚定信念的吸引与激励；来自对社会、国家和他人的责任；来自对事业成功的执着追求；也来自对物质利益和精神享受的期望。所有这些都是思想道德教育应当研究的内容。但在现代社会条件下，思想道德教育要有效调动人们的主动性、积极性，必须以人们所从事的实际工作为基础，必须以促进人的全面协调发展为目的，克服思想道德教育与业务工作"两张皮"的分离现象，把政治理想、道德理想与事业理想，德性与智能，物质利益与精神动力有机结合起来，形成虚实结合、全面综合的目标体系、行为规范和价值取向。这样，人的主动性和积极性就可以向业务工作转化，向人的智能方面转化。

最后，培养创造精神与创造能力。所谓创造，就是首创前所未有的事物，探索别人没有涉及的领域而有新的发现。创造本身就是一种发掘、开发，而且是一种首创创新的深度开发，是人的主观能动性的深层表现。

创造精神与创造能力的培养和思想道德教育有什么关系？首先，从创造的过程来看，它是一个艰难困苦的过程，是一条荆棘丛生的道路，不是人人都可以进入的。创造性学习、创造性工作、创造性研究要以一般性学习、工作、研究为基础，但它又远远高于、难于一般性学习、工作和研究。它需要创造者付出艰巨的劳动，具有顽强的毅力和敢于探索、不怕失败的勇气。特别是在创造者逼近创造目标的关键时刻，更需要创造者排除一切杂念和干扰，进行忘我的全身心投入。所以，创造精神实际上是一种顽强的拼搏精神、艰苦的奋斗精神、忘我的牺牲精神。这种崇高的精神境界没有远大的目标、强大的动力、顽强的意志是不可能达到的。所以，创造精神是人的创造活动的价值目标和动力源泉，没有这种精神，就不可能有创造活动。创造精神的培养，当然离不开多种形式的思想道德教育。

其次，从影响创造的各种因素来看，有主观因素和客观因素：客观因素主要包括历史文化因素和现实政策因素；主观因素主要包括人格因素和角色因素等。在我国，漫长的封建社会所形成的好古、保守的文化传统给人们留下了守成、稳健的心理积淀，人的冒险、开拓、创新精神不足。这种客观的文化因素与现代改革创新、开拓发展的意识是不相符合的。这种保守的文化因素与文化心理在很大程度上制约了人们的创造精神和创造能力的发挥，严重阻碍了我国现代科学技术的发展与突破。因此，思想道德教育的一项艰巨任务就是清除保守的文化积淀，创设有利于创新的文化环境，为培养创造性人才提供良好的条件。

最后，从个性与创造性的关系来看，个性直接影响创造性，要重视人才的个性培养，因为个性既包括人的兴趣、爱好、性格等主观世界的基础性内容，也包括人的主观能动性方面的理想、信念、情感、意志等核心内容，还包括智能、思维等综合性内容。对所有这些内容进行综合概括的个性概念，实际上是人的内在特征描述。具体到每一个人，个性是不同的，即每个人都有自己的个性；决定每个人个性特征的主要因素还是反映人主观能动性的核心内容，即人是否有远大志向、执着追求、顽强意志、丰富情感等。

　　培养个性特点，能够激发创造性，增强创造性，并能促进个性特点的进一步发展。所以，个性与创造性的关系是直接互动的关系。人的个性是在个人生理素质的基础上，在一定社会历史条件下，通过教育、实践逐步形成的。思想道德教育虽然不是培养个性的唯一途径，但它能够提高个性中主要因素的水平，能够铸塑个性特色，激发创造性。要做到这点，必须切实从受教育者的实际出发，因材施教，因人施教，切忌"一刀切"的教育方式。

论道德关系的新发展[*]

当今世界，科学技术日新月异，各种竞争日趋激烈，经济全球化、政治多极化、文化渗透化、社会信息化在曲折中发展，力量组合和利益分配正在发生新的变化。在我国社会，随着改革开放和现代化建设的进行，生产力不断发展，市场经济体制逐步建立，生产方式、活动方式、就业方式、分配方式、经济成分、组织形式、生活方式和利益关系日益多样化、复杂化。社会存在、社会物质生活条件的变化使得作为社会意识的道德也相应变化。正如恩格斯指出："一切以往的道德归根到底都是当时的社会经济状况的产物。"① "物质生活的生产方式制约着整个社会生活、政治生活和精神生活的过程。"② 生产关系、经济关系等社会物质关系的变化，导致了道德关系的变化。在原有道德关系的基础上，产生、形成了一些新的道德关系和新的道德内容，其中的主次地位和作用也发生了一定的转换。当代中国社会的道德关系已经，或正在，或即将经历一系列新的变化发展。

一、从以熟人道德关系为主向以生人道德关系为主发展

在自然经济条件下，社会以家庭为单位、以血缘为纽带，生产力不发达，没有严密的分工和广泛的协作。人们自给自足，没有广泛的社会联系和交往，很多人一辈子没走出过自己生活所在的小天地。以一家一户为基础的封闭式小农经济限制了社会关系的地域广度和空间范围以及人们社会化的程度，人的交往对象一般都是建立在血缘、姻缘和地缘基础上的亲人、家人、乡人、本地人等"自己人"，要处理的经济关系以及作为经济关系体现的利益关系大都是熟人之间的关系，因而发生的道德关系也主要是熟人道德关系，而生人道德关系是较少的。正因为如此，我国历来非常重视对熟人间道德关系的处理、道德规范的建立和道德观念的培养，而相对轻视或忽视生人

---

* 原载于《浙江伦理学论坛》（辑刊）2014 年，作者邓泽球、郑永廷，收录时有修改。

① ［德］弗里德里希·恩格斯：《反杜林论》，人民出版社 1999 年版，第 93 页。

② 《马克思恩格斯全集》第 1 卷，人民出版社 1974 年版，第 8 页。

间道德关系的问题，因而私德发达而公德欠缺，家庭道德和家族道德兴盛而职业道德匮乏，这明显表现在历史上对"五伦"（君臣、父子、夫妇、兄弟、朋友）的异常关注和"三纲五常""三从四德"的统治。由此可见，以宗法血缘为纽带的经济上的人身依附关系和裙带关系，必然导致道德上的依赖关系和裙带关系。

以熟人道德关系为主的情况，即使在我国计划经济时期也没有发生根本改变。由于历史传统的惯性和过分强调集中统一性与组织计划性，在经济活动、社会活动和日常生活中发生关系的仍然主要是熟人，不过增加了一些新的熟人（如领导、下属、固定客户等）而已。这同样使人们习惯在伦理心理上把道德关系区分为"自己人"和"其他人"，即熟人和生人。由于是"自己人"、熟人，因而礼貌、热情，讲文明、讲道德，担担子、负责任，一团和气，"你好、我好、大家好"，甚至"开后门"、当"保护伞"，或者千方百计通过熟人找生人进行感情投资，以便使生人关系发展成熟人关系。所谓"熟人好办事""多个朋友多条路"等就是这种现象的真实写照。至于陌生人，由于在观念上没有把其当成自己人，认为与自己无关，因而冷漠、野蛮，不讲道德、不讲良心，不担担子、不负责任，造成效率低下、社会无序、道德失范、世风衰落、严重不公（不公开、不公正、不公平）等。可见，经济上的封闭性、狭隘性和片面性必然导致道德上的封闭性、狭隘性和片面性。由于我国市场经济体制、法治和德治还不完善，这种情况对社会生活和现代化进程仍然有着不可忽视的消极影响和阻碍作用。

市场经济是商品经济发展的一个阶段，市场在资源配置中起着基础性作用，人们有着严密的分工和广泛的协作，价值规律是调节生产、分配、交换、消费等关系、经济活动的中心环节和所有方面的最基本的经济规律。在市场经济体制中，由于生产的迅猛发展、经济的日益繁荣、分配的多种形式、流通的扩大深化、消费的不断增长，以及科技、信息、交通等逐步发达，当代人在社会交往中冲破了血缘、姻缘和地缘的束缚，更多的交往建立在业缘、趣缘和信缘（即信息关系）的基础上，交往的对象大多是生人。不论是求学、开会、看病问医、经商赚钱、从政办事，还是生活服务、文体娱乐、市场买卖、外出旅游，发生的大都是生人间的经济关系、利益关系、信息关系，从而使道德关系由以熟人间（"五伦"）为主向以生人间（多种伦理关系）为主转化。这就是台湾地区学者韦政通提出的"第六伦"，即个人与陌生大众的道德关系问题。他讲过一个发生在台湾的故事。外国人问的士司机："你们对上司、亲戚和熟人很讲礼貌，可在大街上开车为什么横冲直撞？"司机回答："我不认识他，他也不认识我，我为什么要对他讲礼貌？"难怪社会学家费孝通说，现在很多人是根据交往对象不同的身份而拿出不同的道德标准。其实，在当代社会，要想在市场经济的大潮中站稳脚跟并立于不败之地，就必须不管是熟识之人还是陌生之人，一律一视同仁，公平对待，亲疏无别，诚信守序，因为市场不认宗法血缘、政治等级等关系，而只遵循价值规律。市场经济不相信眼泪，而只相信实力（包括经济实力和人格力量）。市场经济是为经济利益服务的经济，利益最大化原则是其基本原则。而要谋利，就必须为他人和社会服务，或者说只有为他人和社会服务，才能获得利益报偿。当代社会中，人们之间的关系是相互服务的关系，即"我为人人，人人为我"的关系。因此，市场经济不必然引发个人主义，相反，它本质上为集体主义和为人民服务的道德的发扬提供了厚实的经济土壤。"顾客是上帝"（不管是老顾客还是新顾客）、"服务对象是上帝"（不管是熟人还是生人）在市场经济中是至理名言。赢得顾客，就赢得市场，就赢得一切；丧失顾客，就丧失市场，就丧失一切。《大败局》一书对郑州亚细亚百货公司等十家大型企业集团的破产所进行的分析表明，其原因虽然是多方面的，但在社会市场经营行为，即对生人的行为中，缺德是其中一个重要的因素。随着社会关系的发展，这种不应有、但在目前社会生活中还比较普遍存在的道德理念和行为都会得到逐步改变，因为"人们自觉地或不自觉地，归根到底是从他们阶级地位所依据的实际关系中——从他们进行生产和交换的经济关系中，吸取自己的道德观念"①。

随着以熟人道德关系为主向以生人道德关系为主的发展，原有的伦理道德理念和准则已不能完全适应新的形势需要，我们的当务之急是顺应这一转变，将已有的道德理念和实践发展到新的阶段。目前，加强经济伦理等应用伦理学的研究并将其运用于道德活动就是其中一项重要工作。

二、从以直接道德关系为主向以间接道德关系为主发展

在传统社会中，由于生产力水平和生活水平不高，经济不活跃、物质不丰富、科技不发达、制度不健全、信息不灵通，消费的数量和质量都很有限，为了生存、发展和享受而产生的物质文化需要等还没有被充分地激发出来，因而人们的社会联系和社会交往的广度和深度都比较有限，大部分是面

---

① 《马克思恩格斯全集》第13卷，人民出版社1974年版，第133页。

对面地打交道，处理的大都是人与人的直接道德关系。正因为如此，一般来说，人们认为只有通过语言和行为与他人发生直接利害关系才构成道德关系，才产生道德与否的问题，才有善与恶、正义与非正义、公正与不公正可言，也才需要有相应的道德规范调节和道德价值评议。否则，如果是通过中介，而不是人与人之间形成直接的利害关系，即不是直接有利于或有害于他人和社会，就认为它不存在道德意义，不需要建立相应的道德准则加以规范。因此，传统伦理学往往也只注重人际关系的道德研究，而忽视了对人与自然、人与物体、人与环境、人与制度、人与信息、人与科技、人与机器、人与经济等关系的道德探究与追问，这方面在我国历史上表现得尤为明显。

当今社会，随着生产、经济、政治、思想等各个方面即广义的社会文化、文明的广泛发展，道德关系及其要求再也不仅仅局限于人与人的直接接触中，它还普遍地存在于人与自然、人与物体（人与物质文化）、人与制度（人与制度文化）、人与信息（人与精神文化）等关系当中。这也就是说，人们的许多行为活动通过物体、制度和信息等中介而与他人和社会产生利益关系，有些有利于他人和社会的存在与发展，有些有害于他人和社会的存在与发展，这样就形成了大量间接的道德关系，并产生了相应的道德要求。

先以人与自然的关系为例。在现代社会的生产劳动中，由于生产力水平和劳动生产率的大幅提高、农业经济向工业化经济转换进程的加快、工矿企业开发范围的扩大和程度的加深、人们观念的滞后和法制的不健全等，当代人在认识、利用、享受和改造自然界的同时却没有注意保护自然，有些人还企图征服自然界，甚至不顾它的死活，因而造成了对自然界的掠夺式经营和强盗式开采，从而导致了"三废"（废水、废气、废渣）横流和对土壤、水源、植被、气候和生物等的巨大破坏，环境受到污染，生态失衡。恩格斯在《自然辩证法》中早就说过：我们不要过分陶醉于对自然界的胜利，每一次胜利后，自然界都反过来报复了我们。于是，人和自然陷入了恶性循环：人破坏自然，自然反过来又制约人和社会的发展，其结果是两败俱伤，这是我们不想看到的，因为人和社会都离不开自然界。为了改变这种局面，进入良性循环，使人与自然能够长期和谐地进行物质和能量交换，使人们在优美的环境中工作和生活，使自然界有利于人和社会的可持续发展，就必须保护自然。这样，原本不具有道德意义的人与自然的关系，由于其中渗透着人与人（包括与在场者即当代人，也包括与不在场者即子孙后代）的关系而具备了特殊的伦理价值，因而人与自然的关系也有了"应当怎样"的处理原则。人与自然作为伙伴应和谐相处，人应合理地、充分地开发和利用自然资源，防止环境污染，保持生态平衡。"救救地球"成为时代的强音。生态道德、生态伦理学也就应运而生。

再看人与物的关系。科学技术的发展、商品的日益丰富、消费水平的不断提高，一方面使人们在当代社会生活中所使用的物品越来越先进、越来越复杂、越来越精密，功能也越来越多；另一方面也使人们所用物品的部分副作用越来越大，消费后丢弃的废旧物资越来越多。例如，坐飞机时使用手机会因为手机收发的电磁波干扰正常飞行而影响司乘人员的安全，从而使人与人的直接道德关系在这里通过人与机（飞机和手机）的媒介联系而转化为间接道德关系，因而有了坐飞机不准打手机的规定。夏天，在居民区停车却一直开着冷气，产生的大量热能、噪音和废气对当地居民的生活造成了不良的影响。司机通过汽车与停车所在地的人发生了间接道德关系，因而应该注意这个问题。城市不少现代建筑物的玻璃幕墙在阳光照射下发出刺眼炫目的光芒，严重影响了人们的视物清晰度、视物能力甚至视觉功能，造成了不容忽视甚至导致恶性交通事故的光污染。建筑业主、房地产开发商、设计师和承建单位通过建筑物玻璃幕墙的反射光与路人产生了间接道德关系，因而有的城市已经对玻璃幕墙的修建有了严格的限制。许多临街铺面将空调的室外机放在路边不断朝外散发大量热量，使顾客和路人经过时都别无选择地要"冲一个热浪浴"，这也是需要整顿的现象。此外，还有音响、高音喇叭、唱卡拉 OK 等发出的噪音成了当代社会居民生活区一个令人头疼的问题；塑料袋、泡沫饭盒、易拉罐、干电池、玻璃瓶等生活垃圾和被更新换代的家用电器等废旧日用品，由于其对环境的污染和对生态的破坏，这些废物的抛弃者不仅与在当地生活的人和社区，而且与整个人类和社会形成了间接的道德关系。因此，保持并改善人生存、发展和享受的社会环境就不仅只是一个经济、政治、法律问题，而且成了亟待解决的文化、道德实践问题，环境道德、环境伦理也就成了非常重要的理论课题。

下面分析人与制度的关系。在传统社会中，法制、法律、规章、制度不健全，没有规范的条例，没有一视同仁的准则，办事因人而异，实行人治，人与人直接竞争——准确地说，是比拼甚至斗争：以对方为敌人，目的是斗垮、斗败对方，要么把对手拉下水——胜者为王，败者为寇；要么安贫乐道——虽贫却安贫，无道却乐道；要么"分我一杯羹"——吃"大锅饭"，搞平均主义。如此，其结果不是霸道横行、强力专制，就是暗箱操作、处理不公（不公开、不公正、不公平），充其量也不过产生表面上、形式上的透明、均衡的道德关系，而事实上却存在着不公。随着历史的进步，法律、法规、条例、纪律不断完善，办事有了一定的程序，社会正逐步走向法治和德治。例如，国家针对经济活动制定了《中华人民共和国反不正当竞争法》，单位也制定了有关竞争方面的条例，人们在竞争中以对方为参照，既竞争，又合作，谋求共存、共荣、互惠、互利、同享、同乐，共同发展，在公开、公正、公平的基础上允许而且鼓励优先发展，即认可竞争中自始至终（从起点到过程再到结果）存在差异性、层次性、先后性。这就为公平竞争打下了良好的基础。可见，传统的人与人竞争的直接道德关系在当代社会中转化为人与人通过有关条律竞争的间接道德关系（这时必须保持作为竞争的前提、根据、中介和标准的制度的公平性）。这样，竞争道德、竞争伦理学以及制度伦理学也就成为研究的新课题。

关于人与信息的关系。随着信息时代的到来和计算机的普及，特别是国际互联网（Internet）的迅猛发展，地球成了一个"小村庄"，人们可以随时随地通过电话、手机、传真等通信工具，尤其是可以通过电脑随时随地地发布和查阅各种信息——既可能是求真、扬善、臻美的信息，也可能是虚假、罪恶、丑陋的信息，如色情电话、骚扰短信、黄色网站的黄色信息等——从而与世界各地各种人发生广泛的、快捷的联系，造成各种不同的影响，形成特殊的间接道德关系。互联网络、大众传媒已日益成为人们的重要生活方式和交往方式之一。因此，网络道德、信息道德的探索与建立是实践中和理论上的现实而迫切的课题。

此外，还有一种人与经济的特殊关系。过去的假冒伪劣商品都是直接损害消费者的利益，但现在有的商品假冒伪却不劣，例如，曾发现有假红塔山烟，其质量比真货一点都不差，甚至还要好。这样似乎并没有损害消费者的利益，甚至因其价格便宜，好像还有利于消费者。其实不然，因为即使假冒伪劣商品的制造者和销售者没有直接损害消费者的利益，但其偷税漏税、破坏经济秩序，损害了国家的利益，而我国税收是取之于民、用之于民的，因此，这部分人间接地造成了损害消费者利益的后果，同时也损害了真品生产者和销售者的利益，是同样不道德的。

三、从以相对固定的道德关系为主向以相对变动的道德关系为主发展

在自然经济时期，家庭是基本的生产单位，家族是基本的交往单位，国家是基本的活动范围。血缘、姻缘和地缘是人们社会关系的主要纽带。因

此，个人的社会身份和角色是简单的、固定的，社会团体也是简单的、固定的，个人与团体的关系包括道德关系也是相对简单、固定的。家庭、家族和国家是与人们发生社会联系的基本团体，而且家国同构、家国一体。人们在家庭中"夫妇有别、长幼有序"，在家族中按辈分排列尊卑先后，在国家中按等级划分贵贱。人们根据自己与家庭、家族和国家的道德关系，各自都有一套相应的道德规范和要求，安分守己，不可逾越，世代相传，永不更改。此外，个人对家的道德要求与个人对国的道德要求被认为是统一的：家长是家之尊，国王是国之尊，在家要孝，对君要忠，孝是缩小的忠，忠是扩大的孝。在自然经济条件下，一个人永远走不出家庭、家族和国家这三个基本团体的道德关系和道德活动圈子。

在计划经济时期，人们从小按照行政命令按部就班地去学校上学，到单位工作，然后退休、养老，直至去世，吃喝拉撒、生老病死都由学校、单位负责。与自然经济相比较，只是多了学校和单位两个团体而已。人是学校的人、单位的人，而不是社会的人，不能做学校和单位以外的事，不能兼职，因而人与团体的关系包括道德关系主要固定在人与学校、人与单位之间，这对人们提出了相应的道德要求：学习要服从学校安排，工作要服从单位安排。学业和事业一旦被组织安排好，一辈子几乎不能改变。那时，社会提倡人们当"螺丝钉"，到哪里就要在哪里扎根，不能轻易流动。所以，人们都非常重视档案和户口。

从上述两段可以看出，经济关系和政治关系的简单与固定必然带来道德关系的简单与固定。这限制了人的自由、全面、充分的发展。

改革开放以后，特别是自市场经济体制初步建立以来，由于生产、经济活动的灵活性、多样性、广泛性、复杂性和变动性，经济、政治、思想、文化和生活环境也随之变得灵活、多样、广泛、复杂和易变，同时也变得宽厚、宽松和宽容。这样，社会团体的种类和数量如雨后春笋般冒出，个人的社会身份和角色也变得多种多样，且社会团体和个人身份还处在千变万化之中，因而个人与团体的社会关系包括道德关系也从相对固定走向相对变动：人们求学时除了必修课外，还可以选修、辅修和兼修；可以学几个专业，获得几个学位（如双学位），成为几个院系的学生甚至几个学校的学生；人们工作时除了本职以外，还可以一生多职、身兼数职或到学校和单位之外的社会上的其他团体中兼职；在不同团体、不同地区、不同行业、不同所有制之间合理、有序的人才流动早就成了司空见惯、习以为常的社会现象。过去纸张文本记录的相对固定的证件、档案和户口已经不适应人员与团体间关系高变动性的需要，而逐渐被计算机联网的电子证件、电子档案和电子户口或其他高科技产品所代替（有人建议取消档案和户口，这另当别论）。在国门大开、信息灵通、观念解放、交通快捷的今天，一个人头一天在上海工作，第二天到了纽约上班或上午还在北京做事，下午却去了东京，已经是不足为奇的现象。个人与团体道德关系的相对固定向相对变动的转换，既是当今社会机遇与挑战并存、希望与困难同在、成功与风险共生、竞争与协作互动的现实状况的反映，又是经济、政治、思想、道德从依附关系向自主关系转化的体现。这有利于人的自由、全面、充分的发展。伦理学，尤其是发展伦理学，责无旁贷地要承担起从学术研究、理论证明上促进这一历史性良好转变的重大的、光荣的任务。其中，要注意研究多种身份带来的多种关系的和谐统一，保持人格一致，避免处理不好而导致的人格矛盾或多重人格、多面人现象。

四、虚拟道德从以宗教的人-神关系为主向以网络的人-人关系为主发展

根据马克思主义哲学唯物史观和马克思主义伦理学的基本观点，任何道德关系都是现实的道德关系，即道德关系只存在于现实的社会生活之中，而任何现实的道德关系首先都是生产关系、经济关系的体现，同时也反映人们的政治关系、法权关系、科技关系和其他思想文化关系。道德关系作为精神关系，深深植根于现实社会人的社会关系（主要是物质关系、利益关系）当中。离开现实、离开生活、离开人群，就无道德可言，因为道德就是为了调节人们之间的利益关系而发生和发展的。所以，宗教的所谓人-神关系和网络的所谓人-人关系都是非现实的、虚拟的道德关系，其实质归根结底也是现实社会关系虚幻的、颠倒的、间接的、模拟的、曲折的反映和表现。

历史上，由于生产力水平的低下、科学技术的不发达、人们眼界的不开阔，加之后来的阶级统治，人们既解释不了自然现象，也无法说明社会现象；既没能揭示自然规律，也没有掌握社会规律，因而既受到自然界的束缚，也受到社会的压迫，想挣脱挣脱不掉，想摆脱摆脱不了。而人又十分关切自己的前途、命运特别是终极命运，迫切希望成为自然、社会和自身的主人，从而超越困境。因此，人便力图让自己在现实中暂时实现不了的愿望能够在"天国"或"来世"实现。宗教虚拟的人-神道德关系及其道德要求正好适应当时社会的状况、人们的心理和阶级统治的需要。例如，基督教认为

上帝是全智全能的，它创造一切，人则是神——上帝的创造物。人有原罪，因此，只有甘愿听从上帝的旨意，忏悔、赎罪，才能脱离苦海，免下地狱，升入极乐的天堂。可见，上帝其实就是统治者的升华和变形。宗教的人-神虚拟道德关系实际上是现实社会中人与人的关系包括阶级关系和人类社会与自然界的关系的反映。宗教作为人类的一种异己力量，"只有当实际生活的关系，在人们面前表现为人与人之间和人与自然界之间极明白而合理的关系的时候，现实世界的宗教反映才会消失"①。正因为如此，我们既要坚持宣传唯物论、无神论，又要执行党的宗教政策，主张信仰自由（信教与不信教的自由）。所以，研究宗教的人-神虚拟道德关系，研究宗教道德，创立宗教伦理学，也应该成为伦理学、宗教学和思想道德教育工作者的任务之一。

国际互联网的出现改变了世界上只有一种虚拟道德关系——宗教的人-神虚拟道德关系的局面，产生了第二种虚拟道德关系，而且以迅雷不及掩耳之势蓬勃发展。仅仅十几年时间，全球网民已经发展到几十亿人，而且每年还在高速递增。很多人上网聊天使用的姓名、性别、职业、籍贯、经历、性格、爱好、追求等基本情况都是虚拟的，即绝大多数人以虚拟人格的面目出现，人与人的网上虚拟交往和联系取代了一部分现实的交往和联系，甚至出现了虚拟家庭、虚拟银行等。经过仔细分析，我们可以发现，网络虚拟道德关系其实也是社会现实道德关系的表现。比如，虚拟人格虽然不等于真实人格，但它可以分为两种：一种是压抑释放型虚拟人格，一种是理想追求型虚拟人格。前者是因为现实人格受到压抑、束缚、排斥和扭曲而在网络上释放、舒展出来的虚拟人格，后者则是因为对现实人格不满意，或憧憬自认为更高尚的新人格并将其作为规范行为、达成目标的理想人格而在网络上形成的虚拟人格。无论以何种虚拟人格在网上交流和活动从而形成虚拟道德关系，都是现实人类生活中社会关系的体现。

如果说，宗教的人-神虚拟道德关系是把神性赋予人性，把人性赋予神性，从而使人与神的矛盾在观念上达到对立统一，那么，网络的人-人虚拟道德关系则是对人及其道德关系进行再创造，将人性再一次赋予人性，或者说是为旧人性赋予新人性，并渴望人性的矛盾和冲突——它是现代社会矛盾和冲突的体现——得到解决或调节、缓和。如果说"宗教是人民的鸦片"（马克思语），那么，可以说"网络是人民的工具"。因此，宗教的人-神虚

---

① 《马克思恩格斯全集》第23卷，人民出版社1974年版，第96页。

拟道德关系不仅在形式上是虚幻的，而且在内容、性质、体系上是落后的、颠倒的、禁锢的、保守的，甚至反动的，是非科学、反科学的产物，其中的神是主动的、创造性的，而人却是附属的、被动的、消极无为的。相反，网络的人－人虚拟道德关系虽然在形式上是虚构的，但在内容、性质和体系上却是广泛的、开放的、变动的，是现代科学技术发展的产物，其中的人是具有主体性的能动创造者。可见，在虚拟道德关系中，由宗教的人－神关系向网络的人－人关系转变，既是社会历史条件发展的必然过程，又是道德关系的革命、解放和进步。不过，如果说宗教的人－神关系往往使人产生依赖性和异化，使人束缚于神而丧失独立性、目的性、主体性、创造性和自由性，那么，处理不好网络的人－人关系也同样容易使人养成依赖性——依附于自己的虚拟人格、网友和网络科技而迷失独立性、主体性、创造性和自由性，造成新的封闭和奴役，形成新的精神空洞。我们不能一边抛弃了宗教的桎梏，一边又甘心完全受科技的支配，甚至沦落为科技、机器和经济的奴隶，成为工具人、经济人而非文化人、社会人。我们一定要记住：科技是一把双刃剑，只能是人利用剑，而不能是剑控制人，更不能让剑伤害人。具体到网络上，只能是人利用网络，而不能是网络控制人。马克思曾经指出，在生产资料私有制的资本主义社会，"机器具有减少人类劳动和使劳动更有成效的神奇力量，然而却引起了饥饿和过度的疲劳。新发现的财富的源泉，由于某种奇怪的、不可思议的魔力而变成贫困的根源。技术的胜利，似乎是以道德的败坏为代价换来的……现代工业、科学与现代贫困、衰颓之间的这种对抗，我们时代的生产力和社会关系之间的这种对抗，是显而易见的、不可避免的和毋庸争辩的事实"①。社会主义社会道德关系的发展应尽量避免这种二律背反的现象。

由于当代社会生活的多样性、复杂性和变动性，当代社会的道德关系也多种多样、错综复杂、不断变化。我国加入世界贸易组织（WTO）对人们的道德关系也产生了一定的影响。上述当代中国社会道德关系四个方面的发展，只是从一定的角度抽取了庞大的人类社会关系之网上的几个网节加以理顺、辨析、总结和概括，并不奢望展现社会历史道德变迁的全貌，而只希望从一定的学理层面疏通和澄清当代社会道德关系转换的基本历程、动态脉络和主要线索，以便使人们认识当代社会的道德现状和趋势，并为理论研究和实践指导做参考。

---

① 《马克思恩格斯选集》第 2 卷，人民出版社 1972 年版，第 79 页。

至于未来社会道德关系的变化发展，我们不能凭主观臆测作具体的描述。正如马克思指出："在研究国家现象时，很容易走入歧途，即忽视各种关系的客观本性，而用当事人的意志来解释一切……只要我们一开始就站在这种客观立场上，我们就不会忽此忽彼地去寻找善意或恶意，而会在初看起来似乎只有人在活动的地方看到客观关系的作用。"① 因为"物质生产力的状况是所有一切思想和各种趋向的根源"②，人们的精神交往是物质交往的产物，所以，我们要从社会生产和经济关系出发，考察道德关系的变迁。据此，马克思科学地预见了未来共产主义社会的道德关系：在共产主义社会中，生产力的高度发达将使工作时间大大缩短、自由时间大大延长，从而给个人的自由而全面的发展创造出必要的条件，每个人的自由发展成为一切人自由发展的条件，彼此相互结合的生产者将在社会活动中摆脱一切拜物教观念，有计划地、最大限度地把自然界和社会生活置于自己的控制之下。那时候，人们之间的实际日常生活"表现为他们互相之间以及他们和自然之间的明白合理的关系"③。

---

① 《马克思恩格斯全集》第 1 卷，人民出版社 1974 年版，第 216 页。
② 《列宁选集》第 2 卷，人民出版社 1972 年版，第 586 页。
③ ［德］卡尔·马克思：《资本论》，人民出版社 1963 年版，第 56 页。

论现代思想道德教育环境的优化与开发*

在现代社会条件下，媒介环境、竞争环境、开放环境的形成与发展增强了社会环境的影响力和诱导性。思想道德教育如何适应环境、优化环境、开发环境，这是思想道德教育面临的一个新的理论与实际问题。

一、现代思想道德教育环境的优化

第一，环境优化的思路。

环境影响作为一种自发影响，它总是变化多端、良莠杂陈的，不可能有一个绝对好或者绝对坏的环境，现代社会的环境更是如此。对不良环境影响怨天尤人，同那种受不良环境影响而心安理得的倾向一样，都缺乏对现代社会环境进行主动适应和改造的精神。教育者和受教育者、个体和群众在面对社会大环境时，难以进行调控和改造，但对自己所处的环境却完全可以进行优化，这种优化是通过选择来实现的。

其一是自主选择。所谓自主选择，就是主体对环境变化的自主把握，对环境因素的自主分辨，对环境需要的自主取舍。自主选择的前提是要确立主体（包括个体和群体）对环境的自主意识，克服依赖意识。所谓自主意识，就是主体对环境的独立意识，而不是盲从意识；就是主体对环境的主人意识，而不是奴役意识；就是主体对环境的驾驭意识，而不是屈从意识。主体要把环境作为自己生存、发展的条件，既要承认它的决定作用，也要对它进行选择和改造。主体如果丧失了对环境的自主性，就会在环境中漂泊不定，随波逐流，失去能动性。在现代社会条件下，这种自主选择既是适应复杂环境的客观需要，也是市场经济条件下平等竞争、自主发展的重要方式。

其二是趋利选择。所谓趋利选择，就是要努力选择有利的环境因素，避开或排除不利的环境因素。趋利选择是思想道德教育和个人发展的共同要求。趋利选择的前提，是要确立"利"的准则。利的准则应当是对个人与社会、自身与他人、眼前与长远、局部与整体的关系、利益都要兼顾，要坚

---

* 原载于《淮南工业学院学报（社会科学版）》1999 年第 1 期，收录时有修改。

持集体主义原则，体现为人民服务的宗旨。如果在选择过程中，只顾个人，不顾集体，只顾自己，不顾他人，只顾眼前，不顾长远，那么在事实上就是把自己同环境割裂开来，甚至对立起来，从某种意义上说，也是否定客观环境的存在，否定自己生存、发展的条件。所以，"趋利"不是个人的私利，而是既有利于个人发展，又有利于社会发展的"互利"。

第二，环境优化的方法。

思想道德教育环境优化的方法主要有环境选择实验法和环境选择隔离法。环境选择实验法是根据培养某一方面思想道德和行为方式的需要而特意创造相应客观条件的方法。这种方法的特点是环境设计逼真，形象具体，使受教育者有身临其境的感觉，有真实的体验，它比抽象的文字表述更富有感染力和教育性。环境选择实验的方式是多种多样的，已经实验过并获得了一定效果的方式有以下三种：①生存训练。这种训练是寻找一个相对艰苦的地方，提供很有限的生活条件，让青年生活一段时间，一切自己动手，自己学会过日子，自己谋求生存。这种生存训练，是通过艰苦环境的磨炼和艰难生活的体验来进行的，它对从来没有下过乡，不知道粮食、棉花怎么长出来的城市青少年来说，的确有必要。②模拟环境实验。这是一种运用人工方法模拟某种环境，如狂风暴雨的海岛环境、风雪交加的高山环境、缺水少粮的沙漠环境等，让受教育者感受、适应并进行心理训练的实验。采用模拟声、光、电、气、温等综合手段，使环境逼真，再现人们今后的工作环境。模拟环境实验对毕业后要去艰苦地方工作的人来说很有必要。③军事训练。军事训练是把受训对象带到部队环境中，通过军政训练，提高其思想道德觉悟，使其学习军事知识，增强组织纪律观念。这是一种综合训练方式，包括环境选择、环境教育，在部队进行效果更好，因为部队环境更有利于训练。

环境选择隔离法。这是一种用相对封闭的手段选择环境的方法，它主要用于对不良环境因素的处理。我们坚持开放，面向社会，不能脱离社会主义现代化建设的实际去开展思想道德教育。但是教育环境不完全等同于社会，不是同社会没有任何区别的，教育环境的优化也不排斥对不良环境因素采取相对封闭、隔离的方法。①围墙隔离法。这是一种对直接影响学生思想和道德的不良环境采取的隔离方式，如隔离学校周围的经营性单位，减少外界对学校的干扰；隔离治安不良地段，维护校内安定；隔离社会某些文化单位，防止学生受不健康文化因素的影响。这些隔离办法可以在一定范围、一定时间内缓和环境冲突，抑制消极环境因素的蔓延与影响。②信息隔离法。在现代社会条件下，社会信息是复杂多变的，有好的、积极的信息，也有不好的、消极的信息。社会都有责任传播好的信息，抑制、反对不好的信息。采取措施，把某些丑恶的消极的东西、错误的观点尽可能限制在很小的范围内，不要让它泛滥、危害人们，这是完全有必要的。当然，我们不可能完全禁止人们接触消极、落后的东西，不可能完全消除错误思潮对人们的影响，因此，引导人们对那些消极、落后的东西和错误观点进行分析、批判，也可以起到教育作用，并能增强人们的"免疫"能力。但是，对那些煽动性强的反动政治观点，对那些腐蚀性大的黄色书刊，对那些迷惑性大的封建迷信活动，等等，就要采取必要的措施，切断其影响通道，隔离信息来源，使人们特别是青年免受影响。

第三，社会环境优化措施。对思想道德教育的环境，我们可以采取选择、建设的方法进行优化，使人们在良好的环境中接受教育和熏陶。对社会环境的选择，还得依靠社会的力量。学校、社会都关注社会对青少年学生的影响，当某些影响严重危害青年学生健康成长的时候，社会便要采取措施对社会环境进行必要的选择。这些选择主要包括以下三个方面。

其一，大众传播媒介进行职能分工，把商业大众传播媒介与教育大众传播媒介进行分离。现在的大众传播媒介，如电视、广播、报刊等，集新闻性、商业性、娱乐性、教育性于一体，没有差别地面向全社会、面向社会的各类人员。各个传播工具只是在时间、栏目上做了一些安排，各个大众传媒工具之间缺乏必要的配合与分工，都面向市场、面向社会，争稿源、争经费、争发行，势必受商业性影响。这样下去，一是会削弱社会教育影响，致使社会过分强调商业性，不利于社会的精神文明建设和正确价值导向；二是大众传媒工具因为缺乏分工，办不出特色和水平，也影响宣传效果。随着大众传媒工具的不断增多和传媒工具之间的竞争加强，大众传媒工具将逐步根据社会的需要，在功能上、内容上、特色上有所侧重，兴办一些专门的传媒机构，不以盈利为目的，专门从事教育，不仅进行知识教育，还进行思想道德教育。现在，许多单位都有自己的传媒工具，有电化教室、演播室、活动中心等场所，应用现代传媒手段对人们进行教育，效果都比较好。

其二，建设教育场馆。例如，建设革命活动纪念地、纪念馆，烈士陵园及烈士纪念馆，人民反对和抵御外敌侵略的遗址、遗迹，反映中华几千年文明历史和地方文化传统的博物馆、纪念碑，反映我国社会主义现代化建设伟大成就的展览馆，等等。利用这些场馆来进行传统教育，深刻感人，能够激发人们为祖国、为人民事业的奋斗精神，增强历史责任感。

其三，建立社会教育基地。这是学校根据教育的需要，在社会选择教育效果好的地区和单位，用以对学生进行教育的场所。社会教育基地有多种类型，如实习基地，劳动锻炼基地，社会调查、考察基地，社会实践基地，等等。有些学校专门建立了德育社会基地，多数学校则是建立德育与教学相结合的综合基地。建立社会教育基地是现代社会条件下提高教育社会化程度的必然要求，也是贯彻教育与生产劳动相结合方针的必要途径。选择、建设好教育基地，对社会和学校都是十分有利的。

二、现代思想道德教育环境的开发

环境是蕴含着丰富资源的，特别是在现代社会，信息资源、教育资源取之不尽，用之不竭。但是，如何用好资源，开发资源，创造良好的环境，是一个十分有探讨价值的问题。

第一，环境开发的思路。随着现代社会的发展和经济竞争的加剧，现代企业都十分重视企业文化建设。任何一个单位都有三个层面的文化，即物质文化、制度文化和精神文化。物质文化和制度文化是精神文化的基础和保证，精神文化是物质文化和制度文化的灵魂和核心。一个单位的精神文化既不是这个单位人员思想道德观念的简单拼凑，也不是语言、文字的形式表达，而是这个单位人员共同的理想信念、价值观念、道德风尚、合作精神以及这个单位的文化传统等内容的综合指标。一个单位的精神文化是这个单位的灵魂，反映了这个单位的个性，它是属于这个单位全体人员的无形资产和共同财产。就像国有国魂、人有灵魂的道理一样，一个单位也有单位之灵魂，这个魂就是单位的精神文化。

单位精神文化的功能，同一个民族、国家的民族文化，同个人思想道德的作用是相似的，它从整体上对单位实行发展目标导向，产生激励与推动，进行思想和行为的整合与调节，并向社会产生辐射作用。单位精神文化功能的大小、强弱取决于单位精神文化的质量与个性，即质量高、特色鲜明的精神文化必定使单位充满生机与活力，推动单位的迅速发展。

单位精神文化是不可能自发形成和发展的。它是单位领导者根据一定的理论和原则，结合单位的传统、现实和发展趋向，借鉴国内外的相关经验，发动群众进行综合创造的结果。它的核心内容是领导者对本单位的理性认识，即对本单位的规律性把握与自主性驾驭，简称为理念。它的主要内容包括单位的价值取向与道德规范。也就是说，精神文化要超越单位的发展目标与个人现实，把人的外在责任履行与内在德性铸塑统一起来。离开人的内在精神条件和人员的共同愿望来确定单位的发展目标和单位人员责任的精神文化，是缺乏灵性与活力的精神文化。所以，单位精神文化是渗透单位一切领域，并对单位起支配作用的精神因素，是单位的"软"环境。

第二，现代精神文化的特点。各个单位虽有不同的历史传统、人员构成、业务内容，但各个单位精神文化的走向应当基本一致，这就是要摆脱传统性，发展现代性，是现代人的社会和现代社会的人的时代属性，是一种"社会–文化"结构，是现代社会面貌的反映。现代性表现在单位环境中，主要有如下几点。

面向未来而不守旧。单位要以面向未来为导向，追求前瞻性、发展性文化，要体现时代特征，在竞争中走在文化发展的前沿，对社会文化起引导、示范作用，不断对传统文化进行弘扬，不能停留于传统格局、守旧。

开拓创新而不满足于现状。开拓是现代科学技术发展的要求，创新是市场竞争的必然结果。单位要在激烈的竞争中取胜，必须不断开拓创新，为自身发展提供条件，开辟道路。开拓创新是现代社会最可贵的个性特点。满足现状不仅满足不了群众对发展的要求，而且其本身就是一种相对落后的状态。

独特自创而不从众。单位业务创造的风格和水平同单位精神文化创造的风格与水平是关联互动的。单位精神文化的独特性影响单位业务工作的开展。对于单位富有个性特点的精神文化不能从外界引进，更不能用金钱购买，它只能靠单位全体人员独立自创。吸收、借鉴好的文化内容是有必要的，但吸收、借鉴只能充实、丰富本单位的文化体系，而不能成为本单位的主体性文化。从众、照搬别的单位的文化，犹如把别人的灵魂移入自身，必定不得长久。

第三，环境开发的方式。在现代社会条件下，开发教育环境的切入点，就是建设、创造本单位的精神文化。该如何进行建设和创造呢？

首先，要开发环境的教育功能。从教育的角度看，环境因素虽然是一种自发因素，但环境因素的积极影响是具有教育功能的。随着现代社会环境作用的强化，思想道德的显性教育、正规教育面临着挑战，思想道德的直接教育受到时间和现代活动方式的制约，其教育效果有限。为了加强思想道德教育，除了改革显性教育、直接教育，一个很重要的途径就是要适应现代社会环境的需要，发展隐性教育、间接教育。例如，利用现代传播手段，营造良好的舆论环境；把思想道德的内容和要求渗透于业务学习、工作之中，形成普遍的德育氛围；使人文精神蕴含在单位物质文化中并得到体现，产生潜移默化的人文影响；适当组织、引导休闲生活，增强人们的相互沟通；等等。

其次，把单位精神文化渗透到制度文化和活动方式中。单位精神文化的创造是为了丰富、充实单位的灵魂，是为了开掘内在的潜力，它的价值不仅在于它对人的品德的提升，还在于它对人的凝聚和对事业的推动。因此，精神文化只有广泛渗透到制度文化之中，融渗到学校的各项活动之中，才能在保证精神文化价值得以实现的同时，使精神文化在各种各样实践活动中得到充实、丰富和发展，使单位精神文化形成体系。精神文化渗透于制度，渗透于活动，就是对单位各项活动的指导，就是付诸实践、实现价值的过程。如果精神文化暗含于制度、融渗于活动并能被全体人员所体验、认可，那么，群众实践活动则既是对精神文化建设的投入，也是对单位工作的投入。这种投入的直接结果，一是产生工作成效，创造工作实绩；二是强化对精神文化的共识共信程度并丰富、发展精神文化。如果单位的制度以及各项活动没有单位精神文化的暗含与指导，管理和活动的价值取向就会偏离单位的总体目标，甚至出现人心离散、行为失范的状况。因此，单位精神文化向制度文化和各项活动中的渗透，是开发教育环境的基础。

最后，创造富有特色的"软"环境。任何一个单位都有传统的精神文化，正是这种传统精神文化决定着单位传统的面貌。已经定型的落后的传统精神文化是无法适应并被搬到现在这个时代来的，而传统精神文化中的有用的、优良的传统是可以被继承并融于现代精神文化体系中的。对过去传统精神文化的过分迷恋与固守，必定导致对现代精神文化发展的抑制与泯灭，是一种保守倾向。但是，对单位现代精神文化的探索、发展，又必须继承单位的精神文化传统，以传统精神文化中有特色和优势而又有生命力的文化因素为基础，注入现代精神，结合单位的现实情况和未来发展取向，对传统与现实、理论与实际、一般与特殊进行比较、整合、创造、实践，使的单位"软"环境富有特色，使单位精神文化富有个性，为单位的开拓创新营造氛围。

思想道德教育模式比较研究[*]

对"模式"这个概念，各个学科都有运用，在同一学科内也有不同的理解，因而很难对它下一个统一的定义。就字面来理解，模式就是指事物的模型、样式。所谓思想道德教育模式，就是指关于思想道德方面的教育模式。思想道德教育的过程是思想道德内容和教育模式的结合与统一。思想道德教育内容是精神内容，包括三个要素，即思想、道和德："思想"主要包括社会政治理想、社会政治原则、人生价值取向等；"道"是人之所以为人，人与社会和他人相处的行为准则；"德"则是主体的德性自我、道德自我。按照黑格尔关于"伦理是社会的，道德是个体的"的观点，以上三个要素中，思想主要反映的是社会的要求，是社会的政治规范、伦理规范，而道德主要反映的是对个人的要求，是个人德性规范。个人要从社会的需要出发，接受社会的政治目标、政治规范和伦理规范，并落实到道德自我的建构，在现实的政治、人伦关系中，达到人伦实现和人格提升。这样，思想、道、德便形成一个紧密联系的精神体系、观念系统。对这样的精神体系、观念系统，如果要通过教育来实现的话，那么，应该采取什么教育样式来实现？这就提出了教育模式的问题。教育模式，包括构成模式的要素，即教育的主体、客体、教育规则等，也包括构成方式，即主体、客体按教育规则要求的结合方式，例如，何者为主体，何者为客体，以及主体、客体按教育规则的运行方式，即相互之间的配合、制约关系。所以，教育模式也是一个体系或系统。思想道德观念与教育模式相结合，就形成了思想道德教育过程。思想道德观念是内容、实质，而教育模式则是方式、手段。

按照内容决定形式的原则，思想道德观念则决定教育模式，即有什么样的思想道德观念，就要有相应的教育模式与之相适应。古代的、西方资本主义国家的思想道德观念有古代的、西方资本主义国家的教育模式与之相适应。思想道德观念的发展变化也要求教育模式发展变化。否则，旧的、过时的教育模式难以为新的内容服务，难以实现新的思想道德价值。思想道德教育的过程，就是综合运用一定的内容与手段将二者相结合的过程，就是价值

---

* 原载于《思想教育研究》1999 年第 3 期，收录时有修改。

导向、价值选择、价值认同的过程。教育的使命就是通过教育主体的教育活动，采取某种方式，有选择地把一定价值观传授给教育客体，或者引导教育客体进行价值选择。因而，从全社会的角度来说，对社会的主体价值观，即社会的主导的思想道德，需要有一个教育模式来保证它的贯彻落实和价值的实现。

一、中国传统思想道德教育模式

中国传统思想道德教育模式有古代传统和革命传统两个方面。

中国古代思想道德教育模式是建立在古代伦理道德基础上的。中国古代伦理道德是以血缘关系为基础的、"家国一体"、贵贱有等、长幼有序的宗法伦理、政治伦理、等级伦理。以这种伦理道德观念体系为指导，形成了具有中国古代特点的教育模式。在血缘关系的基础上，形成家国一体的原则和政治与伦理融合的价值体系；"天下一家"的道德境界和人伦贯通的精神，把身、家、国、天下联为一体，由身及家、由家及国的结构方式通过"三纲领、八条目"（"三纲领"即明明德、亲民、止于至善，"八条目"即格物、致知、诚意、正心、修身、齐家、治国、平天下）把个人道德、家庭伦理、国家伦理的依存关系和递次发展的样式确立起来；同时，以血缘关系为基础，按贵贱有等、长幼有序的原则，把人群分类，通过"三纲五常"（"三纲"即君为臣纲、父为子纲、夫为妻纲，"五常"即仁、义、礼、智、信）把教育的支配与被支配的等级关系及由此而衍生的关系（如师生、师徒如同父子关系）格局确立起来。于是，中国古代教育的依存递次关系与等级关系相结合，构成了与古代思想道德观念完全契合的教育模式。这种教育模式十分有效地实现了古代的思想道德价值，它同古代思想道德教育观念相融合，成为传统文化的重要内容。古代思想道德教育模式的特点同古代思想道德的特点一样，具有宗法性和等级性。

我国在革命和战争时期的教育模式是建立在革命理论和革命道德的基础上的。在革命战争时期以及新中国成立以后，我国的教育内容主要是马克思列宁主义、毛泽东思想。由于这一内容体系反映了广大工人阶级和劳动群众的愿望，代表着绝大多数人的根本利益，体现了帝国主义与无产阶级革命时代的特征，因此受到广大人民群众热烈而真诚的拥护。这一理论指导革命实践，使无产阶级成为统治阶级而获得政权，人民翻身做主人。这一理论的凝聚力、吸引力极其巨大，在人民群众中享有崇高的威信。理论的威信是与传播、运用理论的组织（即党组织）、个人（即领袖和各级领导者）的威信相辅相成、联系在一起的，即有威信的马克思主义理论武装了组织和个人，使组织和个人享有威信；组织和个人传播、运用马克思主义理论，取得革命成功，进一步增强了马克思主义的威信。这样，具有权威性的马克思主义理论的共同价值取向激发人们自觉学习、宣传、提高，形成了群众性的教育样式。同时，具有很高威信的党的各级组织以及担任这些组织领导职务的干部成为教育主导，他们通过文件、报告、讲话以及示范作用，广泛而有效地开展思想政治教育，并进而形成了以党组织为依托的思想政治教育样式。新中国成立后，计划经济体制的建立更强化了这种样式，即强化了思想政治教育的集中统一性，强化了党的组织、干部在思想政治教育中的主导性。因而，具有革命传统的思想政治教育模式是具有广泛群众性和明显权威性的模式。这一模式适应了马克思主义具有广泛群众基础和权威，党组织和领导具有崇高威信的状况，在过去的时代发挥了巨大作用。

二、西方国家的思想道德教育模式

古代西方国家普遍信仰宗教，特别是中世纪，宗教占据主导地位。即使到了近代，宗教仍对西方国家有相当大的影响。古代西方国家的思想道德教育实际上是宗教教育。"一切宗教都不过是支配着人们日常生活的外部力量在人们头脑中的幻想的反映，在这种反映中，人间的力量采取了超人间的力量的形式。"① 宗教理论是一种独特的信仰体系，它是人类心灵体悟和神灵希望的想象，它把人与自然、灵魂与肉体、个人与群体分离开来，具有神秘性、意志倾向性和情感性等特点。宗教组织为了有效推行宗教价值体系，普及宗教内容，首先利用人们对超自然力量的恐惧和无能为力的心理，采取宗教仪式的神秘方式进行布道和教条灌输；然后以绝对服从和敬畏为原则推行宗教规范，以祈祷忏悔的方式寻求神灵保佑并进行自我约束。这样，宗教的这种教育模式以神灵为线索，把教育与自我教育、信仰与行为、观念与准则结合起来，有效而神秘地把宗教理论、宗教规范转化为教徒的信仰与行为。所以，宗教教育所形成的一套神秘性、封闭性模式适应了宗教理论神秘性与意志倾向性的特点。

从 19 世纪到第二次世界大战结束前，西方国家根据产业发展要求，需

---

① 《马克思恩格斯全集》第 3 卷，人民出版社 1995 年版，第 354 页。

要培养大量适应大工业千篇一律的生产程序并具有顺从人格的人，资本家把大工业的管理方式与宗教教育模式结合起来，形成了"权威教育模式"。这种"权威教育模式"是指由享有权威的教育者、管理者向受教育者灌输不可怀疑的训育、条令、教条，并采取多种强制方式来保证教育的进行和资产阶级价值观的实现，受教育者必须无条件接受。因而，这种"权威教育模式"既有宗教的遗传性，也反映了大工业时代的机械性。

第二次世界大战以后，西方国家的思想道德教育进入学科发展阶段，并涌现了众多教育派别。这些派别根据资产阶级思想道德精神，提出了不同的教育模式。这些模式主要有三种。①柯尔伯格认知发展教育模式。这一模式以社会化诠释道德教育的本质，认为教师代表国家和社会与学生交流，并使之确立价值观。它以"公正团体"为道德教育的机制，以"人类正义"为道德教育的最高目标，提倡学生民主参与教育过程，反对道德说教和理论灌输，主张用环境条件和伙伴关系促进人的道德发展。柯尔伯格的教育模式主要是一种群体互动、环境感化的教育模式。②以班杜拉为代表的社会学习教育流派注重研究教育对象行为的形成，强调环境对人们道德行为的影响，认为道德行为的形成是观察学习、榜样示范的结果。因而，班杜拉的教育模式是示范、模仿的模式。③以西蒙为代表的价值澄清学派以价值相对主义为准则，在多元的和相互冲突的价值观中，寻求各人适用的价值形式，把道德教育的过程看作价值比较、澄清、选择、取向的过程，主张采取多样的活动而不是呆板的教育，给人们以充分自由的选择机会和权利。价值澄清学派反对灌输式道德教育模式，实际是一种自由选择式模式。在西方国家，特别是美国，教育流派不同，教育模式各异，教育模式呈现多样性、矛盾性特点。

三、我国现代思想道德教育模式的探索

从前面的分析可以看出，教育模式是随着思想道德的内容和时代发展变化而发展变化的，教育模式上的特征也由思想道德的特征所决定。在现代社会条件下，我国的思想道德教育必须改变传统教育模式，发展新的教育模式。这是因为，首先，在改革开放新形势下，随着我国工作重点的转移，对外开放的扩大，经济体制的转型和多项改革的深入，我国的思想道德内容发生了变化，以基本路线为核心的政治内容，以及以为人民服务为核心的道德体系，具有开放性、多样性的特点，这些特点无疑对教育模式提出了新的要求。其次，我们应当看到，我国传统教育模式已经难以与新的教育内容相适

应。这是因为东欧剧变、苏联解体后，社会主义国家遭受挫折，社会主义在全世界处于低潮，马克思主义面临严峻挑战。以马克思主义理论武装起来的中国共产党，在领导社会主义建设过程中发生过失误，特别是"文化大革命"，这对党组织的威信是有损害的。同时，随着市场经济体制的建立和民主政治的发展，人们的独立性、自主性、民主性大大增强，自主性、民主性的强化也会相应导致权威性的下降。在转换、发展过程中，新的思想道德又要不断增强权威性，过去的思想道德教育模式逐步失去权威性。这样，传统权威性教育模式自然面临新的挑战。

综上所述，传统思想政治教育所建构的群众性自教与权威教育相结合的模式面临新的形势，需要改革。那么，应当如何建立新的教育模式呢？首先，受教育者的自主性、民主性增强，社会化程度提高以后，教育者的权威性将会降低。加上新的思想道德价值在改革、转型过程中有一个不断提升权威性的过程，如何使现代思想道德教育具有一定的权威性是一个新问题。这是因为任何思想道德教育都要有一定的权威性，否则，思想道德教育就会因缺乏影响力和感召力而没有效果。那么，新的权威从何而来？根据现代社会民主性增强、集中性减弱，自主性增强、依赖性减弱，规范性增强、随意性减弱的趋势，社会主义民主法制的权威将逐步在社会生活中得到确认，依法治国、依法治教是发展方向。确立为群众所认同的思想道德教育的制度，包括规范、政策等，并把这种制度、要求纳入评估指标和评估体系，使之成为体现其价值和利益的一部分，那么，这种制度的权威性就会显现出来。制度对人人要求一样，人人在制度面前平等，制度的权威性正是民主性、平等性、规范性赋予的。其次，确立制度权威，还必须建立保证制度权威的机制，这些机制包括竞争机制——把思想道德方面的竞争同工作、学习竞争结合起来，形成人际的思想道德比较；评价机制——运用统一指标公平合理地开展评估，承认差别；激励机制——对好的进行表扬、奖励，对差的进行批评、惩罚。最后，制度权威的形成，各项机制的确立，必定引发群众对教育的关心与参与。群众关心与参与的体现包括自我教育、自我约束、自我管理的自觉性增强；全员、全程思想道德教育意识增强；思想道德教育与工作、学习相结合的主动性增强；教育者与受教育者之间的双向互动性增强。这些新的趋势改变了思想道德教育由少数人做而容易脱离实际的倾向，使它更适应思想道德开放性、多样性的要求。

根据以上分析，我们可以把传统教育模式同现代教育模式作比较以看清现代教育模式的发展。传统教育模式通过组织、领导权威进行动员、灌输，组织自我教育；而现代教育模式则通过制度权威开展竞争、评估，发展自我教育。现代思想道德教育模式是一种思想道德教育与工作学习相结合的模式，是一种民主法治模式，是一种群众参与模式。因而，这一模式具有现代性特点。

论道德资源的缺失与发展[*]

我国古代几千年的历史发展始终以伦理文化为主导。我国素有"礼仪之邦"的美称，是一个道德资源十分丰富的国家，但在现代化建设迅速发展、物质资源快速增长的进程中，却出现了道德资源缺失的现象。所谓"缺"，就是道德相对于经济、科技与社会的快速发展而显得稀缺；所谓"失"，就是民族传统美德、社会主义主导性道德的某些流失与丧失。深入研究道德资源缺失的现实根源与历史根源，采取相应措施，对发展道德资源、发挥道德作用具有重要意义。

一

按照我国古代所说的"仓廪实则知礼节，衣食足则知荣辱"的伦理思维，随着我国经济的快速发展和物质生活条件的不断改善，道德风尚应当越来越好。但是，现实的情况并非如此。虽然道德在新的历史条件下有了新的发展，但缺德、失德、轻德现象屡禁不止，严重影响着社会风气和阻碍着社会发展。

1. 官场中的官德缺失

虽然我国反腐倡廉的力度越来越大，措施越来越严，但以权谋私、贪污受贿的现象却仍然存在。官场中出现的"钱权交易"现象，其实质是金钱与政治的交易和公共资源与私人财产的兑换。官员手上所掌握的权力，是民众赋予的公共资源，它本应用来为民众谋利与服务，并应受到民众的检验与监督。但一些官员却背离民众意愿，逃避民众监督，暗中利用公共资源为自己牟取私利。这种行为伤害的是权力所涉的民众，是政权的功能与形象，是社会的道德风尚。更为严重的是，在这种官场的不善之举受到严厉打击和民众的广泛监督之后，一些官员只能使出不实之策，如暗中设法拼命聚财、贪得无厌，表面则装成超凡脱俗、两袖清风；背后经常胡言乱语、低级庸俗，公开则做表面文章、道貌岸然；公开场合宣称正直无私、清正廉明，私底之

---

* 原载于《学术研究》2007 年第 6 期，作者郑永廷、马建国，收录时有修改。

下则唯利是图、中饱私囊。这种以假乱真、以恶充善的缺德行为更加隐蔽，极大地阻碍了政权的正常运作，毒化了社会风气。

2. 市场中的商德缺失

虽然我国随着经济体制改革的深化不断确立和完善市场管理制度，加大市场监管力度，但生产、交换、销售过程中的假冒伪劣、敲诈勒索、不讲诚信的现象仍时有发生。市场中的"缺德交易"现象，其实质是金钱与道德的交易和公共规范与私人利益的兑换。生产、经营者的市场活动是一种面向民众的社会活动，它既是赢利活动，又应是符合社会需要与规范的活动。但一些生产者、经营者把赢利作为活动的唯一目的，丧失社会良心，突破道德与法制规范，采取以假当真、以劣冒优、以次充好的手段，危及社会和人们的生存、发展安全。这种商德缺失的行为，就其性质而言，无异于谋财害命，既冲击了市场的正常秩序，又败坏了社会的道德风尚。

3. 文场中的文德缺失

文场即指文化人工作的场所，文德即是文化人之道德。在过去被人们认为是清贫、圣洁的高等学府、科研院所等文化单位，现在弄虚作假、剽窃舞弊、买卖文凭等现象也逐渐出现。这些现象的实质是"钱文交易"，即金钱与学业、学术、学识的交换。文化、教育活动是一种文化知识传播、运用、创造活动，活动必须遵循科学性与价值性的统一，也就是坚持真与善的结合。而一些文化、教育工作者为了自己的眼前利益，把他人成果据为己有，学术上假造事实、数据，以金钱交易论文、文凭，违背了科学文化的基本原则和道德要求。这种文德缺失行为，就其性质而言，败坏了文风与学风，贻误、危害了青少年的健康成长。

二

不容置疑，我国社会的确出现了经济、科技快速发展和道德滞后、缺失现象，这种现象的背后有其特定的现实社会根源与深刻的文化根源。

1. 道德缺失、"道德危机"主要根源于社会的"三种压力"

（1）社会竞争压力。市场经济体制赋予社会主体以个体自主性、竞争性以及维护、获取自身利益的正当性。这一方面激发了社会主体与个体的积极性与创造性，推动了整个社会与个体的充分发展，使社会呈现多样化发展的特征；另一方面，在竞争压力下，有些社会主体与个体在自主发展过程中往往容易陷于自发性，只顾自身眼前利益，而忽视、漠视甚至损害具有全局性、长远性的公共资源与规范——政治、法规、道德。同时，市场体制的竞争与激励机制形成了社会主体与个体之间的直接比较，这一方面使整个社会充满自主发展的活力，有效解决了我国在计划经济体制下的依赖状况，推进了我国经济与社会持续、快速发展；但另一方面，由于竞争规则不完善，人们专注于有形的、具体的、眼前的、可量化因素的比较，而无形的、非指标化的因素，诸如精神的、道德的因素，则容易被忽视和轻视。这体现在官场上就是重政绩工程、形象工程，轻灵魂工程、教育工程；体现在社会上就是重物质、轻精神，重科技、轻人文。在这种价值取向偏离的社会环境下，应有的道德规范往往受到物质利益和科学技术的挤压而显得式微，甚至可能因被物质利益和科学技术替代而消解。在竞争压力下所发生的道德缺失并不是市场体制的原因，而是价值规律对道德机制、道德规范的僭越。社会是复杂的，我们不能企图运用一种机制、一个规律来解决社会的所有问题，更不能因为道德缺失而采取抑制经济、科技发展的简单方式。根据市场体制和经济基础发展的要求，寻求与市场机制相一致的道德机制，强化道德的价值性与规律性才是解决问题的出路。

（2）社会信息压力。现代科学技术的迅猛发展，不仅使社会的信息与知识总量急剧增加，而且加快了信息与知识的传播与交流。信息与知识同经济与文化总是不可分割地联系在一起，在经济按市场规律呈现竞争状态的情况下，信息与知识占有、更新、创造的竞争也就在全社会展开了。这就是人们学习、运用、更新、创造知识，以及获取、加工、整合信息压力不断加大的原因。社会由过去的阶段性学习型社会转变为终身学习型社会；过去的知识积累式学习发展为知识探究式学习；学校课程也由过去的基础理论、专业知识课程扩展到适应多样化、发展化需要的课程。此外，随着科技、社会的综合化发展，越来越需要人们除了掌握自己所学专业知识，还要学习相关专业的知识。这种逐渐增加的信息、知识压力，使许多学校、许多人忙于应付智育与业务学习，以缓解日益增加的社会信息压力，于是在不知不觉之中忽视了道德教育与德育活动。正如联合国发展计划署教育顾问德怀特·艾伦所说的："20世纪，高等教育自发地把如何使学生变得'聪明'当作了主要目的。当今，知识量已经翻了好几倍。高等教育忙于应付令人头晕目眩的新知识，无暇顾及价值观和道德教育。"针对这种情况，他提醒并警告人们："教育有两个目的：一个是要使学生变得聪明；一个是要使学生做有道德的人。如果我们使学生变得聪明而未使他们具有道德，那么，我们就为社会创造了危害。"① 之所以在信息压力下发生道德缺失，是因为一些人专注于信息与知识，忽视了自身的道德生活。人的生活是丰富多彩的，只有正确的道德生活才能使知识学习、运用与创造活动精彩，只有根据科技发展而不断丰富人文精神，才能克服道德缺失的倾向。

（3）社会治理压力。随着我国社会多样化发展趋势的强化、对外开放的扩大和文化多元化格局的形成，社会状况空前多样、复杂和多变，各种矛盾错综复杂。由此，社会治理、管理的压力加大，维护社会秩序与稳定的任务加重。我国传统的社会治理、管理方式主要是德治与德教。面对现代社会的复杂局面，仅用泛道德主义的德治与德教方式是难以维持和控制社会宏观格局并调节社会复杂关系的。此外，我国社会状况的改变，使道德的性质、功能发生了根本变化，传统道德面对新形势、新问题有些无能为力，德治与德教式微。于是，根据我国社会治理的实际需要借鉴西方国家治理的经验，法治日益受到重视，法治的作用逐步显现。随着法治在社会治理中作用的增强，我国泛道德主义的传统有了改变。但社会上又出现了另一种倾向，即用法律调节、规范和整合人们政治、经济、文化生活乃至私人生活的现象。法律作用的范围被无限扩大，有人甚至把法治与德治对立起来，认为道德软弱无用，德治就是人治；认为人们只要守住"道德底线"，只要不犯法，就可以无所顾忌。这种泛法律主义倾向，把社会治理与管理的责任归于法治，忽视和轻视人与社会的道德生活、道德规范，必然导致以下后果：一是执法者因道德缺失而使法律成为不道德的工具——不是乱用法律，就是以法谋私，这在我国现实生活中并不少见；二是消解道德的作用，加重社会"道德危机"与"精神贫乏"，这种现象已经不同程度地存在；三是法治的堤坝难以抵挡因道德防线被突破而引发的犯罪，这正是执法机关承受重负的深层原因。所以，法治是必要和重要的，但单一的法治或德治都不能有效治理当今社会。德治是法治的基础，也是我国治理社会的传统与优势。发扬德治传统，发展现代法治，坚持法治与德治相结合的治国方略，才能解决道德缺失的状况。

2. 道德缺失、"道德危机"的现象根源于"两个文化"认识

（1）道德文化认识的原因。道德作为人类社会的一种普遍现象，具有其本质属性、功能属性与价值属性。本质属性讲的是道德来源于经济生活，

---

① ［美］德怀特·艾伦、任中棠、卢瑞玲等：《高等教育的新基石》，载《求是学刊》2005 年第 3 期。

以及道德是人存在与发展的基本方式；功能属性讲的是道德对社会和人们的行为具有调节、规范、整合作用；价值属性讲的是道德对社会和人们的有用性、资源性与意义。我国传统道德文化出于统治者主要以德治维护其统治的需要，主要强调的是道德的功能属性，即强调道德对社会和人们的行为的调节、规范、整合作用，注重人伦规范与人际依赖，忽视道德对经济、科技的作用。这种传统虽然可以维持社会秩序与人际协调，但也形成了道德是一种社会性规约而不是一种内在性需求，道德是一种人伦关系而与经济、科技无关的认识，从而使我国社会形成了主要从人际关系中寻求资源（如上下级之间、父母与子女之间、师生之间的过分依赖等），而忽视从科技、制度、知识中寻求资源的道德取向。"三纲五常""重义轻利""重道鄙器"的价值取向，正是传统道德重视道德功能而忽视道德价值的表达。这种重视道德功能而忽视道德本质与价值的传统，在我国一些伦理学著作里，对道德概念、内涵的阐述中，表现是明显的。正因为有这样的道德文化传统，所以，当市场体制赋予人们自主权之后，不少人因为缺乏对道德本质与价值的理性认识，以为讲道德是社会规范的需要，而不是"我"的需要；道德是一种外在规约，而不是一种内在精神资源；道德是一种人伦关系，而不是经济、科技行为，从而导致了一些人忽视、漠视、轻视道德，特别是在政治、经济、文化活动中不讲职业道德。

（2）科技文化认识的原因。对科技文化的认识，我国受国外影响较大。除了受西方实证主义、科学技术哲学的影响，受西方发达国家科技强国的形势与政策的影响更为直接。培根提出的"知识就是力量"的名言在知识文化界可以说无人不知，"科学"与"民主"也曾经是许多知识分子打出的救民强国旗号。对我国这样一个科学技术仍与西方先进国家有较大差距的发展中国家来说，要克服古代"重道鄙器"的文化传统，高度重视科技、发展科技，坚持科教兴国与人才强国战略，无疑是振兴国家的迫切需要。但许多人受西方科学技术主义思潮的影响，按照风行一时的托夫勒"第三次浪潮"和奈斯比特"第四浪潮"的思维方式，使"科学技术是第一生产力"的命题脱离生产力范畴，泛化到了全社会各个领域。不少人相信，现代科学技术可以解决一切领域的问题，一切领域的问题都可以通过科学技术在信息、基因层面得到解决；一些人相信西方提出的"意识形态终结""政治趋同""道德程序化"观点，认为讲政治、讲道德已经过时，社会就要进入一个没有政治、价值、道德区别的科技化社会。于是，社会出现了重科技、轻人文，重智育、轻德育的工具化、实用化倾向，并开始按照"以器为本"（即以科技为本）的思维路向演进。在认识西方发达国家的科技文化的过程中，人们往往忽视了西方发达国家也有自己的人文文化，如卢梭早就批评西方"美德随着科学与艺术的光芒""上升而逝去"，出现了"灵魂败坏"。与培根提出的"知识就是力量"的命题针锋相对，康德提出了"德性就是力量"的口号。美国学者斯蒂文森针对西方人严重工具化、实用化的倾向，强调人"应当永远看作自身就是目的"。西方人文学者以西方的人文方式抑制科技的恶性发展。发达国家的高校以人文教育、通识教育平衡科技教育、职业教育等。西方国家往往根据需要，强调道德、人文价值取向（而不是道德、人文内容本身）。应该看到，西方发达国家的存在与发展，绝不仅仅依靠科技文化，而是在科技与人文的张力中寻求稳定与发展。我们对西方国家的文化认识要全面，切不可受其某些文化偏见、假象所迷惑。

三

我国在推进经济、科技发展的进程中，采取了符合国情的战略措施，如确立了社会主义精神文明建设战略，颁发了《公民道德建设实施纲要》，提出了依法治国与以德治国相结合的治国方略，加强了哲学社会科学建设，强调了广泛开展社会主义荣辱观教育，等等。这些重大举措适应了对外开放、市场体制与信息社会发展的需要，推进了道德的发展，丰富了人们的道德生活。但是，道德与经济、科技发展不相适应的矛盾依然存在，道德资源稀缺的状况有待改变。

1. 深化道德属性认识，强化道德资源意识

扩展道德的本质属性，发展道德的价值性，是道德发展的前提。从前面的分析可以看出，人们在经济、科技竞争的压力下，物质、科技价值取向空前突出，加上人们对道德的认识受传统思维影响，因而忽视道德的价值属性问题就成为道德资源缺失的先决条件。当人们忽视道德对自己和社会的有用性、价值性的时候，当人们意识不到道德缺失对自己和社会的风险性、危害性的时候，人们在对道德的学习、道德功能的发挥、道德的发展上就会缺乏需求与动力。因此，我们需要根据当代社会的实际与需要，反省对道德的传统理解，扩展、深化道德的人本性、价值性认识，确立道德是社会与人存在的基本方式以及社会与人的必备资源的观念。

随着人们社会角色及其转变的多样化与复杂化，道德生活的内涵与外延也越来越多变和丰富，从而使现代道德生活呈现多样化状态。人们在开放的环境中，在不同角色的转换中，在广泛的社会交往中，应当适应不同内容和不同形式的道德生活。这既是社会多样性的客观要求，也是个体精神生活的丰富性体现。因而，丰富的物质资源与科技知识需要相应的丰富的道德资源。要占有和获得道德资源，首先要有道德资源意识。所谓道德资源意识，就是道德价值意识。由于市场体制强化了人们的物质、科技、信息资源意识，因而需要提出道德资源意识与之相适应。道德资源意识是与市场竞争条件下的物质资源意识相协调的目的意识、规范意识与超越意识，是与物质财富相一致的精神财富，是现代人适应市场竞争、信息社会与复杂环境的合理动机，是人们面临多样性、多变性选择的价值尺度。

道德作为一种资源，既属于个体财富，也能够被社会共享。在现代社会开放、信息化的条件下，道德资源总是与物质资源不可分割地联系在一起的，而且与物质资源相互转化。一个富有道德形象的单位才会受到人们的青睐，一个富有信誉的产品才能取得竞争优势。相反，道德的缺失不仅会败坏个人与单位的形象，而且会造成巨大的经济损失。2002 年 3 月 25 日，中国企业联合会理事长张彦宁透露，"我国每年因不讲信誉，弄虚作假，逃废债务造成的直接损失约 1800 亿元人民币，由合同欺诈造成的直接损失约 55 亿元人民币，产品质量低劣和制假售假造成的各种损失至少有 2000 亿元人民币，由于'三角债'和现款交易增加的财务费用约有 2000 亿元人民币。诚信缺失造成的损失高达 5855 亿元人民币。中国第一本 MBA 案例参考教材《大败局》总结了中国改革开放以来有些企业迅速发展而又很快失败的经验教训，其中，首要教训是企业面对市场消费者和竞争对手，'夸大其词，随心所欲'，'冷酷无情，兵行诡异'，这种不道德的市场行为几乎成为阻碍中国许多新生代企业家真正走向成熟的最致命的痼疾"[①]。我们应当根据道德资源既是个人资源也是社会资源，道德资源与物质资源可以互相转化的特点，来确立道德形成、发展与竞争的机制，改变道德的价值缺位和道德资源与物质资源脱离的状况。道德要为经济、科技发展提供动力资源与规范保证，经济、科技也要为道德形成、发展与竞争提供物质与技术条件。

2. 进行传统道德转化，形成现代道德风尚

继承、转化、弘扬我国传统道德资源，是我国道德发展的基础。我国从古到今积累了丰厚的道德资源，特别是主张人与自然、人与社会以及人与人之间协调与和谐的道德理念，对当今世界和我国社会都具有重要意义。强调

---

① 吴晓波：《大败局》，浙江人民出版社 2001 年版，第 4 页。

人与自然协调的"天人合一"思想，主张人与社会以及人与人之间"和为贵""和衷共济"的传统，《诗经》中的"乐土"、《老子》中的"玄同"、《墨子》中的"尚同"以及《礼记》中的"大同"，还有从远古的《太极图》到近代的《大同书》，都演绎着中国自古以来追求的"天人合发""天人合一"和"天人合德"的美好蓝图。因此，建设和谐社会目标的提出，是在新的历史条件下对我国传统道德的继承和高扬。和谐社会在时间维度上把中国传统道德的合理内涵进行了成功的现代性转化，保持和弘扬了中华民族的精神与风貌；在空间维度上，体现了当代社会全球化和高度社会化的发展趋势，针对市场竞争所导致的地区、行业与个体之间的差距，站在全局的高度进行引导、规范，保证社会与人的全面、协调、可持续发展，是以德治国、以德育人的新发展。

我国一向强调弘扬传统美德，建设与经济体制相适应、与物质生活相协调、与多样发展相一致的道德，强调主导性与多样性、先进性与广泛性相结合的道德。这种道德生活体现了历时性和共时性的特点：历时性就是强调道德生活的历史继承性，注重道德生活的发展性，体现中华民族的文化特性；共时性就是强调道德生活的现代性，注重道德生活的协调性。

3. 发展新领域的道德，大力培育道德实践能力

推进与现代经济、科技、社会相一致的道德发展，是我国道德发展的关键。我国市场经济与现代科技的快速发展不仅形成了丰富的经济、科技成果，而且凸显和开辟了新的领域，诸如市场体系与竞争领域、社会信息与虚拟领域、环境治理与生态领域等。这些新领域同样存在真与假、善与恶、美与丑、是与非的矛盾，但又有其特征与不同的表现形式，需要有新的道德规范与之相适应。由于这些新领域在我国形成时间不长，新的道德规范尚不健全，而习惯于传统道德行为的人们在新领域难免会出现道德"缺位"或道德"错位"现象，难以对新领域进行合理性认识与把握。因此，确立和发展新领域的道德规范，是保证人们适应和促进自身发展与新领域发展的关键。

在新的领域，人们的行为方式、发展方式与传统方式有很大区别。新领域与传统社会领域相比较，有其鲜明特点：充满竞争性、体现自主性、要求创新性。这些新特点既表现在人们业务活动的方式上，也体现在人们价值取向、价值选择、价值实现的过程中。因此，它要求人们面对复杂、多样、多变的状况时，能够自主进行是非判断、合理进行取向选择、努力进行价值创造。这就要求人们能够因时、因地、因事而异地运用道德来规范自己的行

为，并且要随着新领域的不断发展，随着自己业务学习、创新的深化，不断改变、发展道德的内容与方式。只有这样，才能始终坚持科学性与价值性的统一，才能实现真与善的结合。为此，现代人适应并促进自身与新领域的发展，必须实现业务发展与道德发展、业务创造与道德创造的统一。统一的标志就是创新人格的形成。创新人格的个性特征包括浓厚的求知兴趣、强烈的创新激情、矢志不渝的目标追求、勇于奉献的拼搏精神、不怕挫折的顽强意志、求实严谨的做事风格。这种稳定的个性特征不是对一般道德规范的遵从，也不是对道德知识的掌握，而是道德发展能力与业务创造能力的有机结合。因此，联系当代社会新领域的实际，结合业务学习、创造活动，培养道德适应能力与发展能力，是促进个体与社会发展的关键。

论公民道德教育与法制教育的功能互补*

在改革开放与社会主义市场经济条件下，在实施依法治国与以德治国方略的过程中，公民道德教育与法制教育必须相互结合，实现功能的互补、互动。只有这样，公民才能全面健康发展，社会才能稳定有序。

一、他律与自律的结合

道德之所以能体现出巨大的力量，正是因为道德是心灵秩序的看护者。柏拉图曾说："德性是心灵的秩序。"人的心灵中的道德观念是人生的指南针，决定着人们的价值取向、价值目标、生活方式、行为方式。正是这种观念滋润着人的心灵，决定着心灵的秩序，也最终决定着人的行为方式。道德从根本上是指人的行为发自内心，而非外在物欲、环境、名利的诱惑，这种发自内心的自律是构成道德行为的根本条件。康德认为，道德的自律性充分地表现在人的行为无条件地出于"善良意志"或"绝对命令"，人们只依照道德准则行事，没有借口。当代道德心理学家科尔伯格（L. Kohlberg）通过对世界各地儿童的道德心理的发展研究，表明人的道德意识有一个发展过程，而行为活动也经历过由出于惩罚的他律阶段进至出于道德原则的自律阶段。著名心理学家皮亚杰（J. Piaget）认为："当心灵认为必须要有不受外部压力左右的观念的时候，道德自律便出现了。"① 也就是说，当履行一种责任、完成一项义务成为人们心灵上的一种道德需要时，个体的道德发展也随之由他律阶段上升为自律阶段。换言之，就是道德主体把自己所确立的心灵法则一方面建立在对道德规范他律性的认同上面，另一方面又是对认同的进一步发展，不但从静态上敬畏道德，而且在动态上服从道德。人们要实现道德的自律，自觉地遵守道德规范，不可能自发地做到，这种意识的形成只有通过公民道德教育才能实现。

---

* 原载于《中山大学学报》（社会科学版）2004 年第 3 期，作者徐继超、郑永廷，收录时有修改。

① ［瑞士］让·皮亚杰：《儿童道德批判》，傅统先、陆有铨译，山东教育出版社 1989 年版，第 223 页。

法律与道德不同。法律是由国家制定与认可，由国家强制力保证实施的行为规范。法律利用国家强制力惩治违法与犯罪。法律要产生社会功效，必须借助经过国家意志的他律才能得以实现。法律的制裁是物质上的有形惩罚，这种惩罚通常使人失去人身自由、生命和财产。法律的这种外在他律一旦通过长期的公民法制教育，使法律主体有较高的法律素质、清醒的法律意识、坚定的法律信仰，对法律有一种深刻的道德认同感，认为法律是必须遵守的，以及养成了遵守法律制度习惯的时候，法律的外在强制的他律就已经转化为遵守法律的自律了。

因此，从一般意义上讲，属于自律的道德与属于他律的法律要得到实现，公民都不可能自发做到，必须依靠公民道德教育与法制教育的结合。一般说来，仅有公民道德教育是不够的，因为人性总是包含自利的因子，人有"好声色"的欲望，而仅靠能唤起羞耻感的道德，不能使这些自利的人遵守道德。换言之，仅有法律也是不够的。再严厉的法律，没有民众的心理认同，没有道德作为法律的价值基础，违法犯罪就不能得到禁止，而禁止违法犯罪又会浪费巨大的社会资源。

故此，只有通过公民道德教育把社会道德统一内化为公民个体道德，才能实现公民个体的自觉与自律；只有通过公民法制教育把法律规范内化为个体的守法行为习惯，才能实现对个体行为的外在强制。两种教育的结合能实现教育在功能上的强制与自觉、有形与无形、他律与自律的结合，才能达到教育所要完成的使命。

二、惩罚与激励的结合

惩罚违反法律的公民并不是法律的真正目的。惩治违法犯罪行为的真正目的，是教育广大民众遵守社会的社会规范，从而达到社会的和谐、人类的幸福。

英国学者彼得斯在其于1966年所著的《伦理学与教育》中提出：惩罚的目的在于，不仅使犯有过失的人，而且使没有犯这种过失的人引为鉴戒，即达到惩前毖后的社会效果。该书关于惩罚的理论，为我国开展公民法制教育提供了很好的借鉴。我国是人民民主专政的社会主义国家，我国的法律对违法犯罪的人加以惩罚，使那些没违法犯罪的人本身受到震动。惩罚是为改造与教育服务的，通过惩罚把违法犯罪的公民教育改造为守法的公民。

在我国，惩罚违犯法律的人必须坚持马克思主义的基本观念。马克思在他的《经济手稿（1857—1858）》中、恩格斯在《反杜林论》等著作中，早就强调了生产劳动对改造人的作用。他们曾明确指出：人们只有在直接参加改造世界的生产劳动的实践中，才能发展和改造自身，造就新的力量与新的语言。他们进一步指出，生产劳动给每一个人提供全面发展和表现自己全部的能力即体力的和脑力的机会。这样，生产劳动就不再是奴役人的手段，而成了解放人的手段。马克思主义在强调生产劳动对人的改造作用的同时，强调了必须结合教育，指出在任何情况下，劳动如果没有与其并行的教育，就不会有对人的提高作用。这种没有教育意义的劳动，不过是一种筋肉活动。所以，在改造客观世界的同时改造主观世界，要坚持改造客观世界与改造主观世界的统一。在运用法治对人的惩罚与改造的过程中，要以马克思主义的这一基本思想为指导，既要教育被惩罚、被改造者，也要教育广大公民。

所谓激励，就是激发与鼓励。激励是以人们的客观需要和主观动机为根据的，是以实现一定期望为目的的。通过激励可以调动人们的积极性，让人们向着正确的目标前进。

激励分为物质激励和精神激励。物质激励也叫物质鼓励，包括对社会上为社会的经济发展和全面进步做出重要贡献的先进分子给予实物奖励，例如奖金、奖品、实物。物质鼓励对提高公民的社会主义积极性，促进经济与社会发展具有一定的作用。精神激励是对做出重要贡献的先进分子授予各种荣誉，给予多种表扬，包括发放奖状、奖牌和授予各种光荣称号等，来激励人们努力进取，提高思想境界。列宁教导我们："我们应该记住，除了我们决心要进行的生产宣传以外，还要采取另一种诱导方式，即实物奖励。"① 按照列宁的教导，我们应将物质激励与精神激励结合起来。要调动广大公民的积极性，物质激励必不可少。公民道德教育不能脱离物质利益，不能不讲物质激励。否则，就会变成单纯的说教，就会失去公民的支持而收不到应有的效果。精神是最宝贵的财富，精神动力是最持久的动力。如果公民道德教育放弃精神激励，就会失去精神支柱，人就会失去精神动力的支持。我们在公民道德教育中，树立先进模范与先进典型，以精神激励与物质激励相结合的榜样示范，使先进分子更加珍惜荣誉，努力工作，使后进的公民循着榜样的道路前进，全社会的道德风气就会进一步好转。久而久之，讲道德、守道德就会成为公民的一种生活方式，讲道德与守道德的公民就能实现更多的个人

---

① 《列宁全集》第40卷，人民出版社1986年版，第118页。

利益，"以德治国"的治国方略就能实现。

总之，把惩罚与激励结合起来，有助于惩治违法犯罪，弘扬社会道德的正气，有助于造就全社会文明的风气与和谐安宁的社会环境。

三、普遍性要求与层次性要求的结合

道德是具有层次性的规范体系。在现实生活中，人与人之间的道德水平千差万别，特别是在私德领域中，我们根本无法用同一把尺子衡量一切人的道德标准，将私德确立为普遍的标准不仅是不可能的，而且是不现实的。马克思主义认为，任何道德都由物质生活条件所决定，并随着社会经济关系的变化而不断改变它的内容和形式。离开社会物质生活条件，离开一定的社会生产方式，抽象地研究道德问题是错误的。恩格斯指出："我们驳斥一切想把任何道德教条当做永恒的、终极的、从此不变的道德规律强加给我们的企图，这种企图的借口总是，道德的世界也有凌驾于历史和民族差别之上的不变的原则。"① 因此，道德是因时因地因人而异的，不同的民族与不同的社会成员有不同的道德。我国学者徐明华先生就曾论证过"道德分层理论"，他认为，现存制度的合理的"经济人"行为是最弱的道德，相应地，理想和未来的"效用人"行为中具有纯粹的外部性行为可被视为最强道德，最弱道德要求在经济行为中处于优先地位，而最强道德要求在非经济行为中处于优先地位。② 在现实思考中，还有人认为"大公无私"属于最高层次道德，"先公后私"属于较高层次道德，"公私兼顾"属于可以接受的道德。由此，我们认为道德规范是一个多层次的规范体系，每一层次道德规范所蕴含的文明价值各不相同，高层次道德规范所摄取的文明价值显然高于低层次的道德规范。一般来说，较高层次的道德规范适用的人群范围较小，只有具有较高道德水平的小部分人才能遵守，因而较高层次的道德规范也只有对少数人才具有道德上的约束力；较低层次的道德规范适用的人群范围较大，绝大部分的公民都可以遵守。正因为如此，某道德规范的适用范围和有效性的大小一般与其层次的高低呈反比。例如，"不说谎"是一种较高层次的道德规范，道德修养较高的人也难以保证一生不说谎。又如，"大公无私"是一种高尚的道德规范，许多政府官员及社会贤达也难以达到这一道德境界，用

---

① 《马克思恩格斯选集》第3卷，人民出版社1972年版，第133页。
② 徐明华：《弘扬道德重在制度建设》，载《探索与争鸣》1996年第1期。

它来要求所有公民与一般社会成员显然不切实际。再如，"拾金不昧"是一项古老且极文明的道德准则，尽管老少皆知，却无法令公民普遍付诸实践。因此，我们只能依靠公民道德教育逐步培养、普遍提高公民的道德水平，而不能采用法律禁止性、普遍性的方法要求所有公民都得一律执行，绝不可以将所有道德都法律化，否则，过高的、普遍的道德要求只会招致绝大多数公民的冷漠和抛弃，达不到"以德治国"的应有效果。

我们在此强调道德的层次性以及要按不同公民的道德水平层次开展针对性的公民道德教育，是为了加强公民道德教育的针对性与实效性，但并不反对公民道德教育的理想性与超越性。公民道德教育既要立足于现实，更要指向未来。教育的任何组成部分都具有超越现实的本性。

公民道德教育充分考虑现实生活中公民道德的层次性，这种思考并不是把现实作为不可逾越的对象，不是把公民道德教育的作用只看成对现实行为、现实关系的复制与重现，这种现实的出发点只能是对现实的改造与推进。具体地说，即是按照某种超越现实的公民道德理想去塑造与培养公民，促使公民去追求一种理想的精神境界与行为方式，以此实现对现实的否定。

法律具有两个显著的特征——普遍性和确定性。法律作为一种社会规范，其表现的内容与适用对象均具有显著的普遍性，从而在客观上保障法律不必因人、因事、因地而不同，执法和司法的程序及过程都规定得简单而明确。法律规范的确定性保证了所有行为主体都能事先预见其行为的后果，避免了执法与司法人员随心所欲、践踏法律，公民不必担心法律会有突如其来的变化而导致突然的损害，从而使公民对社会有安全感。

由于法律的普遍性必然排斥特殊性，因此，当其不得不适用个别情况时，时常会背离法律公正的根本目的，呈现显而易见的不合目的性。这种法学家与伦理学家所抽象概括的"法的一般正义的获得是以牺牲个别公正为代价"的现象，就是公民所俗称的"合法不合理、合理不合法"的现象。例如，1998 年 10 月 15 日，北京人民医院高伟峰博士为救治患眼疾的急诊患者，在备用角膜失效的情形下，未经死者家属同意就在医院太平间摘取死者的眼角膜，使两名患有眼疾的患者重见光明。事后，死者家属发现，要求追究高伟峰博士的刑事责任，并提出赔偿 50 万元人民币精神损失的刑事附带民事赔偿请求。后来该案免除了高伟峰博士的刑事责任，但医院还是承担了民事责任。从该案我们可以看到，高伟峰博士治病救人的动机善良，符合医生的职业道德，但他违反了我国民事法律的规定。这里出现了道德与法律的冲突：普遍规则适用于特殊对象而背离目的本身，导致个案在道德上的非正义的判决。这一案例提供给我们这样的思考：既然任何法律都不可能完美地处理一切纠纷，协调一切利益，我们就应该借用道德的力量去解决法律本身的这一"先天缺陷"。

因而，我们主张将道德的层次性与法律的普遍性结合起来，将公民道德教育与法制教育结合起来，处理社会矛盾，解决社会纠纷，协调一切利益，相得益彰地促成社会的完满。

四、现实性规范与理想性追求的结合

法律对公民的要求是现实的、具体的——服从法律、遵守法律。公民没有做出违法行为就是践行了法律。如果公民甲与公民乙都没有做出违法行为，用法律的标准很难衡量谁更高尚，我们只能笼统地说公民甲与公民乙都是守法的公民。这是由法律本身的普遍性、具体性所决定的。如果法律规范包含较高的道德价值及道德理想，脱离广大民众的现实道德水平，那么，这种过高的要求民众根本不可能达到，法律就会出现"纸面化"的现象，有法难依，甚至有法不依的现象将普遍出现。这样将对我国法治建设带来负面影响，同时也会使公民道德建设失去法律的外在制度支持。因此，不切实际地推行道德法律化，不恰当地扩大法律的调整范围，不仅不能推行道德法律化，而且收益甚微。对法律提出不切实际的超值期望，混淆道德与法律关系的界限，最终将给道德与法律带来致命的伤害，法律的功能会衰退，道德的功能也会退化。

道德与法律不同。由于道德有不同层次的等级，无论是接受道德教育的对象，还是进行道德修养的个人，都有一个道德上的起点。这个起点可以被称为初始道德境界。公民接受道德教育，进行道德修养，总有一个最后的目的和最高的理想目标。从道德起点到最高的道德理想目标两者之间的距离是漫长的，需要道德修养者一步步努力，需要公民道德教育不断升华，不断超越现实，向理想目标迈进。个体之所以不断追求更高的道德理想，是因为道德能促进个人更好地生存与发展。只有当人不仅仅是一种自然生命存在，而且是一种道德理想存在的时候，才谈得上个人真正的发展。道德是人的自由的体现，这种体现正是人之为人的尊严所在，具有强烈的超越性。人只有不断否定自我，超越自己，才能塑造出人之为人的更佳的品质，这种品质代表了现实的"我"对未来的"我"的向往与创造。

正是道德与法律本身的特性，决定了我国展开公民道德教育与法制教育

体现的是公民现实的道德水平与理想的道德追求的结合，使较低道德水平的公民达到法律——底线道德的现实要求，而道德水平较高的公民达到较高的道德理想要求。这样，既做到有的放矢，结合实际，又没有放弃道德超越性的本质需要，进而形成先进帮后进、后进赶先进的道德建设新格局，使道德与法律的功能相互补充，相互促进，共同带动社会进步与人的发展。

论市场经济条件下思想道德教育功能的发展*

党的十四大将社会主义市场经济确立为我国经济体制改革的目标。到了20世纪末，我国已初步建立社会主义市场经济体制，由此带来我国思想道德教育环境的巨大变化，向思想道德教育提出了新情况和新问题。思想道德教育只有与时俱进、发展自身的功能，才能充分显示其实效性。那么，思想道德教育的个体功能应当如何发展呢？本文针对这一问题进行探讨。

一、思想道德教育导向功能的发展

导向功能是思想道德教育具备的个体功能之一。导向功能主要是一种政治思想功能，即保证正确的政治方向。在计划经济时代，由于权力的集中统一，个体缺乏自主性，思想道德教育在发挥导向作用时目标明确、方式单一、成效显著。在市场经济条件下，党和国家工作的重心实现了转移，政治的内容发生了明显的转化，成为主要是经济的政治、建设的政治，即建设社会主义现代化是最大的政治。党的基本路线成为进行政治导向的指导思想；衡量导向得失成败的标准是三个"有利于"；作为导向的对象，学生个体的独立性、自主性和创造性不断增强，这就对导向的内容与方式提出了新的要求。因而，个体的政治取向只要符合四项基本原则，又有利于经济建设与业务发展，就应当得到认可和接受。同时，个体的发展不应当以单一的政治目标取代其他目标，而应在坚持正确政治方向的前提下，从每个个体自身的实际和特点出发，最大限度地发挥学生的才智和潜能。

在市场经济条件下进行思想道德教育，以及学生考虑自身的成才与发展，与计划经济时代一个首要的不同之处在于：市场经济本身具有微观性、为利性和竞争性等特点，这些特点不仅增强了个体的独立性、自主性和创造性，而且激发了全社会面向未来展开广泛竞争，推进社会发展。为此，思想道德教育尤其要大力发展面向未来的预测和预防功能。预测主要包括对思想

---

* 原载于《思想·理论·教育》2003年第3期，作者沈善荣、郑永廷，收录时有修改。

道德和经济、业务发展趋势的预先估计，并要据此确定正确的思想道德教育和经济、业务工作方案。预防主要是指预先防范思想道德和经济、业务方面由于错误决策而出现的零效果或负效果。思想道德教育的预测和预防包含着相互联系的两个方面：其一是思想道德教育本身的科学预测与预防功能。为了避免思想道德教育的失效，争取主动并取得成效，思想道德教育必须面向未来，进行科学预测和预防。通过预测尽可能降低对未来发展的无知程度，减少风险，把握机遇；制订正确的教育计划，规范未来的实施行为，开展预防教育，掌握主动权。思想道德教育发展科学预测和预防功能，也是教育由经验走向科学的重要标志，是争取教育主动并取得实效的前提条件。其二，思想道德教育发展预测和预防功能有利于保证和促进个体面向未来的顺利发展。它固然不能代替人们在经济、业务方面的预测与决策，但它可以帮助人们增强面向未来的意识，提高预测与预防的自觉性，使人们对未来发展趋势有清晰的认识，学会抓住机遇，化解风险，避免偶然因素和不道德行为的干扰和冲击，积极主动地驾驭自己的发展。另外，思想道德教育还要帮助人们掌握科学的预测和预防方法，克服经验主义、盲目主义倾向。如果思想道德教育不能与时俱进地发展科学的预测与预防功能，有些人必定会走向盲目与错误，或者陷于复杂因素的困扰而陷于迷惘，或者无法正视竞争差距而陷于悲观，或者把成功与发展归结为某些神秘因素与命运，或者陷于迷信。这些倾向在现实生活中已不是个别现象，亟须思想道德教育发展预测与预防功能，对人们进行科学引导。

二、思想道德教育保证功能的发展

保证功能在传统的思想道德教育中，主要是保证政治思想上的共识性；保证政治制度、政治秩序的巩固性；保证工作、生活的秩序性。社会主义市场经济体制的建立是我国在体制改革上的历史性突破，在一定时期内难免会有人受传统观念影响而对社会主义制度与市场机制的结合产生这样那样的疑虑，因此，思想道德教育的重要功能之一，就是要坚持社会主义教育，坚定人们对社会主义的信念、对中国共产党的信任、对改革开放的信心，形成政治共识，巩固社会主义制度，维护社会稳定。这种保证功能在市场经济条件下毫无疑问地要继续保持和发扬。除此之外，保证功能也亟待发展和充实。

首先，在市场经济条件下，将竞争观念引入经济活动和社会生活的各个领域之中，不仅会深刻影响人们的思想道德观念，而且涉及人们之间对相互利益的调整，必将造成人与人之间贫富差距的扩大，引起不可避免的矛盾和冲突。但是，这种矛盾和冲突又不能超出社会和个人可以承受的限度，并且要不断地把这些矛盾和冲突引向新的发展方向以使之化解，否则，社会就会出现发展失衡而导致混乱，个人也会因此陷入动力消退、精神痛苦，严重的甚至会做出反社会行为。所以，在我国实行体制转换和完善市场经济体制的过程中，思想道德教育尤其要及时掌握社会舆论和人们的心理倾向，及时化解矛盾，引导人们正确处理先富与后富、局部与全局、眼前与长远的关系，通过稳定人们的情绪、心态，实现社会秩序的稳定和政治局面的安定，保证改革开放的顺利进行，保证人们有一个正常的生活环境和精神生活状态。

其次，在市场经济体制中，个体之间的政治利害关系有所淡化，经济利害关系相对突出，人们关心自己的物质利益，也十分重视获取物质利益的各种方式。由此，经济因素渗透到了政治、伦理、法律关系当中，人际关系出现了过去不曾有过的新情况。这些新情况，一是与过去比较单一的政治关系相比，具有各种关系相互影响与渗透的复杂性；二是市场经济条件下的各种关系容易掺入经济因素而具有双重性，即既有积极的一面，也有消极的一面；三是各种关系都处在发展变化之中，难以被准确把握。这些关系主要表现为利益关系和如何获取利益的道德关系。因而在解决思想问题与实际问题时，要运用解决道德问题的方式，即主要运用协调、调解、调节、调整的方式来解决政策、人际关系、物质利益方面的问题，而不能简单地运用解决政治问题的方式来解决这些新问题。

最后，在市场经济条件下，人们的自主性、创造性不断增强，人们能按照自己的兴趣和爱好来选择职业、工作方式与休闲方式。虽然现代科学技术缩小了人们之间联系和交往的有形空间，但人们独立性的增强以及人们生活方式和道德追求的多样性又造成了人们相互之间的隔离与疏远。人们同在一个单位、同住一栋高楼，但要求与愿望却大相径庭。此外，人们的自主性、创造性增强之后，必然导致个性的发展和观念的更新，因此，上下级、同事等各种类型的人之间更需要沟通、理解和相互尊重。要使个体真正实现思想、道德方面的社会化，把自己融进社会整体之中，成为一个同现代社会生活协调一致的成员，就要通过思想道德教育的沟通、协调来实现。假若人与人之间只有冷酷无情的竞争，而没有思想情感的沟通与交流，那么，人际关系就将不可避免地爆发矛盾和冲突，最终反过来影响人们的工作和生活。然而，思想、道德方面的社会化、现代化并不是自发完成的，而是需要教育、引导、启发、沟通、学习才能实现的。因此，沟通人与人之间的思想、情感，使人们在竞争和比较中相互理解和认同，努力做到相互契合与支持，是社会主义市场经济对思想道德教育提出的新要求。

三、思想道德教育育人功能的发展

思想道德教育同任何其他教育一样，承担着育人的功能。思想道德教育育人是通过培养、提高人的思想道德素质，完善个体的人格来实现的。在市场经济条件下，思想道德教育育人首先应当以新观念育人，即必须采用一套不同于计划经济时代，而与市场经济的要求相适应、相吻合的新的思想道德观念和规范来进行教育，这是思想道德教育育人功能发展的含义之一。同时，思想道德教育的育人功能更重要的发展应表现为以开发的方式来达到育人的目的，即发展开发功能。

所谓开发功能，是指通过思想道德教育，最大限度地调动人的主观能动性和最大限度地发掘人的内在潜能。个体在市场经济的竞争中能否成功，关键在于个体学习知识、运用知识和创造知识的能力，而这种能力的开发和培养同样需要思想道德教育。思想道德教育为何可以发展开发功能呢？这是因为，人们在认识世界和改造世界的过程中具有能动性。人的能动性是有层次和深度差别的，它不可能由个体自发地完全释放出来，而需要对其进行深度发掘。

思想道德教育通常采取以下措施来进行人的潜能开发。首先，充分发挥个体的感官优势，尊重个体的兴趣和爱好，培养个人的特长，并以此作为每个个体业已拥有的资源，形成进一步开发、发展的基础。其次，充分调动个体的主动性、积极性，促进个人的智力与能力的发展。这就需要把政治理想、道德理想与事业理想、生活理想，把德性与智能，把物质利益与精神动力有机结合起来，形成虚实结合、全面综合的目标体系、行为规范和价值取向。由此，使个人的主动性和积极性向业务工作转化，向人的智能方面转化，激发业务工作热情与激情。再次，培养个体的创造精神，促进创造能力的提高。思想道德教育之所以能够在培养创造精神和创造能力方面有所作为，是因为：第一，创造精神实际上是一种顽强的拼搏精神、艰苦的奋斗精神、忘我的牺牲精神，它的产生源自远大的目标、强大的动力和顽强的意志，这种精神的培养当然离不开思想道德教育。第二，从影响创造的各种因素来看，有主观因素和客观因素。客观因素主要有历史文化因素、现实政策因素与物质条件，主观因素主要包括人格因素和角色因素。当今，我国思想道德教育的一项艰巨任务，就是要清除传统文化中保守、均衡的心理积淀，创设有利于创新的文化环境，为培养创造性人才提供良好的条件；同时，培养人们勇于开拓、奋发创新的现代素质和现代品格。第三，从个性与创造性的关系来看，个性直接影响个体的创造性。一般来说，个性鲜明且突出的人比较富有创造性。反之亦然。这里所说的个性，指的是个人比较稳定的心理特征的总和，包括气质、性格、意志、情感、兴趣等多方面的内容，实际上概指人的内心世界。个性除了包括人的兴趣、爱好、性格等内容，还包括人的主观能动性方面的理想、信念、情感、意志等核心内容，以及智能、思维等综合性内容，实际上是对人的全面内在特征的描述。而决定个性特征的主要因素应该是反映个人主观能动性的核心内容，即个人是否具有远大志向、执着追求、顽强意志、充沛情感等。创造性的高低与个人的主观能动性的发挥程度密切相关。思想道德教育正是通过培养、增强个体的主观能动性，达到塑造、强化个性特色，激发创造性的目的的。当然，要做到这一点，必须切实从受教育者的实际出发，因人施教，因材施教，彻底改变那种"一刀切"的教育方式。

论当代西方国家的思想道德教育方法[*]

一、当代西方思想道德教育的特点

1. 宗教方法的传承性

信奉宗教一直是西方国家的文化传统，伦理与宗教结合也一向是西方国家道德教育的特点。进入 20 世纪之后，西方国家改变了宗教教育的主导地位，大力推进对世俗道德教育的探讨。从某种意义上可以说，当代西方道德教育就是以反对宗教教育、促进道德教育世俗化为特征的。然而，在西方，宗教与道德毕竟有血肉联系，正是基督教最初规定了道德的基本准则，确立了道德教育的基本方法，宗教教育也即道德教育。随着资产阶级民主的不断扩大和科学技术的不断发展，宗教与民主、科学发生了剧烈冲突。一方面，宗教受到了批判和限制，世俗道德教育得到了很大的发展；但另一方面，宗教的影响并没有因此结束。西方国家允许信奉宗教，利用教会为政府服务，在学校开设宗教课，系统传授宗教教义和宗教信仰。这种世俗道德教育与宗教教育并存发展的状况，反映了西方社会现实与传统、精神生活与物质生活的矛盾。

在西方国家，宗教还深刻影响了教育学、管理学、社会学的理论与方法。例如，赫尔巴特的教育学理论和管理学生的方法就具有明显的宗教性。美国麻省理工学院教授道格拉斯·麦格雷戈所提出的管理理论——X 理论也继承了一个类似原始罪的观点，认为人的本性是坏的，有好逸恶劳、逃避工作的特性。因此，对工人要采取类似于宗教的强制、监督、惩罚的办法，才能控制他们的行为。虽然麦格雷戈提出了与 X 理论相对的 Y 理论，但他也认为两种理论和方法都是有用的。因此，在当代西方国家中，宗教教育方法仍然是道德教育普遍采用的一种方法。或者说，西方国家道德教育方法具有明显的宗教性特点。

---

* 原载于《学术研究》2000 年第 3 期，收录时有修改。

2. 学科方法的多样性

进入 20 世纪以来，西方国家从学科角度研究、探索道德教育理论与方法的另一突出特点就是多样性。这主要表现在以下几个方面：第一，多学科开展对道德教育的研究，理论与方法种类繁多。美国道德教育学者约翰·埃利亚斯指出："道德教育是一个需要多学科共同研究的领域，仅仅通过一门学科来探讨这一领域既是有限的，也是危险的。"① 当代西方道德教育理论与方法研究所涉及的学科领域主要有哲学、心理学、文化学、社会学、宗教和历史等，尤其试图从哲学和心理学的结合出发，研究道德教育的理论与方法，特点突出，成果最多。例如，法国教育家赫尔巴特、美国哲学家和教育学家杜威、美国伦理学家柯尔伯格等，都是从哲学和心理学的结合出发，来建构道德教育理论和方法体系的。道德哲学为道德教育提供概念、理论和目的，道德心理学为道德教育提供方法。此外，也有分别从哲学和心理学角度进行研究的，如分析哲学家威尔逊，存在主义哲学家马丁·布贝尔，心理学家班图拉、罗杰斯、斯金纳，等等，都分别从哲学和心理学方面，提出了各自的道德教育理论和方法。同时，实证主义社会学家涂尔干还建立了道德教育的社会学理论和方法。各种关于社会、家庭、社区文化、大众传播媒介、学校等对群体、个体道德社会化影响的实证研究，更是五花八门。另外，在企业范围对人们的思想、道德、动机、行为进行研究的也有行为科学、管理科学、心理学等学科。

第二，有关道德教育和思想行为控制的理论与方法纷呈各异。对道德教育和思想行为的研究不仅涉及众多学科，而且在同一学科里，还有多种理论流派。例如，在心理学领域对道德问题进行专门研究或产生间接影响的主要流派就有社会学习理论、人本主义理论、行为主义理论、精神分析学派、认知发展学派等。这些流派有各自的观点，提出了各自的方法。在行为科学领域，有人群关系论、需要层次理论、双因素理论、X 理论、Y 理论、Z 理论。这些理论流派都提出了控制人们思想和行为的方法，它们都为道德教育提供了相关的理论基础。

第三，选择、使用教育方法多样化。西方各国在道德教育与企业管理中允许使用各种不同的理论与方法。一个学校、一个企业可以同时使用不同的理论和方法，一个教师、一个管理人员可以根据不同的教育内容、不同的管理对象使用不同的理论和方法。教育、管理方法的选择和使用不拘一格，多

---

① John L. Elias. *Moral Education*: *Secular Religion*. Malaber, FL: R. E. Krieger, 1989, p. 56.

种多样。这种多样性特点反映了西方个人本位、自由竞争的社会本性。同时，理论与方法的繁多也造成了选择和使用上的混乱，容易导致道德教育上的相对主义。

3. 教育方式的渗透性

早在古希腊时期，苏格拉底就提出，对儿童的道德教育应主要通过开展讨论、组织活动进行。亚里士多德也强调，要在行动中、实际练习过程中培养德行。当代西方的教育家、心理学家继承了这一传统，反对向学生灌输道德理论和道德原则，而主张学生通过自主的理智活动和实践活动获得道德上的发展。杜威根据他的教育理论，最先提出取消道德教育课，通过让儿童参与社会生活、结合业务教学活动和解决各种实际问题的方式，来进行道德教育。杜威的这种渗透教育方式后来得到了进一步充实和发展，像柯尔伯格的"新苏格拉底法""公正团体法"，价值澄清学派的"自由选择"，贝克的"反省方法""问题中心法"，等等，都是以个体参与和自主活动的方式来进行道德教育，促进道德发展的方法，都强调道德教育的渗透性。

在企业方面，企业主对工人的道德要求和思想行为控制更是通过对技术、经营、财务、安全、计划、人事等的管理来进行的。管理制度、程序和手段规范着工人的思想、道德和行为；而思想、道德的表现则全面而具体地渗透在管理中。

此外，西方还更多地继承了把宗教渗透到日常生活中的传统，采用隐性方式进行道德和思想的渗透与熏陶。渗透的途径和手段是多种多样的，例如，在各地建设纪念馆、艺术馆、博物馆、国家公园等多种场馆，运用现代化手段布设环境，形象生动地宣传资本主义传统与文明；利用广播、电视、报纸、网络等强大的大众传媒，把个人主义渗透在铺天盖地的广告和文艺节目之中；通过遍布全国的宗教团体和广泛的宗教活动，把民众的宗教信仰巧妙地转化为对政府的顺从；按照资产阶级教育家提出的"教学的教育性原则"，发挥隐性课程的作用，寓德育于智育和校园生活之中；等等。西方国家教育渗透的这些特点是经过长期探索形成的，它显示了西方国家政治教育、道德教育的隐蔽性、巧妙性。

4. 选择方法的自由性

西方在道德教育方面由于存在科学方法的多样性，强调受教育者使用方法的自主性，因而导致另一突出特点——选择方法的自由性。学科方法多样，使用方法的自主性和选择方法的自由性内在一致地反映了西方社会个人本位的社会性质。同时，选择方法的自由性还直接与相对主义思潮的影响有关。20世纪以来，西方兴起的相对主义认为，道德教育也具有鲜明的相对主义色彩。道德个人相对主义认为，在特定社会中，每个人的价值都是相对的，不存在评判个人行为正当与否的客观标准。因此，对个人的行为和判断无法进行道德上的评价，企图把社会或其他的价值标准强加给个人的任何做法都是错误的。这种道德个人相对主义强调个人价值的独特性和权威性，反对道德原则、规范和方法的传授，主张人们通过自由自主的选择来获取价值。例如，价值澄清学派的倡导者认为，道德价值是相对的，个人的道德价值不是教育的结果，而是选择的产物；存在主义者认为，道德只能来自我们的内心，人人都有绝对的自由把自己的价值赋予这个世界、赋予人的行为，教育所能做的至多只能是为学生提供各种选择的机会，让他们去自由选择。所以，道德相对主义实际上取消了道德教育，奉行的是放任的教育方式。事实上，在道德领域，个人不论是确定道德认知方式，做出道德判断，还是选择道德原则，寻求行为依据，都不可能是绝对自由的，都要受文化、教育的影响，受社会政治、经济制度的制约。

二、当代西方思想道德教育的方法

这里只对在当代西方的道德教育中影响较大、运用较广的方法略做介绍。

1. 道德认知发展方法论

道德认知发展方法论是以道德认知发展理论为基础建构的方法体系。道德认知发展理论是美国道德教育家柯尔伯格吸收了杜威、皮亚杰的研究成果，于20世纪50年代创立的。该理论的主要观点是，道德发展与认知发展有密切关系，认知发展是道德发展的基础，道德发展不能超越认知发展水平；道德发展总是遵循一定的顺序进行的，儿童道德判断水平的发展是有阶段性的；道德发展的本质动机在于寻求社会接受和自我实现，有赖于个体对社会文化活动的参与程度。柯尔伯格提出了两种主要的教育方法。

第一，道德讨论法。这是柯尔伯格早期提出的。它是指通过引导学生对道德两难问题开展讨论，诱发认知冲突，促进积极的道德思维的发展，从而实现道德判断发展的方法。在运用这一方法时，教育者按照一定程序实施道德讨论：一是根据柯尔伯格制定的道德判断测验量表测试学生的道德发展阶段；二是按测试结果分组，每组10人左右；三是选择道德两难问题；四是引导学生正确对待讨论；五是对道德两难问题开展讨论、争论。在讨论过程中，教师要帮助学生正确理解所讨论的道德问题，把握好讨论的方向。在讨论的深入阶段，要支持和澄清重要观点，引导道德水平阶段相近的学生进行观点比较，促进处于较低阶段的学生趋向较高阶段的推理，从而达到提高道德判断水平的目的。

第二，公正团体法。这是柯尔伯格经过实地考察和实证研究之后，于后期提出的一种道德教育方法。这一方法十分强调团体的教育力量和民主管理的教育作用。其方法要点：一是在创设公正团体中培养团体成员的公正观，努力提高团体的公正水平；二是发展团体的民主管理，建立平等公正的人际关系，给每个人提供参与管理和承担责任的机会；三是创造团体的民主风气，形成相互之间良好的感染环境；四是发展团体中的自我教育，保证团体教育法的落实并取得成效。从对这一方法与道德讨论法的比较可以看出，柯尔伯格从局限于儿童的道德教育扩展到社会团体的道德教育；从只重视道德认知判断，发展到重视道德和行为二者的结合；从根据形式特征界定道德教育，到重视道德内容的传授，他的道德教育方法是有所发展的。

柯尔伯格的道德认知发展方法论还包括价值分析法、问题探讨法等。这些方法在西方运用比较广泛，影响比较大。特别是公正团体法在学校道德教育中广泛运用后，他提出了隐性课程设置与开发问题，这对发挥学校和教师在道德教育中的作用颇有意义。当然，道德认知方法论在西方也不断受到批评，例如，过分强调道德认知、道德判断的作用，容易导致脱离实际；过分追求道德判断的形式，忽视了道德教育的内容；等等。

2. 价值澄清方法论

价值澄清学派在西方由传统社会向现代社会转变的过程中，为适应社会价值观念复杂多变的选择需要，于 20 世纪 60 年代产生。价值澄清学派提出了价值澄清的理论假设：人们处于充满相互冲突的价值观的社会中，这些价值观深刻影响着人们的身心发展，而现实社会中根本就没有一套公认的道德原则或价值观。根据这一假设，价值澄清学派认为，教师不能把价值观直接教给学生，而只能通过分析评价等方法，帮助学生形成适合本人的价值观体系。所以，正如价值澄清学派的基尔申·鲍姆所说的，价值澄清可被定义为利用问题和活动来教学生评价的过程，而且，帮助他们熟练地把评价过程应用到其生活中价值丰富的领域。

在运作过程中，价值澄清方法论强调四个关键因素：一是要以生活为中心，主要解决生活中的问题；二是要接受现实，即原原本本地接受他人，不必对他人的言行进行评价；三是要求进一步思考、反省，并作出多种选择；

四是培养个人深思熟虑地进行自我指导的能力。除了要考虑这四个因素，还要按选择、珍视、行动的三个阶段、七个步骤（即自由选择、从多种可能中选择、对结果深思熟虑的选择、珍惜爱护自己的选择、确认自己的选择、依据选择行动、反复地行动）来进行操作。在这种操作模式由于过分强调价值观形成的个体性，忽视了社会文化作用而受到批评之后，价值澄清学派又对以上程序进行了补充，增加了思考、沟通的环节，在选择中考虑了社会因素的制约。尽管如此，新的操作程序并没有从本质上改变价值观形成的主观性与个体性。

价值澄清方法论结合实际，设计了价值澄清的具体方法，除交谈、书写、讨论、预知后果的扩展四大策略外，还有 19 种其他策略。例如，价值表书写策略就是为那些不适于讨论，便于人们书面自由作答的问题而设计的。受教育者在表格中填入问题，写出自己的看法，再按七个步骤进行评估。该策略由此来帮助受教育者选择、确立适用于自己的价值观念。

价值澄清方法在西方各国传播很快，应用较广，对西方现代道德教育影响较大。之所以如此，是因为这一方法重视现实生活，不像其他道德教育流派一开始就以一种哲学理论为依托，而是针对西方无所适从的道德教育实际提出来的，具有可操作性和实效性，因而受到人们的欢迎。但这一方法论的局限和错误是明显的：一是把相对主义价值观作为方法体系的基础，把个体经验作为确定价值观的标准来衡量和评判自身的社会行为，否定社会的客观价值标准，其结果必然导致社会成员独行其是；二是忽视道德教育的具体内容、要求和道德行为的培养、训练，也易导致形式主义。

3. 社会学习方法论

社会学习方法论是一种以社会学习理论为基础的道德教育方法体系。社会学习理论是美国心理学家班图拉、米切尔等人吸收认知发展理论的某些观点，从行为主义心理学中演变发展而来的，也称观察学习理论和认知-行为主义理论。社会学习理论强调观察学习是行为获得的基本学习方法，认为学习既是反应过程，也是认知过程，还是自我调节过程，人的复杂行为就是通过观察、模仿，再经认知过程而逐步形成的。社会学习理论注重强化的学习意义，认为人可利用外部，直接强化从环境中学习；可利用替代性问题，强化观察他人行为以进行学习；还可利用自我强化，从体验自身行为的可能结果的预期中学习。社会学习理论还创立了自我效能理论，即强调建立有利于学习的道德环境和心理调节机制，为更好、更多的学习创造条件。

社会学习论者根据上面这些理论，提出了与之相适应的一系列方法，其中有两个方法比较突出。第一，示范榜样方法。班图拉认为，榜样对发展道德倾向具有重大影响，示范榜样是道德教育的主要手段。在现实社会中示范榜样是广泛存在的，不仅包括人，如家长、教师、同辈等，还包括文字符号、图像信息、语言描述、艺术形象和环境，如大众传媒、学校气氛环境等。教育者的任务就是善于利用示范榜样，引导帮助受教育者观察、学习、模仿、认同好的榜样。第二，强化手段。社会学习论者继承和发展了行为主义者关于强化的研究，把强化作为道德行为形成的重要手段。班图拉认为，行为结果，如成功、失败、奖励、惩罚等对道德行为的发展有重要影响，因为这些结果使人产生相应的期望，它使特定行为再现的可能性随预期的奖励而提高，随预期的惩罚而降低，前者为正强化，后者为负强化。教育者巧妙、有力地使用强化手段，教育就可成功。

社会学习方法论还包括行为矫正、文化传递等方法。社会学习方法把文化环境与人的道德发展联系起来，揭示榜样对道德发展的内在作用机制以及影响道德行为的形式与途径，注意理论与实际的结合，重视自我评价能力的培养，这些都是有积极意义的。所以，它们在西方一些国家也被采用。这一方法论确立的理论基础拼凑痕迹比较明显，对社会因素、社会环境的界定，只是指人际关系和社会风俗习惯，没有涉及社会物质生产这一主要因素，而且具体方法缺乏操作的程序，实施起来有一定的难度。

富国利民与新道德价值观的确立*

加速中国特色社会主义现代化建设进程，加快改革开放步伐，其宗旨便是富国利民，即充分地满足人民的物质生活和精神生活的需要。实现这一目标，固然需要我们在经济、政治、文化等多方面的努力，但是也不能没有与之相适应的正确的道德价值观。否则，盲目的或错误的道德价值观就可能成为干扰、破坏甚至毁掉这一目标的阻力或腐蚀剂。因此，我们必须充分重视人们的道德价值观对利益关系的能动调节作用，并通过对传统的和现实的各种道德价值观的分析、扬弃，确立与我们的事业相适应的全新的道德价值观，积极地指导我们的实践，为早日实现富裕、文明的目标铺平道路。这是我们的现实亟待解决的问题，也是我们的道德教育理论应当认真思考和深入探讨的问题。

一、中国传统道德价值观的根本缺陷

其一，在传统道德价值内涵中，利与善多被理解为水火难容、非此即彼的两个对立的极端，言善不言利，图利即无善。这种观念主观地割断了善与利的联系，用否定利的方式片面地强调了善。这就必然会造成两种结果：一方面，实际上人们根本不可能放弃对利的追求，但为了不至于为社会所否认又不得不表现出那种超越利益的善，人的虚假和伪善由此而产生；另一方面，对利益的否定必然导致客观和主观的对利益追求的限制，而限制了人们的利益需要，堵塞了人们活动的真正动力源泉，社会就会成为没有活力和生机的一潭死水，个人就会成为缺乏积极性、主动性和创造性的消极个体。

其二，在传统的道德价值天平上，个体永远是微不足道、无足轻重的匆匆过客，而社会却始终是至高无上、不可触动的。这反映到利益问题上，便是公利的神圣化、绝对化，不管其合理与不合理；而私利则遭到一味的贬低和漠视，无论其正当与不正当。显然，传统封建社会所代表的只能是少数人的利益，其合理性是可想而知的，其结果也只有两个：一方面，大多数人的

---

* 原载于《理论前沿》2002年第13期，作者邓泽球、郑永廷，收录时有修改。

个人正当利益被否定，与贫穷困苦为伴，而少数人却大获其利，享花天酒地之乐；另一方面，多数人的利益得不到满足，但统治者却用专制手段强迫人们服从所谓的社会利益，或通过教化使百姓相信其为公求善的理论，用安贫乐道的心理聊以自慰。于是，产生了一种虽贫却安贫、无道却乐道的社会心态，形成了一个缺乏个性和没有社会批判意识的社会。在中华人民共和国成立后的 30 年中，这种观念依然支配着我们整个社会。尽管我们社会的性质与以往已有根本的不同，人民当家作主，社会利益也因代表了大多数人的意志而具有了更大的合理性，但这并没有防止在某些情况下不合理的社会利益要求的产生。结果是不合理的社会利益损害了真正的社会利益，践踏了广大人民的正当的个人利益。中国传统的道德价值观具有浓厚的理想主义色彩，它的价值目标多设置在用想象构画出来的遥远的未来。也许现实苦难过重而又无法挣脱，人们容易把过多过重的希望寄托于未来，由此而导致了现实与理想在价值天平上的失衡。明天较之今天重要，人们奋斗所求的只有在明天，用明天否定今天，再用明天的明天否定一个新的今天。这就产生了两个相联系的结果：一方面，只讲理想目标的利益，压抑人们对现实利益的追求，追求理想的便是善，讲究实际的便是恶；另一方面，理想的利益由于没有现实的利益作基础，就永远变不成现实，人们所追求的善就永远是空洞的善。

当然，传统道德价值观念的消极影响并非仅有这样几点或几个方面，也不能说，传统的道德价值观念中绝无一点优秀的可以肯定的东西。但是，当我们回顾历史、观察现实、面对我们所讲的问题的时候，也必须承认中国传统所具有的这些根本缺陷。

二、目前社会生活中的道德失衡

第一，从反对传统的伦理中心主义有意无意地走向了非道德主义，由反对传统的禁欲主义对人们实际利益的压抑和伪善不知不觉地走向了享乐主义、纵欲主义和对善的嘲弄、漠视。利益，尤其是个人利益，成了人们津津乐道、实际追求的对象，而道德善恶却仿佛成了遥远的话题，很少为人们所关心，有的人甚至见利忘义、为所欲为。

第二，由反对传统的社会本位主义、整体主义有意无意地走向了极端个人主义和极端利己主义。一些人以"我"为中心，以个人利益的满足为目的和标准，有利就干，没利不干，而不管它是否正当，也不管它是否损害国家的利益和集体的利益。

第三，由反对传统的理想主义有意无意走向了非理想主义。一些人现在似乎对理想的灌输麻木了，结果便是对一切理想的漠然。尽管有人口危机、环境危机、国土危机、资源危机等并非虚张声势的警钟在时时敲打，但人们似乎并不真正关心这些问题。破坏环境、乱占土地、浪费资源等急功近利以求暂时效益和利益满足的短期行为，大有愈演愈烈之势。

对于这种道德生活的失衡，有不少人力图从理论上对此给予解释。其中，有"必然论"者认为，这是由小农经济向商品经济过渡过程中必然出现的现象，会随着商品经济的发展必然消失；有"代价论"者认为，这是我们走向现代化应付的代价；有"矫枉过正论"者认为，要彻底根除传统观念，就必须用"矫枉过正"的方式，不"过正"就达不到"矫枉"的目的；等等。如果说，这些理论有一定道理的话，那么，我们是否可以掌握这种必然，积极地消除或减少这种失衡？我们为此付出的代价换回来的又是什么？我们是否还要继续付出这样的代价？如果"矫枉"必须"过正"的话，那么，"过正"之后是否又有新的"矫枉"？我们是否将永远处于"矫枉过正"的恶性循环之中而无法找到适当的出路？这些才是我们今天应当慎重思考和认真解决的问题。

三、走出困境与新道德价值观的确立

传统使人不满，现实使人困惑。我们究竟应当怎样认识利益与善恶的关系，从而树立正确、可行的价值目标，使人们在同一追求过程中把利与善的实现有机地统一起来？

事实上，我们目前道德生活中的失衡并不是改革开放和社会主义市场经济所应有的产物，更不是我们中华民族应当为之付出的代价。倒可以说，它是传统的"矫枉过正"的思维模式和解决问题的方式所产生的恶果。长期受着传统义理束缚和压抑的人们，在思想解放的过程中，急于冲破这种束缚和压抑的牢笼，似乎来不及思考冲出牢笼之后自己走向的方位。现实又一次教育了人们，从一个极端走向另一个极端，结果是丢了旧的"苦果"，却拣来了新的"苦果"。对当前经济秩序的混乱和经济环境的污染，固然应追究其经济的、政治的、法律的根源，但道德生活的失衡、价值目标的偏差，也应负其推波助澜的责任。这种状况不仅阻碍了改革的顺利进行，使国家利益和集体利益蒙受了损失，而且直接损害了大多数群众的个人利益。在党和政府提出治理经济环境、整顿经济秩序和依法治国、以德治国的时候，我们也应对这些年价值观念的更新及其过程进行新的反思，应当建立一种适当的价值目标，既不复归传统，又要走出困境。

对目前走偏的道德价值观念进行纠正，使之趋向适当的价值目标，也许尚需要更多的理论论证，或有许多具体的工作要做。但我认为，这种新的道德价值观念至少应当确立这样三个基本点。

第一，视富强之国与礼仪之邦为同一追求目标。中国素有"礼仪之邦"的美名。传统道德中，尤其是劳动人民的道德传统中有许多优秀的成分，如勤劳、善良、节俭、刻苦耐劳精神等。利与善、富裕与文明并不是截然对立、非此即彼的。

第二，正确处理个人利益与社会利益的关系。在道德价值的天平上，以个人利益损害社会利益，或以社会利益否定个人利益，都必然导致这种天平的失衡。这并不是说，当社会利益需要个人付出和牺牲利益的时候，个人就有理由拒绝这种牺牲，因为在凝结着自己个人利益的社会利益的升值过程中，个人利益也意味着同样的升值；个人道德价值的实现，也不同程度地意味着个人利益的实现。如此来理解个人利益与社会利益、个人道德价值与社会道德价值的关系，就可能形成一种"我为社会，社会为我""我为人人，人人为我"的良性循环的社会秩序。

第三，视现实基础与理想目标为同归复兴之途。如果说，理想是我们追求的目标，那么，要达到这个目标，就必须以现实为基础，并用一个相互联结的新的现实架起一座通往理想的桥梁。这样，理想才能在未来的某一天也变为现实。如果没有这种现实的基础和联结，理想就不会变为现实。任何一段现实基础的不坚不实都有可能造成通往理想之路的断裂和塌陷，从而妨碍社会历史的进程。因此，为了理想利益的目标，必须重视现实利益的基础。只有在人们的现实利益有充分保障的情况下，才能使人们坚定地走向未来。同样，没有理想，就会失去动力，其直接的危害便是对现实基础的瓦解。因此，要重视现实，也不可无理想。事实上，我们所做的一切与我们树立的共同理想和共产主义理想位于同一条中华民族的复兴之途。

我们有理由坚信：一个富裕强健的社会，也能是一个道德善良的社会；一个社会利益发达的社会，也能是一个个人利益丰盈的社会；一个充满理想的社会，也能是一个现实充足的社会。这就是我们应当追寻的价值目标。

大学生思想政治教育的现实反思与时代课题[*]

中共中央、国务院发出的《关于进一步加强和改进大学生思想政治教育的意见》强调，加强和改进大学生思想政治教育，对于全面实施科教兴国战略和人才强国战略，确保我国在激烈的国际竞争中始终立于不败之地，确保实现全面建设小康社会、加快推进社会主义现代化的宏伟目标，确保中国特色社会主义事业兴旺发达后继有人，具有重大而深远的战略意义。党中央、国务院把加强和改进大学生思想政治教育提到关系国家民族未来的战略高度，实际上是在新的历史条件下，提出了"培养什么人，如何培养人"的时代主题，是对"以人为本"思想的深化和具体化，既具有现实针对性，也具有战略指向性。

知识、信息集散地前沿的群体，作为宝贵的人才资源，既灵敏地反映和折射着社会的动态与面貌，也预示着社会的未来与前景。为此，从战略的高度对大学生思想政治教育的现实进行分析，深刻认识大学生思想政治教育的主要课题，是当前培养人才重大而紧迫的战略任务。深入进行正确的世界观、人生观和价值观教育，引导和帮助大学生树立远大理想，确立坚定信念，既是大学生思想政治教育最重大的课题，也是当代社会最富有挑战性的难题。

一

大学生正处在世界观、人生观和价值观形成、发展阶段。当代大学生通过高校的思想政治教育和自身的学习、锻炼，努力选择、认同马克思主义世界观、人生观和价值观，其主流积极、健康、向上，涌现了一大批有理想信念和大有希望的积极分子。但是，也要看到，在价值多元的社会条件下，一些学生发出"迷茫""困惑"的呼唤和希望"发展""超越"的诉求，出现目标选择与价值取向上的困难，有的甚至不同程度地存在政治信仰迷茫、理

---

[*] 原载于《学校党建与思想教育》2005 年第 5 期，作者郑永廷、朱礼军，收录时有修改。

想信念模糊、价值取向扭曲的状况。面对这一现实状况，全党、全社会以及高等院校必须把大学生理想信念教育作为重要课题来认真对待。因为他们正处在人生的关键时期，又面临着与以往时代不同的新问题，所以他们的理想信念如何既影响他们自身的发展，也关系到民族与国家的未来。

大学生理想信念的形成与发展，与社会环境影响、社会机制和学校思想政治教育直接相关。

第一，从社会环境来看，大学生的理想信念主要受多元文化和多样价值取向的影响。社会的不断开放，多元文化的激荡，传媒环境的影响，互联网的快速发展，使高校更加成为社会信息的集散地和信息化的前沿，大学生受社会信息、社会环境的影响更加直接和强烈。高校学生往往处在社会环境与高校思想政治教育的张力之中，进行着比较与选择。在开放环境条件下，西方发达国家凭借经济与科技强势，在推进经济全球化和信息网络化的同时，也以之为载体，大肆推行其思想文化。一些青年学生由于不了解发达国家经济和科技强大与我国经济和科技相对落后的历史缘由，一时难以认识资本主义思想文化的本质，往往以现实的经济与科技为参照来判定国家制度、思想文化、价值观念的优劣。加上苏联解体、东欧剧变后，社会主义遭受挫折并处于低潮，在一定程度上造成了思想文化影响力的不对称，这正是高校思想政治教育所面临的现实难题。这个现实难题的实质就是高校思想政治教育如何面对、消解西方思想文化的强劲渗透与影响的问题。

我们应当清醒地看到，发达国家经济和科技强大与我国经济和科技相对落后的状况不可能很快改变，西方思想文化的强劲渗透与影响也不会停止。我国作为一个历史悠久的大国，在世界竞争中应当有所作为。我们除了大力发展经济与科技，还必须充分发挥我国的文化优势与有利条件。我国的文化优势就是我国文化的优良传统和革命的优良传统。中华民族从古至今都是一个追求理想、自强不息、重民爱国的民族，强大的民族凝聚力向来是靠国民共同的理想信念铸塑的，一直是我国各族人民的宝贵财富。我们党在革命战争年代，以强有力的思想政治教育动员人民、组织人民，以"小米加步枪"打败了敌人的"飞机加大炮"。这一无可争辩的事实充分体现了我国的文化传统与政治优势。在当今社会条件下，我们面对发达国家的强势经济与科技竞争，虽然不同于过去面对的帝国主义的飞机加大炮的战争，但文化传统与政治优势仍然是我们敢于竞争、敢于发展的法宝。高校思想政治教育要善于从我国历史长河中发掘教育资源，进行现代转化，启发大学生确立理想信念，这是高校思想政治教育的历史性课题。高校思想政治教育要弘扬我国传统与优势，学生要了解历史、认识国情。否则，思想政治教育就会成为无源之水。同时，当前高校思想政治教育也拥有最大的有利条件，这就是我国经济、科技与社会的快速发展。改革开放以来，我国经济、科技与社会的快速发展既振奋了全国各族人民，也震撼了全世界，快速发展的经济、科技和社会本身也是思想政治教育资源。但这种思想政治教育资源是感性的、分散的，它需要思想政治教育工作者以邓小平理论与"三个代表"重要思想为指导，对大量感性的、分散的、现实的材料进行收集、整合与理性加工，形成思想政治教育的成果，并采取与信息、开放社会相适应的方式，向学生提供精神食粮。这既是我国社会快速发展的客观要求和学生的迫切需要，也是高校思想政治教育发展、创新的现实课题。唯有如此，我们才能从理论与实践相结合的高度，以时代性与民族性相结合的特色，有理有据地引导学生确立正确的理想信念。任何脱离我国社会发展实际的理论教育和缺乏理论指导的实践教育，都难以收到理想信念教育的应有效果。

第二，从社会机制来看，大学生的理想信念直接与市场机制相关。我国市场经济体制的建立和市场竞争规范的不断健全使我国社会充满了发展的活力与动力，推动了经济、科技和社会各项事业快速发展，也增强了每个人的竞争意识与发展压力。这些都为思想政治教育创造了前所未有的有利条件。但是，市场经济体制所遵循的价值规律并没有直接为社会的精神领域的丰富与发展提供范式，相反，市场机制的强大作用在一些地方、单位导致了价值取向的偏离甚至价值替代。例如，强大的竞争力和由竞争所导致的明显差距使一些人包括高校学生难以正确认识和对待，思想上产生这样那样的困惑。又如，市场经济竞争与市场价值规律泛化，使我国一些地方与单位出现了官场的钱权交易（以权谋私）、市场的道德缺失（假劣伪冒）和校园的学风不正（文凭买卖）的社会现象，催生了"物本信仰"（金钱本位）、"科本信仰"（科技本位）、"宗教信仰"（神灵本位），对大学生形成了不容忽视的消极影响。在大学生中也出现了注重功利、眼前、物质与工具价值取向，淡化人文、长远、内在精神价值取向的倾向。这些信仰并不是什么新尝试，在以往社会，特别是在资本主义社会都相继出现过。"物本信仰"在西方就是"拜物教"，把人变成"经济人"；"科本信仰"在西方就是"科技神"，把人变成"工具人"；"宗教信仰"在西方是"拜神教"，把人变成"否定人"。"宗教信仰"在历史上曾是人类的精神枷锁，资产阶级在以人本主义打破宗教神本主义后，才如马克思、恩格斯在《共产党宣言》中所说的："资产阶级在它的不到一百年的阶级统治中所创造的生产力，比过去一切世代创造的全部生产力还要多，还要大。"有些发达国家的许多国民现在也信仰宗教，除了文化传统的原因，在很大程度上与政治因素有关，即现在人们所信仰的宗教是"公民宗教"，其实质是对民族国家的信仰。至于"物本信仰"（金钱本位）与"科本信仰"（科技本位），是资本主义国家比较普遍的信仰，正是这些信仰催生了西方国家单纯追求经济增长的经典现代化，导致了发达国家利用科技对自然资源的无限度开发和人们对物质的无限度占有，引发了第一次世界大战、第二次世界大战以及以后的无数战争所带来的掠夺与屠杀，造成了生态破坏、环境污染乃至人类与自然的对立。对这种在资本主义条件下，由金钱本位与科技本位所导致的人的异化，马克思早就进行过深刻的分析与批判，并提出了未来社会是全面发展的社会主义社会，社会主义社会的人是自由、全面发展的人的科学论断。因此，宗教信仰、物本信仰与科本信仰在本质上是与"人本信仰"对立的，它只能使人异化而脱离全面发展的轨道，只能使人丧失主体性而成为客体的奴隶。所以，不仅马克思和恩格斯曾深刻批判过这些信仰，而且西方国家的许多进步人士也对这些信仰做过深刻剖析。

在市场经济体制条件下，之所以出现了理想信念上的多样、偏离与替代，是因为在竞争中，物质的、科技的成果因其有形和能被量化、指标化，并直接与人们的利益挂钩，可以进行直接比较而显示出价值与利益上的差距，每个人可直接感受到它的作用而具有价值优位。而隐藏和渗透在这些物质的、科技的成果后面的理想信念，则因其无形且无法被量化、指标化，难以显示差距而直接感受到它的存在与作用。于是，这种由市场机制所导致的不平衡发展状况向大学生理想信念教育提出了一个难题。要解决这一难题，需要我们切实以马克思主义关于人的全面发展理论和科学发展观为指导，超越市场机制的现实范围与方式，从历史与现实、理论与实践、国际与国内相结合的综合视角，探索正确理想信念形成与发展的文化、教育机制。

第三，从学校教育而言，大学生理想信念取决于教育的针对性。由于大众传媒的作用和信息化社会的到来，环境的影响往往比学校思想政治教育的力度更大。这样，大学生思想政治教育一方面要抵消来自社会与高校内部对学生的某些负面影响；另一方面，大学生思想政治教育相对于快速发展的社会现实来说，显得有些滞后，出现了教育者对不断涌现的新情况、新问题一时难以解答的状况。于是，在思想政治教育中，发生了以人为本与以文为本的矛盾。所谓以文为本，就是以书为本，从理论出发；就是只重备课，忽视"备人"；就是注重文本逻辑，忽视人的需要；就是强调文本阐释，忽视社会实践。概括起来，就是只重书本，忽视人本。这种以文为本的思想政治教育就是一种理论脱离实际的教条主义，抽象化、概念化的本本主义。教条主义、本本主义在党的历史上和过去的思想政治教育中曾多次出现，其基本特征是理论脱离实际。当前，大学生思想政治教育缺乏满足学生在竞争、信息、网络等新领域的发展需要方面的理论、价值、心理健康教育；思想政治教育与学生业务学习、职业发展相分离的"两张皮"状况还没有得到很好的解决；一些教育者在市场竞争中为了自身现实利益和提升职级而简单应付教育的倾向比较明显；传统、单一的思想政治教育方法与学生的多样化需求和个性化发展不相适应；等等。这样，学生在针对性不强的教育中往往难以感受到教育的价值而产生质疑与疏离，教育的可信度与有效性下降，这是当前大学生思想政治教育不容忽视的问题。我们应当用以人为本的思想反省以文为本的教育，改革教育脱离社会和学生实际的倾向，真正使教育符合学生成长成才的需要。

二

在当代社会条件下，经济全球化发展趋势和市场经济体制对爱国主义教育产生新冲击，而我国面临激烈的国际竞争，必须大力弘扬和培育民族精神，正视冲击和强化民族精神。这是大学生思想政治教育必须解决的又一重大课题。

加入世界贸易组织后，我国经济、政治、文化都面临着新的发展机遇和新的有利条件，同时也面临新的严峻挑战。加入世界贸易组织必须向世界经济、政治组织让渡部分权力，外资的大量引进、人员的大量流出以及现代传媒、网络等传播途径，从外部模糊了国家的界限，冲击着民族意识。同时，市场经济体制的建立与完善要求改革计划体制条件下权力过分集中的状况，国家和政府必须向社会主体与个体下放自主权，增强社会主体与个体的独立性、自主性与创造性，这种自主性与多样化的发展趋向则使一些单位和个人从国家内部模糊了整体界限，淡化了集体观念。于是，一些学生往往更多地注视着全球化而忽视了民族性，更多地以自身利益为参照而忽视了全局利益。这样一来，传统爱国主义教育与民族精神的弘扬便经受着新的冲击而面临挑战。

然而，在国际上，我国面临着激烈的国际竞争和发展风险，面对着发达国家强势经济与科技的严峻挑战，面向着世界复杂多变的开放格局。在这样的国际背景下，我国人民必须众志成城，团结一致，大力弘扬和培育富有时代特色的民族精神，才能增强民族凝聚力和竞争力。否则，我国有可能在发达国家强势经济、科技与文化的冲击下陷于被动。在国内，我国市场体制条件下的竞争性、自主性、多样性发展也需要弘扬和培育民族精神，以奠定共同的思想基础，增强民族团结统一，维护国家安定有序，保证社会协调发展。同时，资本主义的经济扩张与文化渗透总是紧密联系在一起的，正如美国学者埃伦·伍德所说："资本主义的基本逻辑——资本积累、竞争和利益最大化，已经从意识上渗透进世界每一个角落……甚至于在资本主义经济的最外围，一切经济活动也都是按这一逻辑来进行的。"[1] 西方发达国家在推进经济全球化的过程中，总是力图消解我国民族文化，并对我国青年学生进行思想渗透。他们采取的主要方式是：尽量用物质来引诱和败坏他们的青年，鼓励他们藐视、鄙视、进一步公开反对他们原来所受的思想教育，特别是共产主义教条。所以，从国家在经济全球化背景下所面对的竞争与挑战来看，大学生思想政治教育必须把爱国主义教育作为重点，用富有时代性的民族精神铸塑灵魂、凝聚民心、增强动力。

从大学生个体发展的需要来看，大学生必须把自身发展与国家的全局发展联系起来，形成相互的责任关系，这是大学生确立发展目标、获得发展动力、保持自觉发展状态的根本所在。这是因为在不同的历史阶段，人的存在与发展总是表现出两种状态，即自发状态与自觉状态。所谓自发状态，是指人在发展中缺乏对社会全局与客观事物本质和规律的认识，局限于狭隘范围和眼前利益的一种精神和行为状态。所谓自觉发展，是指人能面向社会、把握全局、确立长远发展目标并自主寻求发展的状态。在革命战争年代，革命队伍中的成员有自发与自觉两种状态。列宁在研究俄国革命时，从理论上阐述了人的革命自发性与革命自觉性的关系。他指出："'自发因素'实质上无非是自觉性的萌芽状态。"[2] 也就是说，自发性是人的主体性的初级状态，是自觉性产生的基础。为此，列宁提出了著名的"灌输"原理和"没有革命的理论，就没有革命的运动"论断，强调工人要学习、掌握马克思列宁主义理论，认识工人阶级的历史使命和革命的发展规律，从而实现由自发革命向自觉革命的转变。

在新的历史时期，虽然国际国内形势与过去相比发生了很大变化，但大

---

① Ellen Meiksins Wood. "A reply to A. Slanandan". *Monthly Review*, 1997.

② 《列宁选集》第 1 卷，人民出版社 2012 年版，第 317 页。

学生的发展也存在自发与自觉两种状态：有些学生过分强调自身的独立性与主体性，只顾个人的、眼前的、物质的利益，忽视对国家、民族发展全局的关注，忽视长远发展目标的确立和缺乏现代理论的武装，出现了狭隘、功利的发展倾向，显得目标不明确，精神动力不足，这就是现代发展的自发性。这种自发性归根结底就是个体发展的经验性。个体经验虽有可取之处，但它毕竟是狭隘的、局部的、眼前的，在发展上不可能有大的进展与突破，并且容易导致个体之间的矛盾与冲突。这种自发发展的实质是缺乏反映当代社会与人的发展理论的武装，缺乏正确的思想指导。因此，现代自发性与革命战争年代的自发性虽然表现形式不同，但本质是一致的。

大学生思想政治教育要帮助大学生实现由自发发展向自觉发展的转变。大学生坚持自觉发展，首先要对自身的发展有自主意识、自觉意识，即能把自身发展与社会发展联系起来，进行独立的价值判断与确认，克服对社会和他人的依赖状态，把自身发展作为自己在当代社会的生存方式。其次是要把自身发展置于当代社会的发展之中，认识和适应现代社会的发展趋势，即适应并驾驭现代社会的开放性、竞争性、速变性、复杂性与多样性，不断克服不适应社会发展的传统观念与行为方式，自觉发展和提高自身素质。最后是要根据我国社会发展的长远目标与发展要求，确立自身的理想信念，并在发展过程中不断扬弃，在不断超越自身的进程中使发展目标更加具体而丰富，形成自觉的发展习惯。

大学生要实现自觉发展，单靠自身的体验与探索往往是难以完成的，必须如列宁所说，要确立面向现代化、面向世界、面向未来的观念，突破个体、家庭狭隘与眼前的局限，接受现代化建设理论的"灌输"。这里的理论主要是邓小平理论与"三个代表"重要思想。只有学习、掌握并运用这一理论，才能确立明确的方向与目标，才能获得强大而持久的动力，才能把个体行为融入社会主义现代化建设的伟大洪流，才能使自身真正进入高层次的自觉发展状态。这无论是对国家、民族，还是对自己、家庭，都是极其有利的。满足自发的发展状态，在当今激烈的国际国内竞争形势下，其视野、目标、动力、精神状态都是远远不够的。为此，高校思想政治教育要通过过去与现在、理论与实践的比较，帮助广大学生实现由自发发展向自觉发展的转变与提高。只有抓住这个转变，才能抓住个人与国家、理论与实践、眼前与长远的结合点。

三

促进大学生全面发展，是高校思想政治教育工作者永恒的主题。在民主与法制建设不断深化、市场体制不断健全的形势下，如何加强思想道德建设，解决人的主体性发展与人的社会化发展的矛盾，也是大学生思想政治教育的重要课题。

社会主义市场经济体制的建立和社会主义民主的发展改变了计划经济体制下学生的依赖性与培养的模式化，给每个学生都提供了自由、民主地发展的条件，增强了学生的主体性与竞争性，这是学生在发展上的根本性进步。学生的主体性发展实际上是学生自身素质的全面提高，是对内在潜能的充分发掘，它是一切发展的基础与源泉。同时，社会主义市场经济体制的建立和社会主义法制的发展改变了计划经济体制下学生的封闭性与分离性，为学生创造了发展的广阔空间与明确规范，提高了人的社会化程度与制度化水平，这也是人的发展变革与历史性进步。学生的社会化发展实际上是学生社会关系的丰富，是学生充分发挥作用的根本途径，它是一切发展的前提与条件。学生的主体性与学生的社会化发展的关系实质上是个体与社会、内在与外在、人作为目的与手段的辩证关系。

对人的发展辩证关系不是每个学生都能自觉认识和把握的。有的学生只看到市场经济体制自主性与竞争性的一面，忽视了市场经济体制高度社会化与合作性的一面；只看到社会主义民主自由性的一面，忽视了社会主义法制与民主互为一体的一面，以为自主性、自由性就是没有任何约束，因而陷于个人本位、个人中心、个人封闭的自发状态。市场经济是一种社会化程度很高的经济形态，因此，它能推进生产、资源配置的社会化和经济全球化。同时，不仅我国社会主义市场经济体制反映社会化要求，而且社会主义、集体主义所强调的整体性、全局性已经包含着社会化的深刻内涵。因此，在社会主义市场经济体制下，学生既要发展自主性、独立性、竞争性，这是一切发展的基础，又要发展社会化、合作性、集体性，这是一切发展的保证。

大学生思想政治教育当前面临的是一个难题的两个不可分割的侧面：一方面要针对个人本位、个人中心的封闭的自发状态，进行以社会目的、社会规范为内容的社会化引导，提高学生的社会化程度与制度化水平；另一方面，也要针对从众性与依附性的自发状态，进行以人的全面发展为内容的主体性引导，进一步克服传统文化与计划体制在人格上的依附性，增强学生的主体性。为此，大学生思想政治教育必须以现代人的发展为基础，研究人的主体性和社会化、竞争性和合作性、学生思想与精神生活全面发展和学生与社会、自然协调发展的辩证理论，并以这一理论为指导，建构主体性与社会化相结合的新的教育形态。

大学生全面发展中的风险及其化解[*]

现代化社会是一种人为技术、制度制造和积累风险的社会。在贝克的"风险社会"发展观视野中，发展意味着风险及其积累。随着科学技术的高速发展和全球化的发展，人类社会已经开始进入"风险社会"时代：各种新情况、新问题不断出现，社会信息量急剧增长与迅速变化，增加了社会的复杂程度和变化频率，给社会个体的发展带来许多不稳定性，增加了人们判断和选择自己的社会行为的未知性、困难性和风险性。

一、大学生全面发展中的风险

现代高等教育的理念明确趋向于追求人的完善、发展，追求受教育者形成全面发展的理想人格，实现教育观念的超越和向教育本质的回归。所以，大学生的全面发展就是大学生全面素质的和谐统一发展；对大学生的教育应不仅传授知识，更重要的是挖掘他们的行为潜力，促使其发展才能，把握命运。大学生全面发展的内涵主要为五个方面的素质：思想政治素质、专业素质、身心素质、文化素质、学习素质。大学生的全面发展又包括两层含义：一是学生自身的发展，即大学生在生理、心理、文明素养、思维能力、知识水平、个体性、实践能力等所有涉及主体的诸多领域，由旧有的、单一的、封闭的、被动的状态向多元的、开放的、积极的状态转变；二是学生发展与社会发展的融合程度由机械的、单层面的状态向有机的、多层面的状态转变。

历史发展表明，一个国家、一个民族的发展无不是在风险中实现的。未来是什么对每个人来说都没有一个确定的答案，每个大学生在实践活动中同样会受到未来不确定因素的干扰。风险通过影响大学生发展的机遇、收益、损失等，进而影响大学生全面发展的过程。可以认为，大学生全面发展中的风险是指由于社会因素等，在大学生全面发展的过程中，其决策及实践活动的结果所遭受的损失或失败的可能、概率、不确定性。它具有不确定性、客

* 原载于《中国高等教育评估》2006 年第 3 期，作者叶育旺，郑永廷，收录时有修改。

观性、阶段性和不平衡性等特点。

二、大学生全面发展中的风险类型

大学生在成才发展中可能面对的风险主要有三种类型。

一是全面发展中的竞争风险。第一，学习竞争中的风险（如选定目标错误、自身学习角色定位失误）。当代部分大学生选择上大学、选择"实用型专业"的动机充满了功利性，忽略甚至几乎忘却了对人文精神的追求。在大多数人看来，似乎技术可以一统天下，实用才是最实惠的，却看不到哲学、道德、艺术、历史等的价值，无暇顾及人文关怀。应当说，大学生对学习实用技术积极性很高，这本身没有什么问题。从积极方面来看，是他们的竞争意识增强了，主动适应社会就业形势、适应时代潮流的意识提高了。问题在于，他们的科技观念具有工具化的倾向，即把科学技术"窄化"为工具性的"实用技术"并加以崇拜，忽视其中蕴含的科学精神，进而把科学技术的价值"窄化"为仅仅是谋生、改善生活境遇的"工具"。在行为上表现为花力气学"实用专业"，对"实用技术"花钱自考证书；忽视自我人文精神修养，在此类课上打瞌睡甚至逃课。大学生全面发展的终极追求应该是体能心智、道德品质和科技素质和谐而全面的发展，但是，科技决定论思想膨胀、科技意识的过度扩张会消解大学生关于民族的、传统的、艺术的、伦理的意识，造成社会化不足、人文精神萎缩；使他们只把科技作为社会进步、人的发展的唯一尺度，不知历史，不懂传统，不讲政治理想、道德。第二，择业竞争中的风险。在教育大众化的背景下，社会就业压力剧增，大学生要找到一份满意的工作难度很大，他们的就业风险问题完全不同于城市下岗失业工人和进城务工人员群体的该方面问题。对大学生来讲，重要的并非在于能否找到工作，而在于能否进入主要劳动力市场工作，这是他们所面对的最大的就业风险。这是因为，主要劳动力市场工资高、工作条件好、就业稳定有保障；而次要劳动力市场工资低，工作环境差，晋升的机会少。根据广东省"高校毕业生就业问题对策研究"课题组 2004 年在广东地区关于大学生择业心态及状况的调查，大学生对单位类型的选择变得理性了，求职心态也更积极了，并开始调整月薪期望。但是，对"自身最缺乏的素质"等自我评价却与社会评价相悖：大学生普遍认为自己最缺乏的素质是外语能力、管理能力和计算机运用能力，分别有 53.3%、39% 和 36% 的大学生持此种看法；而只有 14.3% 和 6.2% 的用人单位认为大学生外语水平和计算机运用能力不足。实际上，用人单位认为大学生更缺乏实干精神和综合素质。此外，有 20.9% 的用人单位认为大学生缺乏职业道德，但几乎没有大学生认识到这一点。市场规律、竞争机制相继进入社会的各行各业，意味着优胜劣汰，这必然给职业带来不稳定的因素，继而给毕业生的求职造成不同程度的风险。如果以一劳永逸的心态选择职业或面对即将从事的工作，势必使人安于现状，缺乏进取，难以适应环境的变化。这样的结果只能使大学生陷入身心障碍和事业的失败。有一部分毕业生在新的就业体制和严峻的就业形势面前心理准备不足，在就业过程中出现了种种心理偏差，甚至产生心理障碍，已影响到就业。就业压力问题已不单纯是一个经济问题，更是大学生面临的严峻社会问题。

二是全面发展中的选择风险。选择中产生的风险包括思想取向、价值取向、专业取向等过程中产生的风险。当初做选择时认为是好的选择，随着时代和形势的变化，可能变成坏的选择，从而形成风险。第一，思想取向风险。大学生思想可塑性强，容易受新事物、新环境和新观念的影响而向不同的方向发展，有堕落和被腐化的风险。部分大学生在政治取向上存在着较明显的实用、功利性倾向，他们把政治看作自己成长的客观条件和实现个人利益的一种手段，不想承担应尽的政治、社会责任。社会负面影响与交叉感染加剧，影响大学生成长的因素和思想取向呈多元化。一方面，大学校园内的思想政治教育、道德价值体系与社会负面现实发生碰撞；另一方面，市场经济的多元经济成分、多元经济利益、多元经济分配形式也使大学生"以自我为主体"的人生价值观过度膨胀。在信息源空前广泛的时代，各种影响和诱惑并存，一些不良现象势必在高校交叉感染，如果不能适时予以教育和引导，将会危害大学生的健康成长。第二，价值取向风险。价值取向作为一种意识现象，是社会存在的反映，并随着人们的生活条件、社会关系、社会存在的改变而改变。大学生的价值取向风险体现在重自我价值，轻社会价值；重物质利益，轻精神追求；重索取，轻奉献。他们认为人的价值在于自我奋斗，追求自我设计、自我实现，注重个人发展、个人利益；忽视社会利益和整体利益，有的甚至将二者截然对立起来。于是，相当一部分学生凡事从"我"出发，以"我"为中心，在人生价值的评判和体验上，缺乏对价值认识的科学基础，表现出重感性、轻理性的倾向。他们张扬自我，高扬主体的价值观，具有强烈的创造性、探索性和前卫性，对社会潮流最敏感。但对社会的偏激情感又使他们常常脱离社会而走进自我价值误区，对一些与主流文化、主导价值观格格不入的东西格外垂青。应该说，从以往的无视自我价值演进为当今的正视自我价值是社会的一大进步，其作用不可低估。其实，在很多情况下，自我价值与社会价值是一致的，不必人为地把两者对立起来。但对一些片面追求自我价值以至损人利己、危害社会的现象，要明之以弊，不能姑息迁就。

三是网络中的诱惑风险。在网络环境下，教育的传授由单向转为双向，大学生受教育者的主体地位得以实现，可以更主动地摄取自己所需的内容。网络以其固有的即时性、互动性、快捷性，为大学生的学习、生活带来了便利。然而，网络是一把双刃剑，有其不利的一面。大学生处于正确世界观、人生观的形成期，判断力不强，自制力较弱，信息技术在推进大学生全面发展进程的同时，还存在许多不利于甚至阻碍他们全面发展的客观条件。在网络的诱惑下，许多大学生深陷其中而不能自拔，异化为信息网络的奴隶，成为网络成瘾综合症患者。第一，信息超载引发的大学生"信息综合症"。一个人接收的信息超过其能处理信息的极限时，可能导致精神紊乱。部分当代大学生遭遇了过量网络信息的冲击，超出了个人处理和利用信息的能力，导致了不良心理状态的出现，如紧张焦虑、兴奋不安、心理疲惫、学习倦怠、信息吸收不良、对必要的信息无动于衷等"信息综合症"。第二，信息网络给人创造了一个虚拟的环境，这种虚拟环境很容易使人沉醉于一种虚假的满足，现实中的交往成为一件可有可无的事情，因而降低了大学生现实交往的频率。这有可能导致大学生人情淡漠、人际关系疏远与不信任；长期缺乏面对面的沟通与接触，容易使其产生紧张、孤寂和冷漠的心理。第三，网络挤占了大学生阅读书本、思考问题的时间。阅读量的减少不仅影响了大学生知识结构的平衡，而且极大地破坏了他们的文字应用能力；许多学生沉迷于图像化、平面化、标准化的网络快餐文化，压抑了逻辑思维能力和创新能力。第四，很多大学生沉迷于网络游戏、网络电影，娱乐所耗费的时间过多，而且其所沉迷的游戏、电影的内容以打斗、暴力居多，渗透着西方消极的文化观念、历史观念和价值观念，对大学生形成正确的道德观念和价值观极为不利。

三、防范和抵御风险的若干对策

思想政治教育"本质论"告诉我们：思想政治教育不仅要关心人们现有的存在，更要关心人们未来可能面对的问题。这是因为现代社会的复杂性、变更性、竞争性、发展性使每一个人随时都面临着多种选择、多重风险和许多思想道德方面的实际问题，人们需要消除对未来发展的无知，避免挫折和失败。思想政治教育必须对人们的发展进行引导，进行符合规律的预测和指导，帮助人们少走弯路、少犯错误。先导性、超越性是思想政治教育的本质特性。作为教育工作者，我们必须明确，思想政治教育不只解决现有的思想矛盾和已经发生的问题，更重要的是要把人们在思想方面的长处和优势、积极因素充分发挥出来，并将其引导、提升到更高程度，尽可能有效预防可能发生的问题。

一是增强大学生的风险意识。针对大学生缺乏风险意识的问题，学校应开设专门的风险预防教育课程，通过专门的课程，使教师有时间、有机会全面、系统地对学生进行风险预防教育；与学生共同探讨他们随时可能遇到的各种风险，面对各种风险他们应具备的心理状态，以及应对各种风险的预防措施及善后的处理方法；教育他们"无限风光在险峰"，风险与机遇是辩证的统一，风险并不可怕，关键是正确面对各种可能发生的风险。通过教育来培养学生的风险意识，促使学生形成在行为选择与决策之前先进行风险预测的习惯，尽可能降低对事物及其未来发展的无知程度。教会学生抓住机遇，化解风险，尽量避免偶然因素的干扰和冲击，帮助学生掌握科学的预测和决策方法，克服经验主义、盲目主义倾向；保持健康的心态，客观、理性、冷静地应对危机和风险，那么成功的机会也就会大大提升了。

二是提高大学生预测和承受风险的能力。第一，理性看待风险。学校应通过改进大学必修课——哲学的理论教学，培养学生的辩证思维能力，促使他们在看待事物、思考问题时能够做到辩证、全面、客观：既能看到机遇，也能看到风险；既看到可能带来的利益，也看到可能存在的危害，理性地比较事物的利弊，从而做出客观、正确的选择。第二，提高预测、预防风险的能力。可以通过各种课外活动，使学生在实践中真正地掌握预测、预防风险的方法。教会学生收集和处理各种信息，从掌握的信息中通过因果、逻辑等分析方法，总结事物的发展规律、发展趋势，预测事物的未来，准备好各种应对风险、危机的措施、方案，尽可能在风险、危机来临前就做好防范和化解工作。即使不能提前消除风险，也不要恐慌，而要临危不乱，冷静控制风险，使损失减少到最小。第三，培养正确的价值理念和坚强的意志，加强心理素质训练。培养正确的价值理念，有利于大学生自我检验行为的风险程度，减少在非主流价值观指导下因主观决策失误导致的风险损失。学校可以通过有计划、有目的地进行各种训练活动，增强大学生的耐挫力。设计各种活动，让大学生感受失败、体验失败，促使他们在失败时深刻反思、科学地总结，从失败或错误中学习获取成功的经验，形成研究失败、战胜失败的习惯。在遭受挫折后，要让大学生通过合理的途径宣泄挫折感，调整心态，从而化阻力为动力。

三是善于转化风险。由于厌恶风险，人们都希望能够规避风险或者转化风险。善于转化风险是大学生获得全面发展的基本保证。首先，在遭受风险的过程中，善于创造条件，尽量减少损失的程度，变不利因素为有利因素。在发现风险的过程中可以利用条件，或创造条件将它转化成机遇，如此可以产生出其不意的效果。实践证明，遭受风险时，沉着冷静地分析，在掌握事物发展的特点和变化规律的基础上，从实际出发，开动脑筋，经过主观努力，可以化被动为主动，创造和把握发展机遇。其次，遭受风险后，应善于总结经验教训。大学生在遭受风险后，能够把问题找准，把原因分析透，把措施定好，把工作抓到位，做好善后工作，建立抗风险的长效机制，全面提高风险防御能力，这才是解决问题的关键。

大学生全面发展中的风险特点及
个体差异性*

一、现代社会是一个"风险社会"

现代化社会是一种人为技术、制度制造和积累风险的社会，在贝克的"风险社会"发展观视野中，发展意味着风险及其积累。随着科学技术的高速发展和全球化的发展，人类社会已经开始进入一个"风险社会"时代：各种新情况、新问题不断出现，社会信息量急剧增长与迅速变化，增加了社会的复杂程度和变化频率，给社会个体的发展带来不稳定性，增加了人们判断和选择自己的社会行为的未知性、困难性和风险性。风险在经济领域中的核心内容是指遭受损失或失败的可能、概率、不确定性等。就宏观整体来讲，具有发生的必然性；而就微观个体来说，具有发生的偶然性，风险就是这种必然性和偶然性的统一体。它的外在形式（或外壳）就是经济活动的各种形式，比如，投资活动或购买股票证券、企业的生产经营等。我们笼统地把这些活动归入与一定的决策密切相关的人们实践活动范围。社会生活的其他领域（如政治、科技等）同经济领域一样，离不开人们的决策以及由此产生的实践活动，而这同样不可避免会有遭受损失或失败的可能、概率、不确定性等。于是，我们可以将风险的一般含义界定为人们的决策及其实践活动的结果所遭受的损失或失败的可能、概率、不确定性。

二、大学生全面发展中的风险

现代高等教育的理念明确趋向于追求人的完善、发展，追求受教育者形成全面发展的理想人格，实现教育观念的超越和向教育本质的回归。所以，大学生的全面发展就是大学生全面素质的和谐统一发展；我们对大学生的教育不仅应传授知识，更重要的是赋予他们行为潜力、发展才能，把握命运所

---

* 原载于《武汉科技学院学报》2006 年第 11 期，作者叶育旺、郑永廷，收录时有修改。

需要。相关研究结果表明，大学生全面发展的内涵主要为五个方面的素质：思想政治素质、业务素质、身心素质、文化素质、学习素质。可以概括地说，大学生的全面发展包括两层含义：一是学生自身的发展，即大学生在生理、心理、文明素养、思维能力、知识水平、个体性、实践能力等所有涉及主体的诸多领域，由旧有的、单一的、封闭的、被动的状态向多元的、开放的、积极的状态的转变；二是学生发展与社会发展的融合程度由机械的、单层面的状态向有机的、多层面的状态转变。

历史发展的辩证法表明，一个国家、一个民族的发展，无不是在风险中实现的。同样，每一个伟人和英雄的成就也是在经历风雨后而辉煌的。未来是什么对每个人来说都没有一个确定的答案，每个大学生在实践活动中同样会受到未来不确定因素的干扰。风险通过影响大学生发展的机遇、收益、损失等，进而影响大学生的全面发展过程。他们的素质优化过程不会是一帆风顺的，而是有风险的。可以认为，大学生全面发展中的风险是指由于社会因素等各方面的原因，在大学生全面发展过程中，其决策及实践活动的结果所遭受的损失或失败的可能、概率、不确定性。大学生在成才发展中可能面对的风险主要有三种：全面发展中的竞争风险，如学习竞争、择业竞争等；全面发展中的选择风险，如思想取向，价值取向等；网络中的诱惑风险。这些风险主要来源于市场经济的复杂性、社会影响的多重性、信息网络中的主体失落、科技知识学习与使用中呈现的"双刃剑效应"。

三、大学生全面发展中的风险特点

一是风险的不确定性。从哲学的观点来看，风险现象之所以产生，是因为不确定因素、偶然性因素的始终存在。没有哪一个时代是确定必然地发展的，也没有哪一个人或哪一种事物的发展道路是预先设定好的，不确定因素、偶然性因素总是存在于社会发展和人的全面发展过程之中。正是在这个意义上，有学者把各种不确定性归纳为两类：第一类是外生的不确定性。在大学生全面发展中，比较典型的例子就是扩招中的就业环境，它影响着大学毕业生的求职可能性。第二类是内生的不确定性。它与大学生本身的素质和能力有关，来源于大学生全面发展中的主体性选择，不确定性的程度与选择的依据和标准则来自主体的需要和价值取向。这两类不确定性在现实中往往共同对大学生的发展产生影响。一般来说，大学生对客观条件及其变化的认识越深刻、对自身素质的了解越全面，就越能减少不确定性因素，风险就越小；反之，不确定性因素就越多，风险就越大。比如，一个大学生在做就业决策时，如果不能立足于影响就业的经济、教育、社会因素，不能了解自身的素质能力、专业特长、性格特点和兴趣爱好并从自身实际出发，那么，所制定的求职行为决策在实施过程中必定会遭遇许多出乎意外的不确定因素的干扰，结果与其主观预期严重背离，造成一定的损失。但是，若能对行为决策的客观条件、主体因素有较清楚的认识，就能更清楚地估计到不确定性因素，从而采取积极主动的措施规避、减弱或者化解风险。

二是风险的客观性。大学生的全面发展能否实现，一方面取决于自己的主观努力，另一方面受制于客观条件。在发展过程中，主观上不努力就如同守株待兔；不考虑客观条件，其后果就会是刻舟求剑、缘木求鱼。风险的存在使大学生的活动既有可能遭受损失，又有可能获得预期收益。风险的存在不同于人们的主观预期，也不是人们在认识中附加给它的主观成分，而是事物客观关系在人们认识中的主观反映，是对事物固有属性的揭示，因而具有不容否认的客观根据。市场经济的复杂性、社会影响的多重性造成了大学生全面发展中的风险的客观性。然而，人既有受制于客观性的自然规律和社会历史条件的一面，也有认识客观规律，利用客观条件，自觉、主动地进行实践活动，进行选择和创造新生活的自由和能力的一面。大学生只有认识了这种必然性，并积极主动地去实践、创造，才能获得这种自由。所以，承认了发展中风险的客观性，还要使大学生在发展中发挥主观能动性。大学生只有认识风险，才能有效地防范、控制和化解风险，避免或减少损失。反之，就会茫然无措地遭受风险损失。认识风险的客观性，为大学生科学预测、控制、防范和化解风险提供了客观的依据和可能性。

三是风险的分布特点呈现阶段性和不平衡性。大学生在大学期间，由于不同时期的学习任务、心理发展水平和社会经验有差异，面临的风险呈现阶段性和不平衡性的特点。风险对大学生全面发展的影响在不同时期是不同的。例如，大二、大三学生有充足的自由支配时间后需要抵抗网络信息等的各种诱惑，同时要处理学习竞争中的风险，而毕业生则要承担择业中竞争和职业价值取向的风险等。

四、大学生全面发展风险的个体差异性

风险对于不同大学生的影响具有个体差异性。个体差异性是指个体在成长过程中因受遗传与环境的交互影响，不同个体之间在身心特征上呈现彼此

不同的现象。研究表明，个人在需求、态度、价值观、智力和其他个人因素等方面的差异对个人行为的形成起着关键作用。概括地说，个体差异主要包括以下五方面：个体的心理结构是不同的；个体的先天条件与后天习性是有差异的；认识客观环境时所形成的态度、价值观与信仰是不同的；感知与理解客观事物时倾向性是不同的；后天习得的固定素质是不同的。这些不同决定了受风险影响的个体不是一个笼统的概念，而是诸多具有差异性的个体，而风险对于这些具有差异性个体来说，其影响也是不一样的。

一是认识态度上的差异性。按照马克思的观点，一个人能不能得到发展，能够得到怎样的发展，确实受外部条件的限制和规定，然而个人在这些外部条件面前也并非只能听天由命。个人的主体性在很大程度决定着其发展状况。在一个充满活力和竞争的社会，主体性的发挥就显得更加重要。一个被动、消极和听天由命的人，与一个主动、积极和充满进取精神的人，即使在相同条件下，他们的发展水平也会迥然不同。前者将作为落伍者被历史抛弃，后者将尽可能获得充分和全面的发展。大学生素质形成与提高的动力主要来自个体内部，其中稳定地起作用的是其人生价值观。任何教化信息被接受、认同和内化，都必须通过个体心理的识别和过滤。过滤，意味着有选择地取舍，选择的依据和标准则来自主体的需要和价值取向。因此，尽管风险的出现对大学生的发展具有危害性，但风险可能造成的后果严重性却由于主体因素的存在而具有一定的个体差异性。每一个大学生的价值观、思想道德素质、心理素质等都具有一定的个体差异性，他们有着不同的家庭背景、不同的区域习俗，来自不同的教育环境，对风险的认识态度和决策方式，以及风险对其产生的作用，也就因人而异了。不同大学生对待发展中风险的态度有可能大相径庭，他们对风险信息的过滤是以需要和价值取向为选择依据的。需要是人的一切行为的原动力，影响着人对事物、行动的选择和价值取向。对待风险的认识态度，作为一种素质，是大学生人生价值观的外在体现。学生在面对风险时，接受什么，拒绝什么，总是和个人的某些需要联系在一起的。

大学生在需要、动机等方面存在的个体差异性，反映在他们人生价值取向上各有侧重。在大学阶段，学生的心智趋于成熟，眼界不断开阔，尽管他们站在同一起跑线上，面对同样的教育资源和社会环境，但由于个体人生价值观的不同，发展方向和发展程度均存在差异。人生价值观把大学生对待风险的态度和他们实际生活中的经历、他们的愿望、他们改造社会的宏图联系起来：是选择逃避还是选择反抗，是主动接受一些值得或乐意冒险的风险还是被动接受一些无损个体生活规划的、在"可承受范围"之内的风险，是积极进取还是消极退缩……在人生价值观这个"心理过滤器"的作用下，大学生中出现了明显分化和个体差异性。

二是影响作用在程度和性质上的差异。风险对不同主体的影响在程度上有大小之分。风险影响程度是指损失发生的可能性和损失一旦发生的严重性的总和。由于大学生的生活环境、家庭背景、先天条件、认识态度有差异，同一种风险在大学生全面发展中所产生的影响、所发生的作用必然有程度上的差异。不同的大学生在面临风险时，因其是否有足够的风险意识、能否采取适当的防护措施、自身的防范能力的强弱等情况不同，风险可能带来的损失也会相应有所差异。另外，有些风险对于一部分大学生来说是危机，可能给主体带来一定的损失，对主体的发展有负面的影响作用；而对于另一部分大学生来说则是机遇，只要其善于在风险中创造条件，变不利因素为有利因素，风险反而可能会给主体带来一定的收益，对主体的发展有正面的促进作用。

积极引导学生新的发展趋势*

当前，在高等院校学生中已经和正在出现一些新的发展趋势。这些新趋势的具体表现是什么？它们的出现是否具有客观必然性？我们又应该怎样认识和对待这些新趋势？这些都是摆在学校教育工作者和思想政治工作者面前的新问题。认真探讨和研究这些新问题，对于改革教育工作和思想政治工作，进一步提高工作效益，对于全面贯彻党的教育方针，努力实现多出人才、多出成果、出好人才这一中心任务，具有十分重大的现实意义。

当前，高等院校学生中出现新的发展趋势，这并不是什么偶然的现象，而是社会生产力发展的客观必然。马克思主义告诉我们，任何一个社会历史时期的生产方式都是以一定的生产力为其内容，而与之相适应的生产关系则是生产力赖以存在和发展的社会形式。由于生产力是生产方式中最活跃、最革命的因素，生产力是不断地向前发展变化的，因而生产力的发展必然导致社会的生产方式、生活方式和思维方式的变革。生产力的发展，包含科学技术的发展。随着科学技术和生产力的迅速发展，人们的社会生产方式、生活方式和思维方式或迟或早也必然发生相应的变化。这是历史唯物主义的一条基本原理。

党的十一届三中全会以来，在党中央一系列正确方针、政策的指引下，我国实行了对内搞活经济、对外开放的政策，特别是以农业为先导、先后探索和正在继续实行的各种形式的经济体制改革，使某些不适应生产力发展的生产关系、不适应经济基础的上层建筑得到了调整，极大地解放了生产力，加上世界新技术革命带来的挑战和影响，社会的信息量不断扩大，知识更新和信息传递速度加快，又进一步刺激了生产力的发展，因而我国出现了持续稳定发展的客观趋势。这里必须指出的是，多年来，由于特定的历史条件的影响，尤其是"左"倾思想的干扰，我们处于对内思想禁锢、对外情况闭塞的状况，对世界近几十年来发生的变化了解甚少，习惯于将现状与过去进行对比，而在同发达国家比较时，又往往是用我们的长处与人家短处比，因而使人容易满足现状，盲目乐观。党的十一届三中全会的"解放思想，实

---

* 原载于《武汉大学学报（社会科学版）》1985 年第 2 期，收录时有修改。

事求是"，特别是"对内搞活经济、对外开放"政策的实行，使人们精神为之一振，大大开阔了眼界，认清了现状，也看清了世界，而世界新的技术革命以及由此带来的迅速发展的形势，使人们的生活方式特别是思维方式发生深刻的变化，由封闭型变为开放型；由习惯单一的纵向比较变为横向和纵向结合的比较；由趋向守成变为开拓进取。这些变化归根到底是社会改革和生产力发展的结果，反过来又有力地推动着生产力和整个社会的进一步发展。

学校与社会紧密相连，社会上的迅速变化和发展，必然反映到学校中来。特别是今天，社会对人才的客观需求也发生了变化，要求学校培养的人才必须是能适应新的历史时代发展需要的一代新人，这样的人才更应具有崭新的思维方式、活动方式，具有可贵的创新精神、创造能力和新的智能结构，也就是说，必须是既能适应"四化"建设的需要，又能适应世界形势的变化，还能迎接未来的发展和挑战的人才。社会的发展和变化，社会对学校培养人才需求的发展和变化，必然导致学校的教育方式、人才培养方式的改革，导致学生新的思维方式、学习方式、活动方式的出现，导致学生中新的发展趋势的产生。

人们对待社会发展过程中客观产生的新趋势，往往有两种态度：当一种新趋势刚刚出现，我们敏感地觉察到它产生的客观性和合理性，正确地看待它的作用，及时引导、促进它向前发展，就会形成一种改造社会、改造世界的巨大力量；另外一种态度则与此完全相反，在一种新趋势出现以后，我们的思想跟不上，不能敏感地把握它，不能正确地对待它，而是继续用一套旧的思想方式和行为方式来对待它，就会压制甚至扼杀新趋势，从而阻碍事物的发展和社会的进步。

现在，我国社会的变化、发展非常迅速，社会从各个方面、各种渠道影响学生。在这种迅速变化、发展的社会条件下，能否正确对待和及时把握学生中出现的新的发展趋势，对人才的培养来说关系十分重大。如果反应快，抓得早，抓得准，我们就会抓住培养和造就新型人才的机会和主动权，把我们的工作做得更好；如果反应慢，抓得晚，抓错了，我们就会丧失工作的良机和主动权，给党的事业带来巨大损失。这是一个学校的教育工作者和思想政治工作者不能不严肃考虑和认真对待的重大问题。

当代大学生是青年中的优秀分子。他们集中反映了当代青年的特点：思想活跃，进取心强，对社会发展的客观趋势比较敏感，反应较快。他们的思想、活动趋势往往容易同时代发展的脉搏产生共振。目前，大学生中出现了一些新的发展趋势，值得引起我们重视。

第一，向高学位努力靠近的趋势。由于"四化"建设不断向广度和深度进军，国家不仅需要大批大学毕业生，而且需要越来越多的研究生，需要大批高规格的人才来开辟社会主义建设事业，特别是教育、科学研究事业的前沿阵地。同时，经济建设的高潮导致了学习科学文化知识的热潮，社会上通过自学成才和其他学习途径成才的人越来越多，整个中华民族的科学文化水平得到了提高，形成新的人才层次和文化层次就有了必要和可能。在这种情况下，向高学位努力靠近，提高科学文化水平，不仅理所当然地受到社会的重视、提倡和支持，而且日益受到大学生的关注，逐步成了多数大学生考虑的一个重要问题，成了他们的愿望和努力的方向。现在，报考研究生的人数越来越多，他们在大学毕业生中所占的比重逐年增大，有的班级已达到百分之八十左右。许多学生不满足于大学本科毕业的学历和水平，力图达到硕士甚至博士学位的水平。不仅高年级的学生关心高学位，低年级的学生也关心高学位。有不少学生从低年级开始就把高学位作为自己的努力方向，始终围绕这一方向来安排和运筹自己的时间和精力。可以说，高学位化问题已经和正在改变不少大学生的思想、学习和活动的重心，并且在某种程度上改变了他们的思想、学习和活动的方式。向高学位努力靠近在大学生中成为一种发展趋势，并且方兴未艾。

第二，向网络化组织发展的趋势。大学生中出现了越来越多横向联系的社团组织、社会实践活动组织、勤工助学组织，如科学普及社、文学社、咨询服务中心等。这些组织由少数发展到多数，由单学科发展到多学科，由学校发展到社会，由学生之间的联络发展到学生与其他人的联络，形成了一种纵横交错的网络化组织结构。这些网络组织是按社会的不同需求和学生们的不同兴趣、爱好自愿建立起来的，其等级制不明显，结构比较松散，气氛比较活跃，具有自愿结合、内部平等、方法民主、形式灵活、联系广泛、变化较快的特点。这种横向联系的网络组织是对垂直教育系统的重要补充，十分有利于人才的成长，是应运而生的时代产物。首先，这些网络化组织的出现和发展，是社会民主发展、政治进步的产物和表现。其次，这是扩大信息交流的需要。现在社会信息量不断增加，各种信息的变换十分频繁，学生不再满足于信息传递的垂直系统，需要网络系统来加强各种横向联系，开辟获取信息的新渠道，加快信息传递速度，以弥补垂直系统的不足。最后，这是学科渗透、知识杂交的需要。知识领域过长过窄，已不尽适应社会飞速发展的需要。学生发展网络组织的一个重要目的，就是加强学科的渗透，扩大自己的知识领域，改善自己的智能结构，增强自己的适应能力。学生中的网络化组织一出现就显示了其旺盛的生命力：它革新了学习方式，活跃了学习气氛，活跃了学生的思想，带来的成效十分明显，使学生尝到了甜头，受到了学生的热烈欢迎，有进一步扩展的趋势。

第三，多途径成才的发展趋势。我国的教育，传统上是以教师为中心，以课堂为中心，以书本为中心，比较偏重于知识的灌输和积累，忽视了能力特别是创造性能力的培养。这种教育体制和教育方式束缚和限制了学生的全面发展，导致了学生中"高分低能"的现象，严重影响了成才的质量和速度，很不适应时代的发展需要，亟须进行改革。学生作为教育的对象，对传统的教育体制和教育方式中存在的弊端感受深切，因而要求改革的愿望比较迫切。他们在社会改革形势的推动下，纷纷大胆探索教育改革的途径和方式，探索培养人才特别是培养、锻炼能力的多种途径和渠道。现在，学生不仅重视课堂教学和书本知识，而且眼光向外，注重课外活动，注重走出课堂，走向社会，走向实践，注重向社会和实践学习，在社会和实践中接受锻炼，培养能力，增长知识和才干，促使自己尽快成才。因此，利用课外、业余和假期时间开展的"第二课堂""第三学期"等各项活动，如社会工作、业余科研、社会调查、咨询服务、知识讲座、家庭教师等，作为锻炼和培养人才的途径，越来越受到学生的注意和重视。这些活动形式活跃，途径多样，内容丰富，深受社会和学生的欢迎，参加者日益增多。

第四，精神文化生活的要求趋势。一般说来，精神文化生活是同物质生活水平和科学文化水平密切相关的，后者的提高和发展必然导致对前者的更高要求。大学生有社会为他们提供的良好的物质生活条件，他们的科学文化水平通常高于社会的平均水平，因此，他们对精神文化生活的要求自然也高于社会的一般水平。而随着自身物质生活条件的改善和科学文化水平的提高，这种要求还会不断提高。不仅如此，学生对精神文化生活的要求与他们的学习状况有着十分密切的关系。社会对新知识的需求，知识量的不断增加和更新，学习任务的加重特别是选修课的增多，刺激了学生的求知欲，使他们的学习很紧张，时间对他们来说更加宝贵。学生在紧张学习之余希望放松和调节一下，需要积极的精神文化生活作为润滑剂来缓解紧张学习所造成的疲劳。也就是说，他们需要有一种一张一弛、富有节奏的学习、生活状态。疲疲沓沓的学习和生活是一种低效率、无创造性的表现。学生愈是要提高学习的效率和创造性，就愈是需要张弛有致特别是高度紧张和高度放松相结合的学习状态。因此，在社会的物质生活和科学文化水平不断提高的同时，学校的学习生活越紧张，学生越需要高度的放松，学生对精神文化生活的要求也就越高。

现在，部分大学生对课余单调的精神文化生活感到不满，迫切希望多开展内容健康、形式多样、格调高雅的各种精神文化活动来舒展身心、陶冶情操、调节学习，从而达到一种良好的学习状态，提高学习的效率和创造力。但是，这种合理的愿望和要求远未得到足够的重视和满足。在这种情况下，有些学生就用种种不恰当的方式来补充精神文化生活中的空间，一些内容不健康的活动在极少数学生中还时有市场。这些都可以看作学生对精神文化生活的单调表示不满的特殊方式，同时也表明学校的精神文化生活与学生的要求之间存在着差距和矛盾。随着学习生活的日趋紧张，学生对精神文化生活的要求越来越高，解决这一矛盾也就越加不容置缓了。这里还应当指出，学生中这种新的发展趋势的出现，其影响的主导方面还是好的，它对教育事业的发展和人才的培养具有重大的作用，对"四化"建设也有直接、间接的推动作用。当然，也要看到，新的发展趋势也可能夹带着一些消极的影响，如果不加以引导，就会出现问题。因此，对新的发展趋势一定要加强引导。列宁指出："我们应当缜密地研究新的幼芽，极仔细地对待它们，尽力帮助它们成长，并'照管'这些嫩弱的幼芽。其中有一些是不免会死亡的。……问题不在这里。问题在于支持各种各样新事物的幼芽，生活本身会从中选出最富有生命力的幼芽。"[1] 学生中新的发展趋势，就是这样一些富有生命力的"新的幼芽"。我们应该像列宁所要求的那样，积极做好引导工作，"尽力帮助它们成长"。学生中新的发展趋势的出现，对思想政治工作提出了挑战。因此，必须改革思想政治工作，从指导思想和工作方法上进行改革，使思想政治工作适应新形势、新情况。

毛泽东同志指出："当某一客观过程已经从某一发展阶段向另一发展阶段推移转变的时候，须得善于使自己和参加革命的一切人员在主观认识上也跟着推移转变，即是要使新的革命任务和新的工作方案的提出，适合于新的情况的变化。"[2] 如果思想政治工作者不能使自己的指导思想和工作方法随着客观发展进程的变化而变化，如果害怕麻烦或担心无能为力而放弃对新趋势的引导，或者不加分析地盲目反对新的发展趋势，那就会落后于时代的发展，阻碍人才的成长，给党和人民带来损失。

党的十一届三中全会以后，大学生中曾出现过一些发展趋势，如刻苦钻

---

① 《列宁选集》第 4 卷，人民出版社 1995 年版，第 15 页。
② 《毛泽东选集》第 1 卷，人民出版社 1969 年版，第 271 页。

研科学文化知识和解放思想、独立思考的趋势。这两种趋势出现后，有反应敏锐、引导得好的，有反应迟钝、引导得不好的。前者在两大趋势一出现的时候，就敏锐地把握住了，既看到了两大趋势产生和发展的必然性，看到了它们的主导是好的，又看到了可能带来的消极因素，在大力关注和支持这两大趋势的同时，积极加强引导，既保护和促进了学生刻苦学习科学文化知识的劲头和解放思想、独立思考的精神，又防止和纠正了一些不良的偏向，使学生得到了健康的发展。而后者由于不能敏锐地把握住这两大趋势，或者是站在"左"的立场上对这两种趋势加以指责、压制，挫伤了学生的积极性；或者是放任自流，结果导致了少数学生的一些不良倾向。这两种情况都是引导不善的结果，其教训是值得记取的。事实证明：思想政治工作对学生中新的发展趋势绝不是无能为力的。思想政治工作者对这种发展的趋势采取什么态度，直接影响到趋势本身的发展结果。现在，作为党的十一届三中全会后刻苦钻研科学文化知识和解放思想、独立思考两种趋势合乎逻辑的发展，学生中又出现了如前所述的四种新的发展趋势。对这些新的发展趋势，应积极加强引导，这是唯一正确的态度。首先，不能用"左"的一套思想和办法来对待新形势下的新情况、新问题。必须进一步消除"左"的思想影响，克服用"左视眼"看待学生中新的思想和活动趋势的毛病，杜绝对学生的创新思想和行为任意指责和干涉的现象。其次，不能用过时的旧思想、旧习惯、旧方式来束缚学生新的思想和行为。最后，必须注重研究新情况，解决新问题，在准确、及时地把握学生中新的发展趋势，积极做好教育引导工作上下功夫。对学生中的新的发展趋势的主导方面要充分肯定和支持，并创造条件让其顺利发展。同时，要有针对性地做好各项引导工作：适应高学位化的发展趋势，扩大思想政治工作的时空领域，增加思想政治工作的层次，改变思想教育的形式和方法，不断提高思想政治工作的水平，加强党团组织对网络化组织的领导，建立和加强思想政治工作的各种横向联系，使网络化组织成为不仅传播业务信息而且传播思想信息的渠道。帮助学生正确认识和处理教和学、课内与课外、专业学习和社会实践的关系，坚持以教学活动为主，其他活动为辅；以课堂为主，课外为辅；以书本知识学习为主，社会实践为辅。在此前提下，开辟多种途径，有计划、有步骤地开发课外活动的时间和空间，加强社会实践教育，使学生的思想、知识和能力得到全面锻炼，尽快成才；大力开展各种富有思想性、知识性、趣味性的活动，丰富大学生的精神文化生活并提高其质量。

　　总之，适应了新形势、新情况，积极、正确地开展了引导工作，就会推动学生中的新趋势健康发展，就能够培养出新时代需要的社会主义建设人才，从而推动"四化"建设，为实现党在新时期的总任务、总目标做出应有的贡献。

高校学生党员发展质量保障体系研究[*]

一、质量与高校学生党员发展质量

"质量"这一概念在各个学科和各个领域都有运用，它在社会领域的运用比较早。三国时期的刘劭说："凡人之质量，中和最贵矣。中和之质，必平淡无味。"（《人物志·九征》）一般性的质量概念，是一组同有特性满足明示的、通常隐含的或必须履行的需求或期望的程度。所谓"同有"，是指某事或某物本来就有的；所谓"特性"，是指可区分的特征；永久的特性是同有的，有些特性是赋予的。简单地说，质量就是事物的好坏衡量标准，好的为优质，差的为劣质。

高校学生党员发展质量，就是党员发展水平的高低，简单地说，就是学生党员发展的好坏程度。高校学生党员发展质量涉及两个方面：一是发展学生党员的质量；二是发展学生党员工作的质量。这两个方面是不可分割地联系在一起的，提高发展学生党员的质量是基础和目标，提高发展学生党员工作质量是前提和保证。若发展学生党员的质量差，则可以推断发展学生党员的工作质量肯定低；相反，若发展学生党员的质量高，则可以肯定发展学生党员的工作质量也高。也就是说，发展学生党员的质量与发展学生党员的工作质量呈正比关系。

党员发展质量的衡量既有质的规定性，也有量的规定性。质的规定性是指党员发展的性质，即是否坚持中国共产党鲜明的阶级性、共产党员的先进性、为实现共产主义奋斗的坚定性。模糊阶级性、不讲先进性，理想信念不明确、不坚定，就是党员发展质的规定上有问题。党员发展质的规定性问题，是性质问题、方向问题、原则问题。用质的规定性考察发展学生党员，要区分是先进、积极、主动、高质量的发展，还是落后、消极、被动、低质量的发展。从量的规定性上看，党员发展的质量和工作有广度和深度之分，包括学生党员对党的认识、认可程度；教育者对发展学生党员的认识、责任

---

* 原载于《学校党建与思想教育》2004 年第 5 期，收录时有修改。

程度；学生党员发展条件的全面与协调性；发展党员的程序健全与所做工作的深入程度；学生党员占学生数量的比例；等等。发展学生党员质的规定性与量的规定性总是紧密结合在一起的，质是量的核心与灵魂，制约着量；量是质的延伸与显示，体现着质。

高校学生党员发展质量所涉及的因素是复杂的，内容是丰富的。首先要按范围对要素进行分类，即哪些是客观要素，哪些是主观要素，哪些是主客观相结合的要素，因为在党员发展质量的研究中，既要看发展对象的现实表现，也要审查发展对象的历史状况；既要观察发展对象的一贯行为，也要考察发展对象的入党动机。这里，我们不可能研究学生党员发展质量的各种具体因素，仅就保障体系的重要问题开展研究。

二、高校学生党员发展质量保障的关键问题

《中国共产党发展党员工作细则（试行）》第六条要求："党组织要对要求入党的积极分子进行马克思列宁主义、毛泽东思想基本理论的教育，党的基本知识和党的基本路线的教育，以及党的优良传统和作风的教育，使他们懂得党的性质、纲领、指导思想、宗旨、任务、组织原则和纪律，懂得党员的义务和权利，帮助他们端正入党动机，确立为共产主义事业奋斗终身的信念。"高校学生党员发展质量保障的关键问题是入党动机问题。入党动机是否端正，是检验党员是否在思想上入党的重要标志。

所谓入党动机，就是一个人要求入党的内在原因和真实目的，是推动其争取入党的精神力量。树立正确的入党动机是争取入党的首要问题。在现实生活中，不同学生的入党动机往往是不同的，多数学生是为了实现共产主义、全心全意为人民服务而要求入党；有的则认为当党员光荣，入了党，个人和家庭都光彩；有的看到周围一些学生提出了申请，于是随大流而要求入党；有的认为入党是一种政治资本，容易受重用，大学毕业后方便找个好工作；等等。

把学生中一些不大端正、不太正确的入党动机概括起来，主要是把入党定位在追求现实功用与功效价值上，忽视自身的持续与全面发展。

注重功用与功效，就是注重事物的使用价值、实用价值，而忽视事物的社会价值与发展价值。在入党动机上的功用与功效价值，一是把入党作为急功近利的价值追求，忽视入党条件的创造与艰苦努力的过程。有这种价值追求的学生在申请过程中如果一时入不了党，则会很快放弃；如果入了党而不

转变和深化入党动机，则难以成为一个真正的共产党员。二是把入党作为获取个人现实与眼前利益的方式，忽视党员的义务与权利。注重现实与眼前利益，对高校学生来说，往往表现在物质利益、升学（如研究生推荐免试、出国出境培养等）、就业上。有的学生把入党作为获取这些利益的砝码，以增强获取现实好处的力度，而不准备认真履行党员的义务，为社会作贡献。

申请入党的学生起初有追求功利价值的入党动机是可以理解的，但在接受培养的过程中，不能停留于这种最初的入党动机，因为这种动机既同党的性质与要求不相符合，又不利于学生自身的发展。将大学生的发展状态归纳起来，一般是两种，即自发发展状态与自觉发展状态。所谓自发发展状态，就是只顾个人、眼前、狭隘的利益，忽视全局、长远的发展目标，自我局限明显，开放性不够，主体性不强，内在动力不足，发展迟缓。过去，革命战争年代有自发革命行为；现在，社会主义现代化建设也有自发建设行为。虽然二者的表现形式不同，但本质是相近的。列宁曾经针对工联主义的自发性，专门写了一篇文章《怎么办?》进行分析，并阐述了"灌输"原理，其目的就是强调学习马克思主义理论，确立无产阶级的革命目标，增强工人革命自觉性的重要性。我们党通过思想政治教育转化农民的优良传统，对现在认识和控制大学生发展的自发性具有重要指导意义。所谓自觉发展状态，就是对自身的发展有自主意识，能把自身发展与社会发展联系起来进行独立的价值判断与确认，把自身发展作为自己在当代社会的生存方式；就是能主动认识和适应现代社会发展趋势，驾驭现代社会的开放性、竞争性、速变性、复杂性与多样性，不断克服不适应社会发展的传统观念与行为方式，自觉提高自身素质；就是要根据我国社会发展的目标与要求，确立理想信念，在不断超越自身的进程中形成自觉的发展行为。

在当代社会条件下，自发发展的动机对大学生有着不同程度的影响，这些影响增加了对申请入党的学生进行教育培养的难度。要解决这一难题，首先要分析入党动机的实质和它对申请入党的学生的价值。动机属于意识的范畴，是一种主观的观念，它实际上是目的。人在做任何事情时都会有一定的动机或目的的，正如恩格斯在《路德维希·费尔巴哈和德国古典哲学的终结》一文中所说："在社会历史领域内进行活动的，是具有意识的、经过思虑或凭激情行动的、追求某种目的的人；任何事情的发生都不是没有自觉的意图，没有预期的目的的。"[①] 美国学者马斯洛在《人的动机理论》一书中也

① 《马克思恩格斯选集》第 4 卷，人民出版社 1995 年版，第 247 页。

明确提出："动机理论以人为中心，而不以动物为中心。"但人们做事情的动机，即使做同一事情的动机，也并不是完全相同的。恩格斯把形成不同动机的因素称为"杠杆"，他说："动机的'杠杆'是各式各样的。有的可能是外界的事物，有的可能是精神方面的动机，如功利心、'对真理和正义的热忱'、个人的憎恨，或者甚至是各种纯粹个人的怪想。"① 所以，大学生的入党动机也可被称为入党目的。人的动机与学习目的、培养目标、理想信念是有内在关联的，学习目的正确、培养目标明确、理想信念远大而坚定的学生，入党动机肯定比较端正，否则，入党动机可能存在问题。

入党动机虽然是一种主观意识，看不见，摸不着，但它总是要通过效果显示出来。动机与效果的联系就是主观与客观的联系。效果无论好坏，都是对动机和行为的客观记录。正是也仅仅是在这种意义上，毛泽东说："我们是辩证唯物主义的动机和效果的统一论者……社会实践及其效果是检验主观愿望或动机的标准。"② 所以，衡量、判断学生的入党动机，不能只听其言，更要观其行；不能只了解其主观认识，更要考察其一贯的实际表现。

端正入党动机，是理想信念教育的重要内容。大学生单靠自身的体验与探索，往往难以确立正确的入党动机和理想信念，必须在教育者的培养、引导下，学习、运用党的理论，超越个体、家庭的局限，转化功利价值取向，确立远大的理想信念。只有这样，才能获得强大而持久的动力，才能把个体行为融入社会主义现代化建设的伟大洪流，才能使自身真正进入自觉发展状态。如果入党动机不端正，理想信念难以形成，不仅入不了党，还会像马克思、恩格斯说的那样："人处于这种不自觉而又没有信仰的状态，精神上会感到空虚，他对真理、理性和大自然必然感到失望。"

三、坚持高校学生党员发展质量的指标体系

高校学生党员发展质量的指标体系，是高校学生党员发展质量保障体系的基础，若没有和不坚持这一指标体系，高校学生党员发展质量只能是无稽之谈。这一指标体系不是主观臆想，而是要遵循理论与实际相结合的原则来制定。其理论依据是《中国共产党党章》规定的共产党员的基本条件或基本标准；实际依据是申请入党的学生的历史、现实表现。

---

① 《马克思恩格斯选集》第 4 卷，人民出版社 1995 年版，第 248 页。
② 《毛泽东选集》第 3 卷，人民出版社 1991 年版，第 363 页。

《中国共产党党章》第一章的第二条、第三条和第四条集中规定了共产党员的基本条件即基本标准，集中体现了共产党员性质的根本内容。"中国共产党党员是中国工人阶级的有共产主义觉悟的先锋战士"，规定了党员的阶级性与先进性；"中国共产党党员必须全心全意为人民服务，不惜牺牲个人的一切，为实现共产主义奋斗终身"，明确了党员的价值观与目的性；"中国共产党党员永远是劳动人民的普通一员。除了法律和政策规定范围内的个人利益和工作职权以外，所有共产党员都不得谋求任何私利和特权"，确立了党员的规范性与原则性。《中国共产党党章》关于党员的八项义务和八项权利，则是对以上根本内容的阐释和补充，是对党员提出的基本要求。

根据《中国共产党党章》要求，结合高校学生实际，制定具有针对性的学生党员发展质量指标体系，把《中国共产党党章》规定的原则、定性内容具体化到可操作的指标体系之中，既有客观指标，也有主观指标，还有动态指标。指标体系大致如下。

（1）申请入党的学生必须认真学习马克思列宁主义、毛泽东思想、中国特色社会主义理论体系，努力上好思想政治理论课且考核成绩优良；要做到真学、真信、真用，坚持马克思主义的立场、观点和方法，敢于抵制、批评错误观点。如果申请入党的学生有时无故不上思想政治理论课且考核成绩差，对思想政治教育采取形式主义、教条主义的方式，对错误倾向、错误观点没有明确态度甚至表示赞同，则这样的学生离入党要求较远。

（2）主动学习党的基本理论和党的路线、方针政策，坚持贯彻执行党的基本路线，积极参加针对申请入党的学生的教育培训，不断提高对中国共产党的认识，端正入党动机，认同并确立中国特色社会主义共同理想，有为共产主义事业奋斗终身的信念。如果申请入党的学生对形势政策不关心，对党的路线和方针政策不了解甚至质疑，在针对申请入党的学生的教育培训过程中缺乏积极性，对入党的认识与态度比较模糊，经教育无明显好转，则这样的学生离入党要求差距大。

（3）坚持德、智、体、美全面发展的培养目标，明确学习目的，刻苦学习科学技术和人文社科知识，具有勇于探索的创新精神和善于解决问题的实践能力，积极参加社会实践和科研活动，学业成绩优良，有为人民服务的本领。如果申请入党的学生重智轻德，重科技、轻人文，重知识学习、轻能力培养，则是学习目的不明确、学习态度欠端正的表现，由此可以推测这样的学生在政治思想上要求不高，其入党动机也会存在问题。

（4）服务国家、服务人民的社会责任感强，坚持党和人民的利益高于一切，个人利益服从党和人民的利益，主动参与社会工作和积极参加志愿服务活动，吃苦耐劳，为他人和社会做奉献。如果申请入党的学生过分强调自我甚至自私，在集体学习、生活过程中不愿付出，害怕吃苦，畏惧困难，则这些行为与党的宗旨不符，需要对其加强教育引导，不愿改变的学生则离党的要求甚远。

（5）自觉遵守党纪国法，带头维护社会秩序和学校各项规章制度，积极参加党团组织活动，服从组织安排，出色完成组织交给的各项任务。如果申请入党的学生无视党团组织纪律和学校的规章制度，言行时有失范，参加集体活动消极无为，则与党组织的严密性与纪律要求不符。

（6）维护党的团结和统一，能主动向党组织汇报自己的思想、学习、生活情况，反映所了解的情况；对党忠诚老实，对人诚信可靠，言行一致，团结合作，坚决反对一切秘密的和公开的派别组织和小集团活动，没有阳奉阴违和说一套做一套的两面派行为。如果申请入党的学生利用当代社会复杂、多样、多变的空隙搞实用主义，甚至背着组织，采取双重人格方式获取荣誉、利益和参加秘密活动，我们就要警惕和防范这样的学生入党。

（7）正确认识自己和他人，严于律己，宽以待人，勇于承认和纠正自己的缺点、错误，切实开展批评和自我批评；带头实践社会主义荣辱观，提倡共产主义道德，并能坚决同消极、丑恶现象作斗争，不惧困难和危险，不怕牺牲。如果申请入党的学生对别人严格，对自己放纵，或言行不一，这样的学生往往难以发现并改正自己的缺点、错误，更难以在困难和危机之中担当责任。

（8）与同学、老师关系密切、和谐，有向群众学习、宣传和遇事同群众商量的态度与能力，能及时向党组织反映群众的意见、要求和紧急情况，维护群众的正当利益和学校、社会的正常秩序。如果申请入党的学生疏离群众，甚至不尊敬老师，经常与同学闹矛盾，这样的学生可能难以向党组织靠拢并向组织汇报情况。

四、高校学生党员发展工作质量的保证体系

发展学生党员，要按照《中国共产党发展党员工作细则（试行）》的要求："要从贯彻党的基本路线的要求出发，坚持标准，保证质量，有领导、有计划地进行。"学生党员发展工作质量的保证体系大致有如下内容。

（1）健全高校学生党组织，为学生党员发展质量提供组织保证。发展

学生党员，必须有正式的党支部受理学生的入党申请，按规定做好发展党员的各项工作，报上级党委审批。按《中国共产党发展党员工作细则（试行）》的要求，"临时党支部、临时党委无权接收、审批预备党员"。鉴于高校高年级学生党员较多，成立了学生党支部，可以受理入党学生的申请并做发展工作，而低年级学生党员少，特别是大学新生尚未建立党支部的情况，必须及时把申请入党的学生或纳入高年级学生党支部，或纳入教工党支部培养、发展范围，使申请入党的学生有组织归属感和组织保证。否则，申请入党的学生的积极性就会受到抑制，本来有入党愿望的学生也会因此而热情消退。同时，还应尽快在低年级建立学生党支部，担当起对本年级申请入党的学生的培养、发展工作。

（2）提高党务工作者的水平，为学生党员发展质量提供人员保证。高校面向学生的党务工作者，主要是高校党员专兼职辅导员、班主任，还有党支部、党总支的负责人和部分学生党员。这些党务工作者与申请入党的学生相比较，不仅数量和专职偏少，而且多数人年轻，党龄不长，党的工作经验、水平需要进一步提高。党务工作者在培养、发展工作中，有较大的影响力，他们的理论水平、党性修养、工作热情、创新精神等因素，不仅直接决定党员发展工作的质量，而且影响学生党员的质量。因而，培训、提高党务工作者的水平是提高党员发展工作质量和学生党员质量的基础。

（3）以端正入党动机为重点，加强学生入党前的教育培训。高校青年学生年纪小，社会经验比较缺乏，世界观正在形成，需要接受各方面的教育。要把申请入党的学生培养成为"工人阶级的有共产主义觉悟的先锋战士"，更要加强对其的培养教育。特别是在开放环境、信息社会和多元文化背景下，各种思潮冲击不断，各种影响不可避免，要引导入党的学生面对复杂、多样、多变的社会因素，分清是非，明辨方向，提高政治敏锐性和鉴别能力，树立共产主义理想。同时，申请入党的学生正处在世界观、人生观、价值观形成和坚定阶段，他们要健康成长并成为共产党员，更需要接受比其他学生更多的思想政治教育。只有加强教育培训，才能促进他们端正入党动机，实现由自发发展向自觉发展的转变。学生入党前的教育培训途径与方式要多样，即不仅要组织集体学习、辅导，而且要开展讨论，相互启发、提高；不仅要学习党的理论、路线和方针政策，而且要进行实际考察、参加志愿者活动和劳动，经受实践锻炼。

（4）规范学生党员发展程序，做好各个发展环节的工作。学生党员发展工作的程序或环节主要包括：接受学生的入党申请，共青团组织推荐，对申请入党的学生进行培训，党支部确定发展对象和入党介绍人，对发展对象进行考核、审查；举行支部党员会议讨论审议并投票通过，报上级党组织审查批准。这些具体环节和工作的思想性与政策性很强，只有认真做好，才能保证发展质量，疏忽或敷衍某个环节和工作都会给发展质量造成损害。在一些重要环节上，要以制度的形式进行规范，如共青团组织推荐制度、入党联系人制度、教育培训制度、发展材料审查制度等，努力避免发展工作形式化和表面化。

（5）建立学生党员发展质量检查、监督机制。建立学生党员发展监督机制，是保证学生党员发展质量的重要举措。鉴于学生党员发展工作主要在党支部进行，各个支部虽然在发展标准、发展程序上有基本遵循，但在认识水平、掌握发展标准以及发展工作经验等问题上总会存在不同程度的差异，有的甚至可能存在疏漏。因而，上级党组织对学生党员发展质量进行检查、评比、总结是必要的。通过检查、评比、总结，可以推广好的经验，找出存在问题，研究、创新发展学生党员的理论与方法。对于学生党员发展工作中出现的失职情况、谋私行为和不讲原则的倾向，视情节轻重，应追究责任人的相应责任，以强化教育者的责任心，保证发展工作正常进行。

西方社会思潮对青年学生的影响
与引导对待[*]

高等学校向来是各种思想观念、理论流派和社会思潮传播、汇集、争辩的地方，其密集程度之大，传播速度之快，比社会其他地方都更为突出。特别是改革开放以来，学校在获得同西方国家进行文化、学术交流的机会的同时，国际上的各种政治势力也获得了直接影响学校和争夺青年学生的机会。我们在扩大眼界，吸收新知识和新信息的同时，也不免会受西方各种社会思潮的影响。因此，高等学校可以说是意识形态斗争的前沿。如今，青年学生学习生活的环境并不是以前相对单一的中国传统的思想文化环境，而是一个多种思想观念混杂、东西方文化交错的复杂思想文化环境。

在西方思潮的冲击下，首先，青年学生难免受到影响和感染，这是因为青年学生的世界观和人生观尚未完全形成，他们对无产阶级思想体系的理解和接受，对资产阶级思想体系的认识与分辨，都还难以独立完成。因而，有些学生还不能自觉地对西方的一些学派、观点从不同阶级思想体系的高度加以剖析、过滤和选择，常常盲目地、片面地吸取某些西方的东西而导致思想混杂。其次，青年学生由于缺乏社会实践，缺乏同工农群众的密切联系，在处理个人与社会、个人与集体的关系上，有些人往往更多地倾向于个人。而以人本主义为核心的西方思潮同个人主义倾向更容易契合，对强调自我的人更容易产生影响。最后，青年学生由于具有思想活跃、勇于创新的特点，求新求异的意识比较强烈。对于刚刚涌入我国的西方许多学派、观点，乃至表达方式，青年学生的确见所未见、闻所未闻，许多人感到新奇不已，以致把资产阶级本已过时的错误思想、连资产阶级内部都有争论的思想，误以为是所谓的新思想，而把我们应当坚持的正确思想当作过时的传统思想而搁置一旁，乃至用许多西方的名词概念来淹没中国的传统文化。总之，对外开放的环境提供了西方思潮对青年学生形成影响的外部条件，而青年学生的某些特点和弱点则是西方思潮能够影响学生的内在原因。

为抵制和反对西方思潮对学生的消极影响，我们不可能把开放的大门重

---

* 原载于《湖北社会科学》1991 年第 4 期，收录时有修改。

新关闭起来，也不能对西方的思想文化采取简单的禁绝办法，只能在意识形态领域加强引导，坚持正确的思想导向。第一，要帮助学生学会运用阶级观点分析意识形态领域的形势。这是加强意识形态领域引导的前提。只有进行阶级分析，才能廓清意识形态领域的复杂格局，才能分清无产阶级思想和资产阶级思想在性质和体系上的区别，才能弄清各种学派、观点、思潮的来龙去脉，才能辨清意识形态领域的大是大非。忽视阶级观点，提倡所谓非意识形态化和思想政治多元化，只会加剧意识形态领域的复杂程度，强化西方思潮的影响。第二，要动员学生拿起批判这个武器：有比较才能鉴别，有斗争才能发展。这是意识形态领域中的重要规律。针对学生学习马克思主义，当然需要正面灌输，但同时也需要对反面观点进行批判，如果只灌输正面观点而不批判错误观点，则学生难以加深对正面观点的理解和加强对正面观点的运用。因而批判不仅是抵制西方思潮影响的手段，而且是促进正面学习的方法。青年学生只有在比较、鉴别、批判、斗争中，才能真正掌握马克思主义，才能逐步在政治思想上成熟起来。第三，要引导学生树立正确的价值观和人生观。正确的价值观和人生观是接受正确政治思想观点的基础，而错误的价值观和人生观则是西方思潮赖以传播和影响的条件。我们要从根本上解决西方思潮的影响问题，就要尽力铲除利己主义人生观和个人主义价值观，坚持对学生进行集体主义教育和社会实践教育，帮助他们摆正对个人与社会、个人与集体的关系的认识，克服脱离实际、脱离群众的自我中心倾向，以正确的价值导向来决定在意识形态领域的取向。

新时期思想政治工作理论的若干重要问题[*]

改革开放以来，我国思想政治工作既积累了丰富经验，也面临着严峻挑战。升华实践经验，研究挑战和对策，把握发展趋势，都需要从哲学层面总结、发展思想政治工作理论。发展思想政治工作理论，是改变思想政治工作滞后状况，提高思想政治工作质量，有效解决新问题，推进各项工作，实现人的发展的关键。本文仅就当前思想政治工作比较突出的理论与实际问题，从哲学层面进行初步研究，以期引起关注和讨论。

一、坚持目的性与价值性相统一的理念，发展价值观教育

复杂、多样、多变的环境决定了人们思想与行为的复杂、多样、多变；人们鉴别、选择和改造环境的差异性，正是环境复杂、多样、多变的主观原因。为了保证环境发展的主导性与规范性，需要有广泛的思想政治工作。这是因为思想政治工作也是一种影响人们思想与行为的客观活动，与社会环境相比较，它是有组织、有计划、有目的的影响，是以提高人们思想政治素质为目的的活动。它坚持以中国特色社会主义理论为指导，明确体现并指示着社会发展和人的发展的方向与价值取向，帮助人们正确地分析、选择和改造环境，这是思想政治工作与环境影响的区别。同时，人们所从事的业务工作有其本身的目的、内容和方式。但业务工作的目的与价值必须以符合社会发展的趋向与规范为前提，即必须符合我国社会与人的发展需要，符合社会主义政治、法律与道德规范。因此，业务工作不可能孤立地进行，它需要思想政治工作进行正确的价值引导与行为规范。

从思想政治工作与环境和业务工作的关系可以看出，思想政治工作的目的性与价值性是思想政治工作的本质属性与功能属性。目的性与价值性既有联系，又有区别。目的性是人根据客观条件的主观确立，为价值实现提供方向与动力；价值性是对社会与人发展需要的满足，是在相互关系活动中的实现，是目的实现的结果。思想政治工作缺失目的，必定陷于盲目或狭隘的经

* 原载于《思想政治工作研究》2007 年第 8 期，作者郑永廷、柳恩铭，收录时有修改。

验而缺失价值；有目的而不能实现价值，必定陷于形式主义。这两种倾向在过去都曾出现过，诸如回避理想与崇高而陷于事务与物质利益的倾向、脱离实际而陷于传达文件与书本理论的倾向，都是目的与价值的分离。因此，强调思想政治工作的目的性与价值性相统一的理念，就是强调思想政治工作的针对性与实效性。

在当前社会条件下，思想政治工作的目的性与价值性发展面临着新的矛盾，表现为在社会竞争日趋激烈的情况下，人们物质价值、科技价值取向强化与精神价值取向自发性淡化、人们需要精神支柱和精神动力的自觉性强化的矛盾。思想政治工作既要防止市场经济的价值规律在思想道德领域发挥作用的倾向，克服竞争过程中单纯追求物质利益与业务工作的价值取向，又要引导人们认识在复杂、多变、竞争的社会条件下的目标与精神生活的价值性。

激烈的市场竞争使我国社会过去的均衡状态和物质与精神、经济与政治的二分格局发生了新的变化，它一方面赋予了社会和个体强大的动力，但另一方面也在一定程度上消解了精神动力与政治作用。这是因为，在竞争中物质的、科技的成果因其有形和能被量化、指标化，并直接与个人利益挂钩，可以进行直接比较而显示出价值与利益上的差距，因而每个人都可直接感受到它的作用与价值。而隐藏和渗透在这些物质的、科技的成果后面的精神动力、道德品质和政治因素则因其无形且无法量化、指标化，所以很难显示差距而被直接感受到它的作用与价值。这种物质与精神、科技与道德、经济与政治、眼前与长远不平衡的价值取向，不仅已经引发了诸如腐败、假冒伪劣、封建迷信、唯利是图等社会丑恶现象，而且导致了一些人的精神荒芜。当代人面临着激烈的利益竞争、巨大的物质诱惑和发达的科学技术，这些不同于过去时代的客观条件和存在方式，需要有不同于过去时代的主观条件（即精神条件）和作用方式与之相适应。提供业务发展与科技竞争的精神动力，保证物质利益的合理取向，增强高科技所需要的高情感、高责任感，这是思想政治工作所面临的任务，它应当不断满足人们在理论、精神上的需要，推进人们的全面发展。如果思想政治工作回避现实的客观存在而仍然采取物质与精神二分的方式进行教育，甚至试图通过抑制业务、科技发展和物质利益来获取、强化理论、精神的作用与价值，那么只会更加激化社会和人们的价值冲突，削弱思想政治工作的作用。为此，思想政治工作必须研究社会竞争、物质利益、科技发展所需要和与其相适应的现代精神价值理论、精神动力理论以及高情感与高责任感理论。

二、坚持面向世界与立足民族发展相统一的思想，发展主旋律教育

主旋律教育即爱国主义、社会主义、集体主义教育。面临着全球化与民族化的统一发展趋势，全球化与民族化的辩证关系既是主旋律教育的重大实际问题，也是重要的理论问题。全球化发展趋势是不可改变的客观发展趋势，民族化发展是全球化发展的基点；全球化发展趋势必然强化民族化发展趋势，民族化发展趋势必定推进全球化发展趋势；全球化与民族化是当今世界既辩证统一、又相互矛盾发展的两个方面，任何强调一个方面、否定另一个方面的做法都是不符合发展趋势的。全球化与民族化的辩证统一发展趋势是既统一、又多样，既结合、又斗争的矛盾现象。我们在全球化与民族化发展趋势中进行主旋律教育，实际上是站在国际舞台上，在同西方发达国家进行比较、竞争的过程中，在时空界限相对模糊的条件下所进行的政治教育。教育的条件、内容、目标都发生了很大变化。

如果说中华人民共和国成立前的爱国主义教育是为了民族的独立和解放，中华人民共和国成立后的爱国主义教育是为了社会主义制度的建立和巩固，那么，当今的爱国主义教育就是要立足于民族经济和文化的发展，维护国家的安全和利益。因而，当代的主旋律教育应当合理地把它引导到民族竞争、民族发展、民族振兴的高度。因为只有国家具有强大的经济实力、国防实力，我们才能走向世界；只有国家具有强大的民族竞争力、凝聚力，才能推动我们走向世界，并在实现全球化进程中有所作为。青年在全球化与民族化辩证发展的过程中，由于走向世界的条件比过去时代的人们优越很多，也由于他们的实际经验和对历史了解的缺乏，往往更多注意全球化，民族意识、国家意识在一些人的心目中变得淡薄。因而在新形势下，主旋律教育必须相应强化，同时，教育必须遵循全球化与民族化的辩证统一，在内容、方法上进行改进和发展。

三、坚持主导性与多样性相统一的原则，发展理想信念教育

坚持主导性与多样性的辩证统一，既是思想政治工作面临的新课题，也是思想政治工作所要坚持的新原则。主导性与多样性的关系，实际上是普遍性与特殊性、绝对性与相对性、一致性与差异性的关系。社会主义坚持集

体主义原则，向来主张社会要有统一的政治、道德目标和原则。而资本主义则主张个人主义价值观，并由个人主义扩展到全社会的相对主义、享乐主义、金钱主义。

开展理想信念教育，必须坚持主导性与多样性的辩证统一关系。理想是人的价值意识的最高形态，是人们在社会实践中形成的具有现实可能性的对未来价值目标的向往和追求；信念则是人们对某种观念和理想坚信不疑并身体力行的精神状态；理想信念是人们的世界观、人生观和价值观在奋斗目标上的集中体现，是建立在实践基础上具有神圣性和崇高性的价值追求。坚持思想政治工作的主导性，就是坚持市场体制和经济全球化发展的国家政治主导、对外开放和多元文化激荡中的民族文化主导、科技发展和社会信息化条件下的人本主导、社会多样化和个体特色化发展的社会主义核心价值主导。坚持思想政治工作的主导性与开展理想信念教育在实质上是一致的。多样性是文化发展的必然状态，只有在多样性发展中才能凸显主导价值观的作用与意义。思想政治工作既要吸取过去只讲主导性，排斥多样性的教训，也要防止只讲多样性，忽视主导性的倾向，要在坚持社会主义一元主导的前提下发展多样性，在发展多样性的基础上坚持主导性。在开放的社会条件下，受西方价值观影响，我国社会往往存在两种不同程度地影响人们思想意识的倾向：第一种是理论形态的，即否定集体主义的原则性、指导思想的统一性和发展目标的一致性，而主张个人主义和指导思想多元化，也就是从理论上否定社会主义意识形态的主导性；第二种是实际形态的，即为求得发展而忽视必要的遵循，甚至越轨犯规，这在实际上背离了社会主义意识形态的主导性。这两种用多样化取代、淹没社会主义意识形态主导性的倾向，正是思想政治工作所面临的新挑战。

四、坚持自主性与社会化相统一的准则，开展道德法制教育

在新的历史条件下，人们的发展面临着自主性与社会化相统一的发展要求。自主性与社会化的关系引申出竞争性与合作性、自由性与规范性的关系，这既是每个人所面临的发展选择，也是每个人应遵循的发展准则。社会主义市场经济体制的建立，改变了计划经济体制下人的依赖性，增强了人的自主性与竞争性。但是，有些人只看到了市场经济体制所要求的自主性与竞争性的一面，而忽视了市场经济体制的另一面——社会化与合作性，以为自

主性就是个人完全独立，就是孤立地自我奋斗。市场经济是商品经济高度发展的结果，是社会化程度很高的一种经济形态，正因为如此，它才能推进生产、资源配置的社会化和经济全球化。同时，我国社会主义市场经济体制不仅反映市场经济体制的社会化要求，而且反映社会主义、集体主义所强调的整体性、全局性，已经包含了社会化的深刻内涵。因此，在社会主义市场经济体制下，人们既要发展自主性、独立性、竞争性，又要发展、提高社会化、合作性、集体性。但是，在社会生活中，一些人只注重市场经济的自主性、竞争性，忽视社会化、合作性，由此走向了个人本位、个人中心，甚至出现了新的自我封闭现象。这种情况说明，我们在理论上对社会主义市场经济体制的认识还有待深化。在新的历史条件下，我们要强化自主性、竞争性教育，以此增强人们的主体性，提高人们的素质，同时也要强调社会化、合作性教育，强调法制社会化、道德社会化，用法制、道德规范行为，保证自主性、竞争性活动的正当、有序进行。这是新形势下人们实现发展相互联系、不可分割的两个方面。

五、坚持服务性与为利性相统一的价值取向，发展社会关系

在市场竞争条件下，人们的价值取向面临着为利性与服务性的新矛盾。为利性与服务性的辩证关系引申出物质价值与精神价值、经济效益与社会效益的关系，这是新形势下人们价值取向面临的实际问题，也是应当恪守的重要规范。市场经济体制具有微观利益驱动的鲜明特征，它允许并鼓励正当为利，即追求实效，讲究实利。市场经济的这一特性广泛影响着社会生活的各个领域。我们固然不能完全把这一特性引入政治、道德领域，但也不能忽视它对政治、道德领域的影响，我们需要研究这种为利性与社会主义根本宗旨的关系。

与自然经济、产品经济不同的是，市场经济体制的为利性是以向社会提供产品和服务来实现的，它不是经济主体为了自身对产品和服务的自给自足。所以，市场经济的高度社会化蕴含着面向社会的服务性。为利与服务是市场经济体制下价值取向的统一要求，社会主义市场经济体制更要渗透为人民服务的根本宗旨。也就是说，为人民服务的根本宗旨不仅能够与市场体制的服务性契合，而且应当驾驭市场经济的发展。资本主义的个人主义以其自由竞争的方式，与市场体制的高度社会化、服务性是矛盾的，这一矛盾即私

有化与社会化的矛盾，仍然是马克思对资本主义社会矛盾揭示的继续。国际马克思主义者认为资本主义的矛盾并没有得到解决，当代西方许多政治家、思想家也不回避这一矛盾。如果过分强调市场经济的为利性，忽视服务性，必定走向自私、利己的一面，也必然会提出私有化、个体化主张。相反，如果过分强调服务性，忽视为利性，也必定走向不负责任、不讲实效的一面，如提出平均主义、"大锅饭"要求，这种经验教训我们都曾有过。我们要在社会主义市场经济体制下，帮助人们寻求一种平衡服务与为利的合理张力，把握服务与为利的辩证关系。如果只讲一面，不仅没有说服力，而且会把人们引向片面。我们应当鼓励帮助人们通过正当的方式获取物质价值、经济利益，追求实际效果，避免教育的空洞说教，这是市场经济体制的要求。同时也要使人们认识到，在一个社会化程度很高的现代社会，在社会主义制度下，只能通过服务才能获得实际价值，才能实现自身价值。否则，只会走向小农式的自给自足、自我封闭、自私自利，而这种价值取向与现代社会是格格不入的。

六、坚持现实性与虚拟性相统一的方式，发展网络思想政治工作

网络社会的到来和虚拟空间的发展把网络思想政治工作的探索与建设提上了日程。在网络领域这个新空间，人们的虚拟实践是现实实践的延伸、优化和发展，人们在虚拟实践活动中形成的各种关系可被称为虚拟关系。虚拟实践和虚拟关系构成了人们在虚拟领域的学习、工作、生活和交往方式。因此，网络领域的出现和发展不仅为人们开辟了一个新的生存与发展空间，而且对人们现实的学习、工作、生活和思维方式产生了广泛而深刻的影响。这种新的空间与新的影响成为思想政治工作必须面对和研究的新课题。同时，网络领域作为信息传播、交流的"集散地"，作为信息选择、整合的"优化场"，作为关系调节、时空运筹的"新空间"，可以提供丰富的学习资源，扩大人们的知识视野和交往空间，通过比较、借鉴，优化发展方式和自主培养能力。网络的这些特性与功能也为思想政治工作创设了一个新领域。思想政治工作如何根据网络的特点，研究虚拟空间思想政治工作的新理论、新形式、新方法，如何发展网络思想政治工作的功能，如何把现实性教育与虚拟性教育结合起来等问题，是网络思想政治工作亟待研究的课题。

论高校文化发展与文化自觉[*]

党的十七届六中全会通过了《中共中央关于深化文化体制改革推动社会主义文化大发展大繁荣若干重大问题的决定》（以下简称《决定》），分析了当今世界和我国发展的形势，强调"文化越来越成为民族凝聚力和创造力的重要源泉，越来越成为综合国力竞争的重要因素，越来越成为经济社会发展的重要支撑，丰富精神文化生活越来越成为我国人民的热切愿望"。《决定》要求培养高度的文化自觉和文化自信，提高全民族文明素质，增强国家文化软实力，弘扬中华文化，努力建设社会主义文化强国。

高校是文化教育单位，担负着以文化人、以文育人的职责，承担着科教兴国、人才强国的使命，担当着培养德、智、体、美全面发展的社会主义合格建设者和可靠接班人的重任，因而更要发挥高度的文化自觉性，为发展社会主义先进文化做出贡献。高校是文化的殿堂和学术的高地，具有自己独特的文化品位和格调，师生在这里进行学习、研究、交流，享受浓郁的文化影响与熏陶。文化性和学术性是高校的本质特性，追求文化学术自觉、文化学术特色、文化学术构建、文化学术发展是每所高校的基本职责。在当代社会条件下，高校面向开放环境，融入教育国际化大潮，推进科学技术创新，面向激烈的人才竞争，承担科教兴国重任，既成为各种文化的集散地，更成为文化交汇、交流、交锋的前沿，其文化功能得到了充分发展与发挥。

首先，高校的文化传播功能增强。文化的一个极为重要的特征，就是它只能通过学习、教育，而不能通过遗传方式获得。这就决定了文化产生与文化教育是不可分割的。随着社会的发展、文化的丰富，特别是承载文化的载体——语言文字、传媒、网络的相继出现，专门传授文化的机构——各种类型的学校便产生了。教育传递文化，帮助新生一代迅速、高效地接受人类创造的文化财富，促进"自然人"转变为"文化人"。如果没有教育的传播，文化的保存、积累与发展就无从谈起。高校运用现代科技、互联网络，突破了传统单向、平面的传播模式，冲破了时空限制，开辟了文化传播的立体、互动、多维、多向的传播模式，形成了前喻文化、并喻文化和后喻文化相结

* 原载于《思想理论教育》2012 年第 1 期，收录时有修改。

合的文化教育形态。"人们自己创造自己的历史，但是他们并不是随心所欲地创造，并不是在他们自己选定的条件下创造，而是在直接碰到的、既定的、从过去承继下来的条件下创造。"① 人们只有接受教育，承继文化，才能创造文化，创造历史。

其次，高校的文化选择功能显现。高校的文化教育是有目的、有计划、有系统培养人的过程。根据教育目标要求，要选择、确定教育内容。之所以要选择教育内容，一是因为文化有先进与落后之分，有高雅与粗野之别；二是要根据教育对象的实际和认识能力，选择适于其接受的内容。特别是在开放环境与信息社会条件下，社会不仅存在多元文化影响，而且环境因素复杂多变，高校教育必须面向这些文化和环境内容进行选择，即整合时代内容、书本内容、实际内容与相关内容，形成富有教育性、感染力的内容体系，才能取得好的教育效果。

再次，高校的文化创新功能突出。高校不仅要传播、选择已有文化，而且要随着实践的发展和社会的进步，在新的实践与原有文化基础上发挥高校的研究职能，进行知识生产、文化创新。高校的文化创新是通过多种途径实现的。一是通过学习、教育，把已有的文化内化为教育者与受教育者的素质，培养、造就创造精神和创造能力，使文化在不同个体身上得到体验、发挥与运用，进行文化传承、移植、"增殖"，从而推进文化的丰富与发展。二是通过为社会服务，把文化运用于社会实践，不仅可以开发人的智力与精神潜能，而且可以解决实践中的问题，创造物质财富与精神财富。三是通过课题研究、科学实验、学术讨论，对未知领域进行探索，生产新知识，创造新文化。社会竞争、人才竞争的兴起和日益激烈，科学技术的推广和广泛运用，既为高校发挥文化创新功能提供了条件，也向高校文化创新提出了更高要求。

最后，高校的文化育人功能彰显。高校要以育人为本，即要坚持教书育人、管理育人、服务育人、环境育人。所有这些育人所运用的内容都是一定的文化，因而可被统称为文化育人。文化育人实际上是"以文化人"，即把一定的文化转化为受教育者的素质。在多元文化背景下，在复杂社会环境中，各种文化都在以各种方式影响人，因而文化育人有自发育人与自觉育人之别。自发育人来自落后文化、不良文化的自发影响与某些个体的盲目接受，在大学生中，这种情况也不同程度地存在。这就给高校"自觉育人"

① 《马克思恩格斯选集》第 1 卷，人民出版社 1995 年版，第 585 页。

增加了难度，即落后文化、不良文化的自发影响对先进文化、优秀文化的传播、认同、运用形成了先入为主的障碍。高校教育只有克服这种障碍，才能实现文化育人的目的。这就要求教育者不仅要立足于受教育者文化素质的提高，而且要着眼于文化环境的建设与优化，还要着力于提高受教育者对社会主义文化、民族文化的认同程度，增强社会主义意识形态的安全，提升国家文化软实力。

总之，高校的文化发展与文化功能发挥是相辅相成的，文化发展要在文化功能发挥过程中实现，文化功能发挥为文化发展提供渠道与平台，两者紧密结合才能担当起科教兴国、人才强国的使命。

马克思主义经典作家在论述文化的本质和作用时，认为文化是一种深深熔铸在民族生命力、创造力、凝聚力中的力量，对民族精神的培育和健全人格的塑造，促进人的全面发展，具有不可替代的作用。对先进文化的自觉学习，对民族文化的自觉认同，对有益文化的自觉继承与借鉴，对有价值文化的自觉运用，等等，都是文化自觉的具体表现。这些表现的实质就是向往文明、追求进步。费孝通先生认为，所谓文化自觉，是指生活在一定文化历史圈子的人对其文化有自知之明，并对其发展历程和未来有充分的认识。换言之，是文化的自我觉醒、自我反省、自我创建。这就是说，要做到文化自觉，就要认识文化的价值性与重要性，学习民族的历史文化，推进文化的创新发展，用先进文化、优秀文化铸塑人格。文化自觉的品格，是高校应有的品格，是每个高校学生都必须养成的品格。唯有如此，高校才能成为先进文化的殿堂、社会文化的示范。

文化的深层蕴涵实际上是价值观。各种文化之所以不同，归根到底是其所体现的价值观不同。任何民族、国家和社会群体都有属于自己的文化，这种文化就是共同拥有和追求的价值观；也正是共同拥有和追求的价值观，维系着民族、国家和社会群体的形成与发展。为此，高校必须注重文化发展、文化教育的价值向度，将其纳入正确的价值轨道，矫正文化发展、文化教育过程中的价值偏差。当前，高校文化发展、文化教育的价值偏差主要表现在以下三个方面。

一是利己主义价值取向对集体主义价值取向的轻视。价值观在空间层面有个人主义与集体主义两种不同性质的价值取向。利己主义也称个人主义，它是个人利益至上的价值观。利己主义价值观在高校的表现为以权谋私、学术腐败、剽窃舞弊等。"权"即领导权、行政权、学术权，这些权力具有对师生员工影响和支配的力量。一些高校人员把公众赋予的公共资源用于为个人谋利，在"非对称"状况下侵占不应有的资源，或不讲道德地获得资源，其行为不是文化的传播与创造，而是对文化的践踏和对文化发展的阻抗，不仅损害高校的形象与声誉，而且危害年轻一代的成长与前程。正如美国伦理学家弗兰克·梯利所说："一个极端的利己主义者容易给社会生活造成危险。"

二是功利主义价值取向对长远价值追求的忽视。价值观在时间层面有功利主义与可持续发展两种不同价值取向。功利主义也可被称为功用主义或乐利主义，由英国哲学家、经济学家边沁和米尔提出。这种价值观把人性归结为个人利己主义，将功利原理或最大幸福原理作为价值选择准则，以追求自己的最大幸福为目的。随着我国市场经济体制的建立和国外文化的引进，功利主义价值观对高校一些人逐步形成影响，诸如有些人在学术上急功近利，忽视可持续与全面发展；只注重文化的实用价值，忽视其科学价值、社会价值与发展价值；一味追求工具价值，轻视人文价值；要求工作成绩、评估指标、职级评定、奖励惩罚等直接与金钱挂钩，忽视思想道德要素及其作用；注重感性思维与感官满足，忽视理性思考与理想信念；等等。这些价值取向与价值追求具有明显的眼前性与现实利益性，很容易使人陷于迷惘困惑、动力不足、"心躁"（即急躁、浮躁、焦躁、烦躁）频发的自发发展状态。这不仅与高校的本质、职能不相符合，而且抑制高校的文化活力，阻碍高校的文化发展。

三是物本价值取向对精神价值的轻视。价值观在内容向度上有以物为本、以器（即工具）为本、以神为本、以人为本的区别。物本价值也叫金钱主义或"拜物教"，忽视甚至藐视精神追求。在资本主义社会，拜物教是不断发展的，即由崇拜、追求商品的商品拜物教，到崇拜金钱、聚敛财富的货币拜物教，再到疯狂扩大资本、追求货币增值的资本拜物教。我国实行改革开放后，西方国家的拜物教对我国高校也产生了影响，其表现是有的高校与个体片面强调高等教育"产业化"，以金钱作为评估政绩、衡量行为、判断成败的价值标准；只按考试分数、讲课时数、科研成果数量考核业绩、评定职称、升迁岗位、确定奖惩；有些个体把挣钱、发财、享乐作为追求目标，待价而沽，理想信念淡漠，精神生活贫乏；等等。这些"用对钱袋的影响来衡量每一种活动的意义"①的价值观，是使人物化的价值观，不仅不符合人的本质特性，更背离高校的培养目标。马克思主义认为，人应当

---

① 《马克思恩格斯全集》第26卷，人民出版社1972年版，第300页。

"以一种全面的方式，也就是说，作为一个完整的人，占有自己的全面的本质"①。人的全面本质是指人具有自然的、社会的、精神的本质。物本价值观强化人的自然本质，忽视人的社会、精神本质，实际上是背离文化的物化倾向。

以上三种价值倾向实际上是"利益自发"，而不是文化自觉。所谓"利益自发"，就是只顾追求眼前的、个人的、狭隘的利益，缺乏全局的、长远的目标追求。而文化自觉则是超越了个人的、狭隘的利益，追求文化的拥有、创造与个人人格的提高。因此，当前高校文化发展一个很重要的任务就是要克服"利益自发"，提倡文化自觉。只有文化自觉，才能真正认识和把握社会主义的文化本质。《决定》提出要培养高度的文化自觉和文化自信，努力建设社会主义文化强国，这标志着我们党对文化建设的认识达到了一个新高度。高校怎样才能培养学生高度的文化自觉和文化自信，发展高校文化？

首先，要认真学习、领会《决定》精神，充分认识发展文化的重要作用与价值。《决定》站在面向世界、面向未来的高度，把发展文化提到了提高国家软实力和综合国力、增强民族凝聚力和创造力、满足广大人民迫切需要的高度，突破了我们过去对文化作用与价值的认识，把我国社会发展引领到更深层次、更高境界的追求，更加明确地把文化作为经济社会发展的重要内容和重要目标。这标志着我们党在文化认识上的新飞跃，反映了我们党在文化建设上的战略眼光。高校广大师生员工要深刻认识到，在当今时代，文化既是凝聚人心的精神纽带，又直接关系到人民的精神家园；既是综合国力的重要标志，又是丰富人们思想灵魂的源泉。高校要充分履行发展文化的职责，为增强国家竞争力、提高国家软实力作贡献；要在坚持以文化人、以文育人的同时，更好地用文化温润心灵、舒缓压力、涵养人生，更好地丰富人们的精神世界，提高生活质量。

其次，坚持以社会主义核心价值体系主导和引领高校文化发展。一个国家的核心价值体系是一个国家的灵魂与旗帜，是引导、规范社会和个体多样化发展的方向与准则，是促进社会与个体发展的思想基础。任何国家为了稳定与发展，都会提出自己的核心价值体系，正如西方思想家威廉·A.多诺休在《新自由——美国社会生活中的个人主义与集体主义》一书中所指出的，如果一个社会没有主导的价值观，个人随意选择接受某个规范或价值，

145

① 《马克思恩格斯全集》第42卷，人民出版社1979年版，第123页。

随意放弃其不同意的东西，这对于社会的存在是颠覆性的。① 高校只有坚持社会主义核心价值体系主导作用，才能矫正、克服价值取向的偏差，保证文化发展的社会主义性质与方向。

坚持社会主义核心价值体系的主导作用，与各高校文化和个体的多样化发展是辩证统一的。主导和多样化相结合的发展，是思想文化发展的基本事实和规律，二者既相互区别，又相互贯通，不存在没有多样化发展的主导性，也不存在没有主导性的多样化。主导离开了多样，就会失去对象和意义；多样离开了主导，就会失去规范和方向。坚持主导性与多样性相结合的发展，就是坚持普遍性与特殊性的辩证关系和理论联系实际的原则。

最后，高校师生要不断培养文化自觉性。文化自觉是一个不断培养、提高的过程，只有认识、接受我国社会主义文化、中华民族文化，并在比较、理解多种文化的基础上，才有条件在多元文化条件下确立自己的文化位置与文化发展取向，才能正确处理好文化继承、借鉴、创新的关系。否则，就会在多元文化影响下或迷茫困惑，或摇摆不定，甚至可能陷于"文化西化""文化复古"的错误困境。所以，我们所讲的文化自觉，是中华民族对自身文化的自觉，是作为一个中国人对自己民族文化的自觉。这种文化自觉的内涵是指对本民族文化的起源、形成、演变、特质和发展趋势的理性认识，以及对本民族文化与其他民族文化关系的理性把握。这种文化自觉的要求是自觉地承担起用先进文化引领进步，传承民族优秀文化，满足人们精神文化需求，提高国家文化软实力的责任。

---

① 夏伟东、杨宗元：《西方学者对个人主义的沉重反思》，载《道德与文明》2006 年第 4 期。

高校辅导员工作专业化的任务与实现方式[*]

高校辅导员工作专业化，就是以马克思主义为指导，以当代社会与大学生成长实际为基础，以我国民族文化为背景，以发达国家相关知识为借鉴，以促进大学生全面发展为目标，依托思想政治教育学科，运用相关学科理论与方法（或相关专业知识），有针对性、实效性地开展工作。本文重点讨论高校辅导员工作专业化的任务和实现方式问题。

一、高校辅导员工作专业化的理论与实践基础

2004 年，中共中央、国务院为了进一步落实科教兴国与人才强国战略，培养面向世界竞争的人才，颁发了《关于进一步加强和改进大学生思想政治教育的意见》，把大学生思想政治教育提到了战略高度，首次提出了"育人为本，德育为先"的教育理念，不仅明确规定了大学生思想政治教育的目标、原则、内容与重点，而且提出了系统的教育途径与方法。文件强调："要加强思想政治教育学科建设，培养思想政治教育工作专门人才。实施大学生思想政治教育队伍人才培养工程，建立思想政治教育人才培养基地。选拔推荐一批从事思想政治教育的骨干进一步深造，攻读思想政治教育相关专业的硕士、博士学位，学成后专职从事思想政治教育工作。"2006 年，中华人民共和国教育部按照《关于进一步加强和改进大学生思想政治教育的意见》的精神，颁发了第 24 号令，即《普通高等学校辅导员队伍建设规定》，要求"对辅导员进行思想政治教育、时事政策、管理学、教育学、社会学和心理学以及就业指导、学生事务管理等方面的专业化辅导与培训，开展与辅导员工作相关的科学研究"。中央和教育部的文件为辅导员工作专业化提供了理论依据与政策保证。

辅导员工作专业化的实践基础是辅导员所面对的对象与实际工作。辅导员面对大学生这一特殊群体，要解决大学生学习、生活中的实际问题，引导和帮助大学生健康成长。因而，大学生的学习、生活实际就是辅导员工作实

* 原载于《高校辅导员》2010 年第 1 期，收录时有修改。

现专业化的实践基础。离开这一基础讲辅导员工作专业化，实际上是纸上谈兵，毫无意义。

应当看到，大学生的学习、生活内容十分丰富，涉及范围广泛，这也正是高校辅导员工作头绪多、事务工作多、投入精力多的原因。如果凭经验而陷于事务工作，缺乏甚至排斥做事务工作的科学理论指导，则不可能实现工作专业化。为此，要对大学生的学习、生活实际进行类型划分，系统研究各类生活所需要的主要理论与方法，形成体系并能在实际工作中灵活运用，有效解决问题，才是工作专业的思路与途径。因此，要对大学生的学习、生活进行分类，并对每类生活开展研究，形成各类生活的理论与方法体系。这主要包括：一是大学生的政治生活，主要是学生的党团生活，形成"大学生党员培养理论与方法"体系；二是大学生的学习生活，根据现代社会大学生学习内容与途径的拓展，将大学生的学习分解为理论学习、实践锻炼与创新活动，分别形成"大学生学习理论与方法"体系、"大学生社会实践教育理论与方法"体系和"大学生自主创新理论与方法"体系；三是大学生的社会生活，包括大学生的人际交往与社会适应，分别研究"大学生人际关系理论与方法"体系、"大学生环境适应优化理论与方法"体系；四是大学生的职业生活，主要是学生的择业、就业与创业活动，探索"大学生就业创业理论与方法"体系；五是大学生的经济、文化生活，以及对风险与突发事件的应对，因为这些生活内容的主要方式是管理，所以要围绕这些生活探讨"大学生管理理论与方法"体系；六是大学生精神生活，主要是对大学生心理活动与心理调适的研究，形成"大学生心理健康理论与方法"体系；七是大学生虚拟生活，重点研究大学生在网络领域的信息活动，总结"大学生网络思想政治教育理论与方法"体系；八是大学生成才生活，集中研究大学生对成长成才矛盾过程的认识与把握，建构"大学生成才理论与实践"体系。同时，还要对辅导员专业化的发展历史、辅导员的素质以及辅导员专业化的实现途径与方式进行系统研究。这些理论与方法体系既要相互联系、相互渗透、相互补充，也要随着社会生活的发展而不断丰富与完善。

事实上，不少高校辅导员已经开始了专业化探索，如大学生心理健康教育与心理咨询研究、大学生择业就业指导、新生入学教育等，形成了许多有质量的教育与研究成果，受到了学生的欢迎。但如何科学、合理划分辅导员工作领域，形成专业化覆盖；如何在现有工作体制下进行辅导员专业化分工；如何从高校层面和辅导员个体层面推进专业化进程；等等，这些既是高校人才培养急需解决的课题，也是推进思想政治教育学科发展的任务。

二、高校辅导员工作专业化的条件与特点

所谓专业化，是根据科学分工或生产部门的分工把学业分成门类。高等学校的智育都是专业化的，即都有相应的专业支撑，并且每个教师在专业范围内还要进行分工，承担专门的课程教学与方向研究。没有哪个教师可以包揽整个专业的教学与研究。所以，从事智育的专业教师，其职业岗位是稳定的，专业形象是鲜明的，工作地位是不可替代的。所谓高校辅导员工作专业化（或专门化），就是依托思想政治教育学科，运用相关学科理论与方法（或相关专业知识）有针对性、实效性地开展工作。

专业化或专门化，蕴含着职业化与科学化的内容。高校辅导员要实现工作专业化，首先要认定辅导员工作的职业岗位既是教育岗位，也是管理岗位，具有教育与管理双重职能。这是由辅导员工作的内容、职责与目标决定的。辅导员的工作绝不是有些高校领导认为的"打杂""临时""不出事"的工作，而是担当着学生党团组织建设、党员发展与培养的政治工作；结合学生实际，开展各种适应学生特点的教育工作；具体落实学校有关政策、要求，按照培养目标对学生进行管理的工作。因而，辅导员既是政治上的引导者，也是思想上的教育者，还是政策上的落实者与生活上的服务者。真正按照专业化要求做好辅导员工作，其难度并不比上一门专业课小，其价值也不比学某一方面知识的价值小。因而，认定辅导员是高校不可缺少与替代的职业岗位，是辅导员工作专业化的前提；而否定辅导员岗位的职业性，则其专业化是没有基础的。

其次，确立思想政治教育学科依托是辅导员工作专业化的关键。尽管高校辅导员的工作包括教育、管理与服务工作，内容与方式多样，但高等学校的性质、功能与培养目标决定辅导员所做的教育、管理与服务工作都应具有教育职能，都要为培养德、智、体、美全面发展的学生服务。因而，辅导员必须遵循思想政治教育学科所揭示的教育规律，按照正确的教育原则，掌握科学的教育方法，才能做好各项工作。不以思想政治教育学科为依托，缺乏学科理论指导，其工作难免会陷于事务性和经验性。这里要澄清的一个看法是，从思想政治教育专业毕业的辅导员是不是就已经实现了专业化了呢？只能说，系统学习、掌握了思想政治教育专业的一般理论与方法的辅导员为工作专业化奠定了理论与知识基础，但只有能够运用所学理论与方法，有效解

决大学生的思想与实际问题，才可以说进入了专业化轨道。如果不能运用所学的专业理论与方法有效解决大学生的思想与实际问题，则称不上工作专业化，充其量只是"知识化"而已。

最后，运用相关学科知识解决实际问题是辅导员工作专业化的重要任务。辅导员之所以要运用相关学科的理论与方法做工作，原因主要有两个方面：其一是学生的学习、生活不仅包括政治、经济、文化、社会、道德、学习等丰富的内容，而且涉及面广，需要运用政治学、党建学、社会学、伦理学、管理学等方面的知识，有针对性地解决问题。其二是辅导员工作所依托的思想政治教育学科，其性质就是一个综合性与应用性学科，与上面所说的一些学科有着不同程度的交叉。运用相关学科的知识研究和解决问题，既符合学科特点，也是学科发展的需要。

辅导员工作专业化的几个条件充分展现了辅导员工作专业化的特点。特点之一是大学生生活实际、个性特点的丰富性与全面发展的目标性，需要运用理论与方法的针对性与多样性；特点之二是辅导员角色与功能的多样性，决定不同角色与工作运用理论与方法的差异性与综合性；特点之三是社会的复杂性与多变性决定运用理论与方法的灵活性与发展性。

我们应当清醒地看到，大学生思想政治教育虽然比过去有很大改进与发展，许多辅导员正在积极进行专业化探索并卓有成效，但应当承认，自发性、经验性的工作状况仍然存在，困扰、阻碍学生成长的非智力因素仍比较明显。许多教育者和大学生还没有自觉意识到人的精神状态（用人才学的概念来说即情商）对人才成长的作用与价值，因而有些学生的精神生活质量难以提高，聪明才智也难以充分发挥。在高校，这种需要教育而又得不到教育满足的矛盾一直存在。产生这种状况的原因主要有两个方面：一是传统教育的影响。我国的传统教育，特别是古代的教育的主要内容是道德教育，而道德教育的目标、内容与方式虽然在漫长的历史发展过程中有所改变，但基本沿袭了儒家的教育框架，没有发生根本性变化，致使我国道德教育十分稳定，因经验与传统的习惯势力强大而难以被打破。二是在科学技术作为第一生产力并于当代社会迅猛发展的形势下，高校不同程度地存在着重视智育、轻视德育，重视科技、轻视人文的教育价值取向，致使德育与非智力因素教育没有受到应有重视。重智轻德的教育价值倾向既与在市场竞争条件下，一些人追逐现实功利，忽视全局与长远利益有关，也与科学技术在社会发展中所起的重要作用有关，还与科技创新、知识更新、教学压力有关。追逐功利价值，就是追逐眼前的、现实的物质价值和追逐可以直接实现物质价值的工具，即科学技术，而往往忽视与轻视表达、展示全局、长远价值的政治理论、道德准则、法制规范、思想信念。德育是以这些内容帮助学生树立远大理想、遵循道德规范、孕育人文精神的教育。针对当代社会条件下高校重智轻德的情况，联合国发展计划署教育顾问德怀特·艾伦进行了分析。他指出："高等教育自发地把如何使学生变得'聪明'当作了主要目的。当今，知识量已经翻了好几倍。高等教育忙于应付令人头晕目眩的新知识，无暇顾及价值观和道德教育。"他同时指出，忽视德育对社会和个人都是有害的："教育有两个目的：一个是要使学生变得聪明；一个是要使学生做有道德的人。如果我们使学生变得聪明而未使他们具有道德，那么，我们就为社会创造了危害。"①

我们不仅要看到高校重智轻德、重科技轻人文倾向产生的原因与危害，还要看到当代社会发展的趋势与特点，增强大学生思想政治教育科学化与辅导员工作专业化的紧迫性。当代社会，一切领域都在加速学科化、专业化与科学化。所谓学科化与专业化，就是社会所有领域、工作都归属于一定学科与专业，无论是管钱、管物的，还是烧火做饭的，都有相应的学科与专业，都在进行学位教育与专业培训。所谓科学化，就是运用科学理论与方法指导实践，遵循事物发展变化的规律，克服实际工作的盲目性，超越经验性。大学生思想政治教育是面向正在快速成长、面临许多成长过程中的矛盾、迫切需要引导的大学生所做的教育，是关系到国家未来前途与命运，关系到大学生健康成长、全面发展的工作，如果不能尽快实现专业化，就既不能适应时代发展的要求，也不能满足高校发展与大学生成长的需要。

三、高校辅导员工作实现专业化的主要方式

辅导员工作是复杂而丰富的，因而需要分工，需要系统理论与方法，需要运用多学科的知识。辅导员只能在一个或某些方面实现专业化，难以包揽所有工作的专业化任务。同时，辅导员除了掌握相关工作的理论与方法体系，还必须实现辅导员工作环节与工作方式的专业化，改变局限于传统单一开会布置、汇报检查、组织活动等行政性工作的局面，形成专业化工作与研究方式。辅导员的工作环节与工作方式主要有工作方案制订、教育与管理实施、理论研究与自身提高等几个方面。

---

① ［美］德怀特·艾伦：《高等教育的新基石》，载《新华文摘》2005 年第 22 期。

　　第一，科学决策方式。科学决策的目的是制订工作方案，传统的方式是制订工作计划。之所以要运用科学决策，是因为辅导员的工作，一是实现大学生战略目标与完成战略任务的组成部分，需要站在面向全局与未来的高度，决定工作目标；二是要应对竞争、复杂、多变、充满风险的局面，需要面向现实，进行工作条件分析与资源的选择和配置，决定工作方案；三是为了适应社会科学化与科学社会化的形势，实现由经验应对向科学决策的转变。同时，科学决策也是为了解决现实难题，满足学生多方面、多层次的需要，即满足学生适应与选择的价值诉求、发展与创新的目标诉求、解决迷惘与困惑精神诉求的需要，从而争取工作主动，提高工作实效，实现工作价值。总之，辅导员面对复杂、多样的工作局面，凭经验做计划的方式已经落后，必须掌握科学决策的理论与方法。为此，辅导员首先要确立科学决策理念，包括确立与市场经济体制相适应的教育资源意识；确立与开放环境、信息社会相协调的合理配置、系统优化、综合创造资源的理念；确立统筹资源意识并认识各种资源，包括教育人力资源、教育政治资源、教育社会资源、教育权利资源、教育时间资源，以及场馆、经费、制度、守则等各种资源的特性与功能。其次，要学习、掌握科学决策理论，即坚持唯物辩证法、科学发展观的指导，学会运用系统科学、预测与决策科学和创造学知识进行决策。另外，要逐步形成决策思维，即视工作为系统并明确其要素、结构与影响因素，确立工作预期并预测、预防达到预期的风险因素，综合利用资源进行决策，形成方案。辅导员科学决策的类型包括教育决策、管理决策、风险决策。教育决策包括主题教育决策，即围绕主题内容，确立主导目标，采取多种形式，运用多种教育资源，形成综合教育效果的决策；集体教育决策，即围绕全体或部分学生的需要，确立专题教育内容与方法体系，采取课堂教学或集中培训方式，运用专业化资源开展教育的决策（如入党积极分子培训、心理健康教育、择业创业教育、学生干部培训等）；自我教育决策，即围绕学生相互影响与作用的群体关系，明确赋予各种关系的责任与义务，充分发挥先进学生的教育、引领作用，促进学生群体的相互关爱与相互制约，形成自我教育格局的决策；个别咨询决策，即满足个体特殊需要的决策。管理决策主要包括组织管理决策、奖惩管理决策。风险决策主要包括三类：社会风险决策，即由社会事件、危机等导致的风险及预防决策；工作风险决策，即由工作失误、管理失当、环节薄弱导致的风险及预防决策；心理危机风险决策，即由心理疾病、自杀心理引起的生命危机及预防决策。教育决策体现高校以育人为本的特性和以人为本的价值观，是治本之策；管理决策通过协调人际、利益关系，旨在维持秩序，营造良好的教育环境，保证教育顺利进行，是治标之策；风险决策治秩序之乱、关系之乱、思想之乱、心理之乱，减少资源消耗与损失，是治乱之策。三类决策要相互贯通、相互配合，共同促进。

第二，专业化建设方式。专业化建设方式主要包括隐性课程建设、教材讲稿建设、专业队伍建设。所谓隐性课程，也叫潜在课程、隐蔽课程、无形课程等，是相对于显性课程而言的。显性课程是指有教材明确陈述的，并要在考试、测验中考核其教学内容和目标的课程。隐性课程是指在显性课程之外，通过潜移默化的方式使学生获得成长需要的知识、经验与技能的课程。隐性课程具有教育内容渗透性、教育目的潜隐性、教育方式灵活性与教育对象接受自主性的特点。高校可以开设活动型、咨询型、培训型和研讨型隐性课程。在一些发达国家的高校，隐性课程已经普遍开设并受到重视。有了隐性课程，就需要进行教材讲稿建设，即根据某一隐性课程的内容、特点与作用，收集教育资料，编写讲稿或教材，制作课件，建设教学环境等，并根据形势发展和学生的需要，不断进行修改、补充、完善，提高隐性课程的教育水平。隐性课程的教材讲稿建设是具有综合性、渗透性、潜隐性特点的建设项目。要体现这一特点，必须开展研究，合理整合教育资源，巧妙运用教育方式，才能起到潜移默化的教育作用。研究教育实际问题，合理配置、整合教育资源，就是辅导员队伍专业化建设方式。

第三，专业化工作方式。专业化工作方式是与专业化建设方式密切配合的，包括专题培训，即学生干部培训、党员培训、入党积极分子培训、学生社团骨干培训等；专题教育，即针对心理健康、择业创业、学习研究、人际关系等方面的教育与交流；专题讨论，即针对形势政策、热点难点、利益关系等方面的研讨；专业咨询，即根据学生的实际需要所进行的学习、心理、交往、就业等方面的个别咨询。

第四，专业化研究方式。辅导员专业化研究方式与其他教师的研究，特别是与从事自然科学研究教师的研究是不同的。自然科学教师的研究有专门的实验室与设备。对于辅导员的研究，不能简单地理解为看书、查资料、写论文。辅导员要确立以学生为研究对象，以学生学习、生活现场为研究场（或实验场），以学生成长过程中的问题为中心的研究意识，并养成研究习惯，注重在实际工作、与学生交往过程中的观察、调查、分析、思考。只有这样，才能获得丰富的研究资料，才能对实际问题产生研究兴趣，才能取得富有价值的研究成果。

试论新时期思想政治工作的目的和任务 *

　　"什么是我们党的思想政治工作？"这是胡耀邦同志在《关于思想政治工作问题》一文中向全党提出的一个令人深思的问题。这个问题似乎是不成什么问题了，因为谁都会承认，思想政治工作是重要的，是不可缺少的。过去需要，新的历史时期当然也需要。但是，全党工作重点实现转移之后，面对着层出不穷的新情况和新问题，我们究竟需要什么样的思想政治工作呢？当前思想政治工作的状况是怎样的呢？这是每一个思想政治工作者都必须认真思考的问题。回顾思想政治工作发展的过程，总结过去的经验教训，实在有必要在理论上对思想政治工作的目的和任务进行研究和讨论。这对于认清改革方向，进一步端正指导思想，适应新的形势，更好地发挥思想政治工作的作用，都有着十分重大的意义。

　　思想政治工作的目的和任务规定着思想政治工作的方向和内容，影响着思想政治工作的途径、方法等各个环节，是思想政治工作的根本问题。只有弄清了思想政治工作的目的和任务，我们才可能真正理解什么是党的思想政治工作。应当承认，思想政治工作的目的和任务在各个时期、各条战线是不同的。这是因为，目的有直接目的和最终目的之分，任务有具体任务和根本任务之别。各个时期、各条战线对思想政治工作的目的和任务有不同的表述和理解，这是毋庸置疑的。但是，作为一个思想政治工作者，不仅要考虑思想政治工作的直接目的，更要想到思想政治工作的最终结果；不仅要完成思想政治工作的具体任务，更要为完成思想政治工作的根本任务而努力。只有这样，我们才能高屋建瓴，卓有成效地把思想政治工作开展起来。如果我们忽视了思想政治工作的根本目的和任务，就可能陷于具体事务，满足于眼前，成为一个盲目的、不清醒的思想政治工作者。那么，什么是思想政治工作最根本的目的和任务呢？胡耀邦同志指出："用一句话说，就是提高人们对世界的认识和改造的能力。"② 把思想政治工作的最根本目的和任务落实到对世界的认识和改造的能力上，自然省略了思想政治工作在目的和任务上

---

　　* 原载于《武汉大学学报》1984 年第 4 期，收录时有修改。
　　② 胡耀邦：《关于思想政治工作问题》，载《人民日报》1982 年 4 月 24 日。

的许多中间环节，是彻底的、明晰的理论概括，我们应当深入地加以领会。

我们知道，无产阶级是彻底革命的阶级，共产党人是彻底的唯物主义者。它不像其他任何剥削阶级和政党，歪曲以至违背社会历史发展的客观规律，需要进行思想政治上的掩饰和欺骗，而是始终不渝地坚持从实际出发，引导无产阶级和广大人民遵循自然界和人类社会发展的客观规律，进行改造世界的伟大斗争，坚信自己的前途和根本利益同历史发展的客观规律是一致的。无产阶级的革命理论——马克思列宁主义、毛泽东思想是无产阶级和广大人民认识世界和改造世界的科学总结，是人类智慧和正确思想的结晶，是最科学的世界观和方法论，正确地揭示了人类社会发展的客观规律。正如列宁所指出的："马克思的学说所以万能，就是因为它正确。它十分完备而严整，它给予人们一个决不同任何迷信、任何反动势力、任何为资产阶级压迫所作的辩护相妥协的完整世界观。"[①] 我们进行马克思列宁主义、毛泽东思想的宣传教育，运用革命理论开展思想政治工作，就是要帮助人们正确掌握马克思主义的立场、观点和方法，科学地认识世界，并激发人们改造客观世界的信心、热情、毅力和斗志，去夺取革命和建设的胜利。所以，"马克思主义不是教条而是行动的指南"这一真理深刻地告诉我们，进行思想政治工作不是为工作而工作，学习革命理论也不是为学习而学习，而是为了运用革命理论指导行动。离开认识世界和改造世界，思想政治工作就成了"装门面"的工作，革命理论也只会是教条。这种情况在我们党的历史上是有过沉痛教训的。毛泽东同志在延安整风时期，邓小平同志在拨乱反正阶段，都曾对思想政治工作的教条主义倾向进行过深刻的分析和批评，我们每一个思想政治工作者尤其要认真吸取历史的经验教训。同时，我们也应当看到，思想政治工作的对象是人，它的任务是要解决人们的思想问题，提高人们的主观能动性，不能用思想政治工作代替人们改造客观世界的活动。但是，人们的思想、观点一旦形成，就决不会只停留在主观认识上，而总要表现在人们的行动中。正如毛泽东同志所说的："思想等等是主观的东西，做或行动是主观见之于客观的东西，都是人类特殊的能动性。这种能动性，我们名之曰'自觉的能动性'。"[②] 人的自觉能动性，或叫主观能动性，表现在知与行，以及认识世界和改造世界的统一过程中。人愈是能在认识客观世界的基础上规定自己的目的，就愈能利用客观世界的规律来达到这个目的，而其主

---

① 《列宁选集》第 2 卷，人民出版社 1960 年版，第 441 页。

② 《毛泽东选集》，人民出版社 1960 年版，第 445 页。

观能动性也愈强。所以，对人所特有的主观能动性的完整理解应当是这样一种能力：第一，根据对客观存在的认识，在头脑中构成某种预定的目的以及实现这种目的的计划、打算，产生热情、意志和动机；第二，通过实践，改造客观存在，把预定的目标变成现实。前一件事就是认识世界，后一件事就是改造世界。这两个方面不可分割地联系着：只有在改造世界的过程中才能认识世界，只有在认识世界的基础上才能改造世界。因此，思想政治工作的作用是否能发挥，目的是否能达到，不能用其他东西加以衡量，只能以人们主观能动性发挥的程度，即认识世界和改造世界的能力来检验。另外，我们还应当看到，思想政治工作只有立足于提高人们认识世界和改造世界的能力，才能有效实现由物质到精神，由精神到物质的飞跃，取得实际成果。思想政治工作不仅要提高人们认识世界的能力，更要提高改造世界的能力，因为"无产阶级认识世界的目的，只是为了改造世界，此外再无别的目的"①。只有改造世界，才能取得实际成果。如果思想政治工作只讲认识世界，不讲改造世界，不动员群众去实现改造，那么，就只是坐而论道，讲空话，不会获得什么实际效果。

综上所述，我们各条战线在各个不同时期所做的大量思想政治工作尽管内容不同，方法各异，但其根本目的和任务是一致的："通过反复的实践，使我们的认识不断深化，改造世界的能力不断提高，这就是我们以改造世界为己任的党的思想政治工作的根本的目的和任务。"② 认识世界和改造世界在不同的历史时期，内容和形式是不相同的。在民主革命时期，党的思想政治工作就是要以马克思列宁主义、毛泽东思想为指导，帮助无产阶级和广大人民群众认识中国革命的性质和任务，掌握革命的特点和规律，坚持革命的正确道路，鼓舞和动员广大群众英勇投入革命斗争，为夺取革命政权、解放全中国而奋斗。我们党紧密围绕着民主革命时期的总任务，在长期的革命斗争实践中，坚持用共产主义思想体系教育广大党员和群众，培养了一批又一批叱咤风云，能够驾驭中国革命发展趋势的革命先驱，培养了一代又一代不怕牺牲，推动历史向前发展的革命战士。他们以拯救中华、改造中国为己任，不仅具有无私无畏，敢于压倒一切敌人和战胜一切困难的精神，而且具有能征善战、克敌制胜的本领。正是靠着他们艰苦卓绝的奋斗，中国才发生了翻天覆地的变化，迎来了新中国的诞生。我们党的思想政治工作也正是在

---

① 《毛泽东著作选读》，人民出版社 1964 年版，第 384 页。

② 胡耀邦：《关于思想政治工作问题》，载《人民日报》1982 年 4 月 24 日。

认识中国、改造中国的伟大实践中逐步发展起来的。

在社会主义时期，特别是在党的工作重点实现转移之后的新的历史时期，我们党的总任务是要逐步实现工业、农业、国防和科学技术现代化，把我国建设成为高度文明、高度民主的社会主义国家。这是新时期全党的最大政治，是全国各条战线为之奋斗的目标。毫无疑问，思想政治工作必须服从于和服务于这个总任务。这就要求全党的思想政治工作坚持马列主义、毛泽东思想的普遍原理，贯彻执行党的十一届三中全会以来的路线和方针政策，联系我国的实际，帮助全国人民认清我国国情，走中国式的社会主义道路，掌握现代化建设的特点和规律，动员亿万群众满怀信心地投入社会主义现代化建设，为实现国民经济翻两番，实现"四化"的宏伟目标而奋斗。

我们欣喜地看到，党的思想政治工作在经过拨乱反正之后，"左"的思想影响被不断清除，指导思想明显转变，正在发挥着积极的作用，推动"四化"建设向前发展。广大思想政治工作者为了适应新形势的要求，紧密围绕党的总任务，积极改革，努力探索，创造了不少思想政治工作的新经验，为促进思想政治工作科学化、开创各条战线工作的新局面做出了可喜的贡献。但是，党的思想政治工作由于过去长时间受"左"的思想支配，以政治运动为中心，没有及时转移到为社会主义现代化建设服务的轨道上来，加上林彪、"四人帮"的干扰破坏所造成的恶劣影响尚未肃清，思想政治工作与新形势不大适应，同总任务不尽协调，有些地方甚至出现了软弱涣散的倾向。不大适应，不尽协调，以及软弱涣散的根本问题，仍然是认识世界和改造世界的能力问题。例如，思想政治工作由于过去长期以阶级斗争为纲，习惯于就政治抓政治，就思想抓思想，不注重联系经济工作和业务工作的实际。党的工作重点转移后，思想政治工作者普遍不善于把思想工作渗透到业务工作中并结合业务工作一起来做，不能有效帮助广大群众解决实际工作中所经常产生的各种思想问题，妨碍和影响了一些群众主观能动性的发挥和聪明才智的施展。又如，随着对外开放政策的实行，资产阶级的文学艺术以及哲学、政治、心理学等各种思潮、流派纷至沓来，我们思想政治工作者缺乏必要的思想准备和应对能力，难于帮助人们，特别是难于帮助青年运用马克思列宁主义、毛泽东思想进行剖析和分辩，致使少数青年受到各种思潮的影响而良莠不分、是非混淆，产生模糊观念和糊涂认识，这不利于他们投身现代化建设。再如，思想政治工作简单化、形式化的倾向在新时期虽然有了很大改变，但随着物质文明和精神文明的提高，人们对思想政治工作也提出了更新更高的要求。那种具有预示未来、防患未然作用的思想政治工作，那种富有时代气息的思想政治工作，那种把思想性、知识性和趣味性有机结合起来的思想政治工作，那种有战斗力、说服力、吸引力的思想政治工作，还有待我们艰苦地进行摸索。

所有这些不大适应的情况，既不单纯是一个方式方法问题，也不能像过去那样以阶级斗争为纲，对暂时不适应的情况、群众中许多新的思想问题进行上纲上线分析，统统说成是阶级立场和政治态度问题。要认识到主要是认识世界和改造世界的能力问题，即面对新的复杂形势，我们的眼力不够；对于社会主义现代化建设的特点和规律，我们把握不够。要尽快改变不相适应的情况，光讲理论不行，空喊教育也不行，只能面向实际，运用革命理论去分析形势，掌握规律，切实地解决思想问题和各种实际问题。因此，广大思想政治工作者要同广大群众一道，创造性地学习和运用马克思列宁主义、毛泽东思想，悉心研究新情况，解决新问题，在认清中国式的现代化道路的同时，把握本战线、本单位工作的特点和规律。例如，经济战线、企业部门的思想政治工作者要引导广大职工掌握物质生产和经济发展的特点和规律；教育战线的思想政治工作者应当帮助广大师生掌握人才在德、智、体方面全面发展、全面成长的特点和规律；思想战线、上层建筑部门的思想政治工作者更要指导人们认识和掌握意识形态变化发展的特点和规律；等等。只有这样，思想政治工作才能鼓励和激发人们改造客观世界的热情和勇气，才能不断纠正和克服人们在认识世界和改造世界过程中的错误认识、错误立场、错误方法，才能切实做到推动社会主义现代化建设的进程，为党的总任务、各条战线和各部门的中心任务服务。否则，思想政治工作就会无所作为，甚至可能违背客观规律，阻碍经济工作和业务工作的顺利进行，重犯过去教条主义的错误。

从上面的分析可以看出，为了使思想政治工作适应新形势，有效地为党的总任务服务，我们必须彻底克服过去的旧思想、旧习惯、旧方式的束缚，大胆地进行思想政治工作的改革。只有改革，新时期的思想政治工作才能真正得到加强。不讲改革，只强调所谓的加强，则思想政治工作在新的形势下既不可能充分继承和发扬党的思想政治工作的优良传统，更不可能有所创新。同时，我们还要充分估计到，在我国农业大规模的体制改革取得重大胜利之后，党中央正在有计划、有步骤地把改革的重点推向城市和社会各个领域。改革的来势迅猛，发展的趋势很快，许多富有生命力的新事物应运而生，新矛盾、新问题也不断出现。加上世界上新技术革命浪潮的兴起，知识更新、信息传递的日趋广泛而频繁，也会带来生产方式和社会生活的新变化。所有这些都说明，情况新、变化快，是当前时代的突出特点。面对这种新的实际，我们的思想政治工作不能总是固守旧的格局，遵循旧的程序，必须经常实行从内容到形式的更新。因此，思想政治工作的改革和其他各项改革一样，势在必行，刻不容缓。

改革思想政治工作，根本问题就是要进一步转变并端正指导思想，明确思想政治工作的根本目的和任务。思想政治工作的目的和任务并不是纯粹主观的东西，也不是人们可以随意规定的。正如列宁曾经说过的：事实上，人的目的是客观世界所产生的，是以它为前提的——认定它是现存的、实有的。思想政治工作者要确立正确的工作目标和工作任务，必须首先从实际出发，按照客观实际的需要，即按照社会主义现代化建设的需要，按照各条战线、各个单位中心任务的需要，提出方案、计划和目标，然后在实践过程中，经过主观努力加以实现。如果不是从实际出发来确立思想政治工作的目标和任务，不是把工作的目的和任务建立在客观的基础上，而是以自己的主观意志为转移，那么，不管愿望多么强烈，要么行动失败，要么事倍功半。这里，我们不妨来分析一下当前思想政治工作还存在的某些倾向。

其一，把思想政治工作的具体方式同思想政治工作的根本目的和任务混同起来的倾向。这种倾向把开会、做报告、表扬批评等思想政治工作的具体方式作为工作的根本目的和任务，不知道开展这些具体思想政治工作究竟是为了什么，工作的最终落脚点不明确，中心不突出，系统难以形成。其表现形式是"来一件，做一件"，单纯追求思想政治工作的形式、数量，照搬照套上级的指示和某些过时的工作方法，不能联系本单位的实际，创造性地开展工作，存在着应付局面和应付上级的状况。

其二，把那种空洞地传授理论原理、政治原则的做法当作思想政治教育的根本目的和任务的倾向。必须肯定，我们应当向广大群众进行马克思主义的理论灌输，不进行灌输，无产阶级的世界观是不能自发形成的。但是，我们也要看到，脱离实际地进行理论灌输，不注重帮助群众运用理论分析实际问题，特别是不注重分析现实问题的倾向是存在的。这种倾向的表现形式是空讲理论，空喊教育，死记硬背政治理论的名词概念，应付考试，追求分数，学习马克思主义而不理解马克思主义，不会运用马克思主义。

其三，忽视培养认识和改造世界能力的途径和方式的倾向。这种倾向把思想政治工作的内容简单化，形式单一化，不注重开辟思想政治工作的广阔领域，不善于把思想政治工作开展到丰富多彩的现实生活中，往往只注意理论教育，忽视实践教育；只注意灌输教育，忽视自我教育；只注意教育的思想性，忽视教育的知识性和能力培养。这样，群众就会感到思想政治工作远离他们，对解决实际问题使不上劲，容易把思想政治工作搞得单调而缺乏吸引力。

不可否认，这些倾向或多或少是存在的。我们倒不是说思想政治工作要十全十美，甚至一点问题都不允许出现，而是说应当充分认识到这些倾向的实质、危害和根源。若不就事论事地对待思想政治工作的这些倾向，我们就不可能进行有效改革，开创新局面也只能是一句空话。显而易见，思想政治工作所存在的这些倾向尽管表现形式不同、程度不同，但总的特征和实质是一致的，这就是脱离实际，不大明确思想政治工作所要达到的根本目的和所要完成的根本任务。这种脱离实际的倾向仍然是"左"的思想影响尚未肃清的表现，是过去一种习惯势力的表现。所以，思想政治工作需要进一步克服"左"的思想影响，防止右的倾向的干扰，切实转变指导思想，大胆进行改革。只有这样，才可望有新的突破。

改革思想政治工作，要在切实转变指导思想，坚持正确方向的前提下，针对当前思想政治工作存在着某些脱离实际的倾向，把握改革的着眼点，努力突破。首先，思想政治工作要面向"四化"建设，为实现党的总任务服务。我们知道，我国正在进行的社会主义现代化建设是当代伟大的共产主义运动，是全党和全国各族人民所面临的最大实际。它既为我们提供了思想政治工作的丰富内容，也向我们提出了许多需要解决的问题。思想政治工作联系实际，归根结底，就是要使思想政治工作同社会主义精神文明建设和物质文明建设融为一体，并为其服务。不能使思想政治工作凌驾于社会主义现代化建设之上，重犯过去政治冲击一切、代替一切的错误，也不能使思想政治工作游离于社会主义现代化建设之外，对现实生活无所作为。我们一方面要善于运用革命理论进行指导，保证各个部门、各个单位的社会主义性质、方向，保证各部门、各单位和广大群众正确地贯彻执行党的路线、方针和政策；另一方面，也要善于总结社会主义现代化建设的新鲜经验，不断丰富和发展革命理论。我们如果不这样提出问题和认识问题，就会继续犯思想政治工作脱离实际的错误，从根本上说，就是脱离社会主义精神文明和物质文明建设，脱离党的总任务，脱离无产阶级政治。

其次，思想政治工作务必须渗透到经济工作和业务工作中，保证各项工作的社会主义方向和各项工作任务的完成。人们最经常、最直接接触的实际，是人们所从事的各项工作。这些工作都是社会主义现代化建设所不可缺少的。这些工作的方向如何、进展有多快，都直接影响着现代化建设。思想政治工作让理论"下凡"，走向实践，理论才能显示出蓬勃的生命力；思想政治工作同经济工作和业务工作相结合，思想政治工作才会有发挥作用的广阔领域。仅仅把思想政治工作局限在政治学习时间里和会场上、课堂上，思想政治工作将不可避免地产生脱离实际的倾向。

最后，思想政治工作要敢于正视意识形态领域的现实，正确地抵制和反对精神污染。在我国社会主义现代化国家建设的攻坚克难时期，始终坚持用马克思主义理论引领全国各族人民、凝心铸魂。意识形态领域本来就是复杂的，加上对外开放政策的实行，资产阶级的各种思潮、学派的传入，更加使这个领域错综复杂。这种错综复杂的状况同样是一个不容忽视的客观存在，对广大群众产生着广泛而深刻的影响。对此，我们既不能简单禁绝，也不能消极回避，只能拿起马克思列宁主义、毛泽东思想的"武器"进行剖析和分辩，吸收其有益的成分，抵制和反对其有害的因素。真理只有同谬误斗争，才能显示真理的力量；革命理论只有同错误思潮较量，才能保持其纯洁性；人们也只有通过比较、鉴别、选择，才能增强识别真伪、抵制污染的能力。不被允许接触错误的东西，就不会识别错误的东西，不会识别错误的东西，也就不能抵制错误的东西。广大思想政治工作者应当勇敢地带领群众排除错误思潮的干扰，保持头脑清醒，认准方向，充分发挥主观能动性，为夺取社会主义精神文明建设和物质文明建设的胜利做出贡献。

新时期思想政治工作要立足于自教自律*

对社会来说，自教自律具有自觉的群众性，有利于不教而育、不管而理，从而起到维持秩序、稳定局面、推进发展的作用；对个人来说，自教自律具有自主、自为和自由地分析、导向、选择的作用，从而达到主体性发展和创造性发展。人的全面发展、主体性发展趋势和终身教育、继续教育的发展趋势以及主体性思想政治工作和发展性思想政治工作必然要求思想政治工作立足于自教自律。

一、自教自律的普遍性与作用

自教自律是社会的普遍现象，它与社会的教育与管理相对应，在人类社会中起着重要作用。

第一，自教自律是人的能动性的要求与表现。人的主观能动性是人在一定思想意识的指导下，通过实践能动地认识和改造世界的能力及属性，既包括能动地认识和改造外在客观世界，也包括能动地认识和改造内在主观世界以及内在主观世界和外在客观世界的辩证关系。可见，人的主观能动性使人有认识自我和改造自我的本性、需要及能力，必然要求人们自我教育、自我学习、自我修养、自我规范、自我超越、自我发展，从而达到主观与客观、主体与客体、内在与外在、个人与社会、人类与自然、理想与现实、认识与实践的和谐统一，体现人的能动性。这是人们对自身的一种选择、把握和驾驭。

第二，自教自律是社会的普遍现象。人类为了继承前人的文化遗产即思想道德精神和科学文化知识，并在此基础上继续发展和创业，就需要教育和管理进行传承和升华。任何一个统治阶级都要采取多种方式来推行其意识形态和政治制度，其中教育和管理是最基本的方式。对人实施教育和管理，从受教育者和被管理者的角度看，也就是对其实施外在的作用和影响，即他教和他律。他教和他律作用的有无及大小，关键要看受教育者和受管者的态度

---

* 原载于《思想理论教育》2003年第5期，作者郑永廷、邓泽球，收录时有修改。

和接受教育与管理的程度。受教育者和受管者自觉自愿接受教育和管理，表明愿意把外在教育的内容内化为自己的思想即自教，把外在的规范转化为自己的行为即自律，从而达到教育与自教、他律与自律的和谐统一。否则，教育和管理仅仅是外在的灌输和约束，不会真正发生内在的、稳定的、长期的作用。可见，他教与他律必须落实、转化为自教与自律才能起作用。可以说，自教自律的深度和广度在一定意义上标示着一个人及其生活于其中的社会的文明和发展的水平与程度。

第三，自教自律的重要作用。首先，自教自律既是手段，又是目的。一方面，自教自律是个体自我修养、自我约束的一种方式；另一方面，自教自律又是个体提高自我、顺利发展的目的和体现。从人的发展来看，精神和道德追求是建立在人的本质和需要基础上的高层次的价值目标；从教育和管理的发展来看，教育和管理的直接目的是自教和自律，如果说"教育就是为了不教育"，那么也可以说"管理就是为了不管理"。其次，自教自律既是一种规范和约束，又是一种选择与自由。一方面，自教自律是一种自我施压、自我控制，使言行遵循一定的秩序；另一方面，自教自律更是一种自觉、自愿、自主、自由的积极判断和行为，从而"从心所欲不逾矩"，达到主观与客观、主体与客体、目的与手段、自由与必然的统一，具有自主性、进取性、发展性和创造性，使人们的思想和行动富有生机与活力。看不到这一点，自教自律就会陷于消极被动的限制和防范。最后，自教自律既是个体行为，又是群体行为。一方面，自教自律表现为个体行为，具有内在的相对独立性；另一方面，自教自律与教育和管理是相互影响、相互制约、相辅相成的，同时又具有外在感染性和群体性；自教自律的观念、能力和活动都是在教育和管理等外在的条件、环境和社会实践中发生发展的；人们的自教自律也相互影响，形成群众性的自教自律的局面和效应，从而达到共生和互动。

二、新时期自教自律的客观要求

新时期对人的自教自律提出了更新更高的要求。这种更新更高的要求既由现代社会客观条件所决定，也是现代发展所必须的要求，是社会发展与人的发展的一致性要求。

第一，开放环境的适应性要求。在过去环境封闭的条件下，人们受不发达的交通、通信、传媒、信息等的制约，活动范围有限，视野、思维难免局限于比较偏狭的时空，加上意识形态领域在封闭状况下经过反复过滤显得相对单一，人们对环境没有多少选择的余地，只能依赖封闭环境所提供的有限条件生存和发展。实行对外开放以后，人们生活环境的时空范围领域不断扩充，环境因素和环境性质也发生了变化：首先，现代交通、通信和传媒使人们的活动范围和信息获取范围空前扩大，面对大量的、经常变化的人和事以及各种信息，人们的视野、思维、心理不断丰富，并按照自己的价值标准和期望进行比较、评判和取舍，显示出个体对开放环境的适应与把握；其次，环境的开放改变了意识形态领域的相对单一的状况，各种文化的相互激荡和思潮的涌动，对每一个人都会产生影响和冲击，人们必须对复杂的思想文化环境进行辨别和选择；最后，环境的开放既为人们选择有利的环境因素创设了条件，也为一些消极因素扩充影响带来了可能，权、财、色的诱因，黄、赌、毒的阴影，总是企图在意志薄弱者身上打开缺口，能否在开放条件下有效抓住机遇来发展自己，排除风险，是现代人当然也是学校师生员工面临的一场考验。总之，开放的环境为人们既提供了发展的良好条件，也提出了应予防范的问题，对有利条件的利用、选择，对不利因素的防范、排除，再不能像以前那样依赖组织决定取舍，更不能用"围墙"加以隔离，而只能依靠自己选择、适应和把握开放环境，其前提是把握自己，不被复杂所迷，不为诱因所动。现代社会全面开放的环境为人们提供了生存和发展的广阔舞台，从封闭环境向开放环境的转变，使人由对环境的依赖转向对环境的选择。因此，自教自律是适应开放环境的一个前提条件。

第二，市场体制的自主性要求。改革开放，特别是社会主义市场经济体制的初步建立，扩大了人们的联系与合作，加强了人们的比较与竞争，提高了单位与个人的社会化和主体性程度，充分刺激和调动了人们生产和工作的自主性和创造性，极大地推动了社会进步和人的发展，同时也使人们的自教自律得到了增强。与自然经济和计划经济时期的依附性和他律性相对立，市场经济条件下主体的自主性表现为独立意识和自主能力，包含了主体的自教自律并以之为自觉发展和提高的前提条件；市场经济社会中的竞争既要求主体的独立性和自主性，也要求主体的规范性和有序性，因而自教自律也是主体参与竞争的一个条件；市场经济所要求的创造性、发展性和超越性，既要求主体超越外物即认识和改造外在客观世界，又要求主体超越自我即认识和改造内在主观世界，自觉地按规律认识和行动，亦即自教自律，追求崇高目标，不断从自在的必然王国向自为的自由王国转化。总之，市场经济体制所要求的自主性、竞争性和创造性决定了人们提高自教自律的自觉性与水平的必要，也只有提高自教自律的自觉性和水平，市场经济体制所要求的自主性、竞争性和创造性才能充分发挥出来。

第三，终身教育的客观性要求。随着现代科学技术的迅速发展和知识经济、信息社会的到来，学习和教育正在由传统的一次性学校教育转向现代的社会化终身教育，社会成了学习型、教育型社会，人成了终身学习和受教育的人。思想道德等就是其中学习和教育的重要内容。人们能够自觉按照客观规律更新和升华自己的主观思想并促进客观世界的发展，就是自我教育和自我发展的表现。终身教育和终身学习对真、善、美的不断追求要求人们自教自律，只有自教自律且自觉性和水平较高的人才能在终身学习和终身教育中达到真、善、美的统一。

第四，民主法治的规约性要求。改革开放以来，人们的民主意识和法治观念日益加强，民主参与的主动性、积极性不断提高。而维护与行使民主权利，首先要有主人翁的姿态，即对民主权利和法律制度的自觉性和自主性，同时还要依法办事。社会民主权利的扩大，是以人们能够自觉行使民主权利为基础的，而人们能够自觉行使民主权利，则离不开其自教自律。否则，社会就会出现混乱，甚至会出现践踏民主和法制的现象。社会主义的法律法制是人民意志的体现，但当它还没有被人们掌握以用来规约自己行为的时候，它还是一种外在的强制性规范。只有当它被人们普遍认同并自觉遵守，即人们能按法规自律行为时，法规才能变成人们的内在需要。因此，要保证学校各项工作协调有序发展，依法治校，就必须提高师生员工自教自律的自觉性与水平。

三、新时期自教自律的条件

第一，自教自律的一般条件。明确的社会目标和规范是自教自律的前提条件，因为自教自律不是一种静态性自约，而是人们朝向一定目标、遵循一定规范的动态性规约，是有社会意义、价值取向、遵循尺度和意志体现的；没有明确的社会目标和规范，就没有社会所需要的自教自律。教育和管理职能机构是自教自律的媒介条件，因为只有通过教育和管理机构，才能把外在的社会目标和规范转化为内在的个人追求和守则，把他教他律转化为自教自律。而这个转化是通过人们的自主行为包括认知、情感、意志的思维活动和自教自律的具体实践实现的，因而自教自律的活动和方式（既包括心理的，也包括行为的；既包括个体的，又包括群体的）即主体的实践，则是实现自教自律的根本途径。

第二，新时期自教自律的特殊性。改革开放以来，我国社会主义市场经济体制逐步建立，改革不断深化，开放日益扩大，个人的自主权明显增强，改变了计划经济和封闭环境下人们存在的某些依赖性。自教自律以其富有现代特色的面貌迅速发展，同时也出现了一些新问题，形成了我国由传统社会向现代社会转变过程中自教自律的特殊性。首先，个体自主性与个体对社会的依存性同时增强。一方面，个人的自主权增大了、自主性增强了，可以自我决策、自我选择，可以根据自己的兴趣、特长及发展需要选择专业、职业、社会兼职以及生活方式等；另一方面，个体与社会的联系、交往更广泛了，从社会获得自身发展条件的途径与方式更多了，个体社会化程度更高了，对社会的依存性也就更强了。因此，在增强人们自主性和自教自律自觉性的同时，仍然要加强教育与管理工作，推进自教自律，保证现代社会的顺利发展。其次，社会规约性与社会对个体的多重性影响同时强化。一方面，现代社会民主法治建设和监督的加强，表明社会规约性得到了强化，向人们提出了自教自律的要求，也提供了自教自律的制度保证；另一方面，现代社会的复杂条件和多重影响对人们自教自律的冲击很大，违规失范现象仍然为数不少，因此，社会必须强化规约性，抑制违规违约现象，保证自教自律的顺利进行。最后，个体的选择性与选择的风险性同时加大。一方面，现代社会的多样性和人们自主性的增强，增加了人们在生存与发展中的选择，而正确选择就需要个体增强自教自律的自觉性；另一方面，随着选择性的增强，由于事物存在和发展的复杂性与易变性，尤其在市场经济条件下和开放环境中，选择的风险性也随之加大，而要减少风险，就必须提高个体的选择能力和自教自律水平。

第三，新时期的自教自律的方法。

其一，认识现代自我。自我认识是自教自律的基础，也是个体正确把握自身的前提。现代自我既是一个独立性、自主性不断增强的自我，又是一个社会化程度不断提高、对社会依存性不断增大的自我；既是一个面临社会强化规约需要自觉自律的自我，又是一个面临社会激烈竞争需要不断发展的自我；既是一个对各种有利条件可以选择的自我，也是一个受各种风险冲击的自我。因此，个体的自我认识尤其要认识现代社会反映在自己身上的现代特性，也就是要在开放的环境中认识自我，在不断发展中认识自我，在同他人的比较中认识自我。这样，个体对自身的认识既要以思想道德的先进性要求为参照，认识自己的差距所在，也要以思想道德要求的广泛性为参照，认识自己所处的水平；既要认识自己的缺点、错误，予以正视与改正，也要认识自己的长处、优势，以便取长补短、扬优避劣；既要客观地认识自己的现在，做到心中有数，也要正确地规划自己的未来，从而超越自我。所以，现代自我认识是一种系统认识、比较认识、发展认识。认识的目的不仅仅是发现自己的缺点、错误，进行检讨、改正，而且是发现并发挥自己的长处、优势，立足于发展和超越。只注重对自身是与非、对与错的"二分"传统认识，只注重对缺点的检讨而忽视自己的长处，容易导致传统社会消极被动式的自教自律，不利于自我发展。

其二，坚持自我学习。新时期社会主义市场经济体制的建立，激发了全社会的激烈竞争，而竞争又促进了社会的全面发展。现代科学技术的突飞猛进，不仅表现为科学文化知识的总量迅速增加，而且表现为转换、更新的周期越来越短。大众传媒每天都在提供大量的新信息。当代社会急剧变化，也许还来不及适应，更新的情况又出现在面前。个体要在知识与思想上适应社会的这种变化，就需要不断学习，更新知识、更新思想。正如美国壳牌公司石油总裁卡洛所说：应变的根本之道是学习。所以，现代社会对每一个人来说都是一个终身学习的社会。自学不但为自教提供新的内容，而且为自律提出新的要求。现代社会的自我学习，首先要求发展个体的自我学习，开辟自我学习的新途径与新方式。除了保留传统的学习书本和理论，还要向环境学习，特别是向媒介环境学习，通过大众媒体所提供的大量信息，吸收新观念，丰富精神世界；向竞争对手学习，在直接比较和竞争中，发现并学习对手的长处和优势，弥补自己的不足，从而增强动力，提高水平；向创造性的实践活动学习，保持学习的前沿性，增强学习的创造性，并以学习和思维的创造性来推动工作的创造性。现代社会的自我学习，更重要的是发展团体的自我学习，因为只有团体自我学习，才能通过团体成员的相互感应、理解与认同，形成共同的价值取向、团体精神和道德责任，即形成团体的精神文化这一共同财富和发展动力。

美国麻省理工学院教授彼得·圣吉（Peter M. Senge）根据现代企业和现代社会发展的实际，写了《第五项修炼》一书，提出了人的适应与发展的主张与措施。他认为在现代社会，要确立共同理想，除了提高系统思考能力、追求自我发展和超越，一个很重要的方式就是开展团队学习，并建立团队型学习组织。只有在团队型学习组织中，人们才能摆脱个人的局限，胸怀大志，心手相连，相互反省求真，勇于挑战极限，不为眼前近利所诱惑；同时，团体成员在共同价值取向的支配下，进行整体动态搭配的行动，充分发挥生命潜能，创造超乎寻常的成果，从而在真正的学习中体现工作的意义，追求心灵的满足与自我实现，并与周围的世界产生协调感。彼得·圣吉还强调，"修炼"是一种学习过程，"每项修炼"是一个组织学习的过程。可见，现代的自我学习不仅是单纯的业务学习，而且是人的思想的适应与道德的提升；不仅是个人思想道德素质的提高，更重要的是要靠团体成员创造共同的精神文化。个体思想道德虽是团体精神文化形成的基础，但仅仅重视个体的思想道德而忽视团体精神文化的创造，就无法把个体思想道德激发、释放出来。

其三，进行自我调适。在现代社会，激烈竞争加重了人们的心理负荷，迅猛变化缩短了人们思想观念发展更新的周期，人们难免会出现精神紧张甚至心理失衡与障碍的情况。因而，人们要掌握心理调适方法，学会进行心理调适。心理调适方法主要有心理保健方法、心理放松方法、心理宣泄方法、心理自慰方法等。这些方法能够有效帮助个体发展健康心理、寻求心理平衡、保持心态正常，是新形势下自教自律方法的新发展。不掌握这些方法，个体在出现心理失衡和心理障碍之后就会不知所措，要么求助于迷信以寻找慰藉，要么控制不住心理矛盾冲突，或折损自己，或危害他人。因此，自我心理调适方法是现代人必须掌握的自教自律的方法。同时，由于现代社会的复杂性和风险性，每个人的发展都不可能一帆风顺。挫折、失误、失败在所难免，升降起伏也经常发生。这就更需要进行自我调适。这种调适主要是发展方向上的调整、道德方位上的调节和思想方式上的调适。在新形势下，进行这种调适的主要方式是自我评估、自我批评，也就是按照团体所确立的统一评估指标与要求，找出问题；对比竞争的优胜者，找出差距，从而总结经验教训，纠正发展偏差。可见，自我调适是个体应对环境、把握自己、自教自律、自我发展的一种主体性、开放性、动态性的调节方式。

其四，开展自我反思。反思是人的心灵以自己的活动为对象而反观自照，是精神上自我活动和内心反省的修养方法。正如黑格尔所指出的："反思以思想的本身为内容，力求思想自觉其为思想。"① 黑格尔认为，要使思维由自发状态进入到自觉状态，就只有依靠反思。离开反思，就不可能产生理性思维。反思所涉及的因素不仅是个体的主观因素，而且联系到行为、社会、环境等多方面的客观因素；不仅针对个体思想和行为的现实状况，而且追溯其来龙去脉；不仅是感性认识，更是理性思考。现代社会偶然因素

---

① ［德］黑格尔：《小逻辑》，贺麟译，商务印书馆1980年版，第39页。

（机会和风险）的大量存在，使人们不容易把握思想道德发展的必然性，事物发展的多样性往往淹没主导性。偶然性、多样性现象容易使人们的思想限于非理性，行为限于盲从性，重感觉、重情绪体验、重主观愿望的倾向比较明显。如果人们的思维仅仅停留在非理性层面，不能用反思这种理性方式主导思维活动，就不能从本质上把握自己。而通过反思，个体对自己的认识和把握更全面、更系统、更深刻，从而促进思想政治工作实现从消极到积极、从被动到主动、从自发到自觉、从感性到理性、从感情到理智、从宏观到微观的转化。因而，自我反思是个体把握自身发展规律的一种方法，是自教自律的理性方式和最高层次。

人的全面发展与思想工作改革[*]

人的全面发展理论既为我们提出了培养一代新人的目标模式，也为我们提供了分析人的发展的科学方法，是教育工作和思想工作的重要理论基础。但是，我们由于受社会分工的制约和传统习惯的影响，对人的全面发展理论在理解和实践上发生过偏颇。当前，改革开放的深入发展强烈冲击着我们关于人的发展狭隘、片面的观念，不断地在广度和深度上丰富着人的发展的内容，有力地推动着教育、思想工作的改革。

一、思想教育的简单化模式与人的职能单一化趋向

我国的各级各类学校在开展思想政治教育的过程中，始终坚持以马克思主义关于人的全面发展理论为指导，并从指导方针和办学方向的高度上给予了强调和确定，这在理论上和实践上无疑是正确的。但是，应当承认，过去在开展政治思想教育，贯彻全面发展教育方针的过程中，我们存在着简单化的倾向。

第一，我们的思想政治教育往往过分局限于学校和课堂的范围，要求学生按照书本和理论的框架与方式进行思维和训练，而忽视引导学生面向生动活泼的社会生活，根据社会分工和执行社会职能的客观要求，进行理论学习和思维训练。这样，学生把深刻的理论变成了抽象的教条和简单的记忆符号。一旦头脑中理想的社会模式同现实的复杂状况发生冲突，他们要么简单地否定理论的价值，不愿学习；要么盲目地责怪社会现实，产生不满情绪。这种以理论与实际相分离为特征的思维倾向是一种肤浅的、简单的思维方式，它不仅妨碍思想教育的深入进行，而且有害于学生创造性思维能力的培养。而高层次思维能力的缺乏又不利于智能潜力的开发。

第二，思想政治教育还存在着单一性简单化的情况。单一性的表现之一是教育内容上的不完全性。例如，过分强调思想观念教育，不大重视规范养成教育；过分突出政治教育，常常忽视与职业相联系的责任感、事业心教

---

* 原载《武汉大学学报》1989 年第 1 期，收录时有修改。

育；比较重视理论教育，缺乏以艺术、美育为内容的陶冶教育。这些教育的有与无、轻与重，直接影响着学生的思想素质。单一性的表现之二是教育倾向上的极端性。所谓教育倾向上的极端性，是指在教育过程中，把某种教育内容和教育方式提到绝对重要的地位，以致取消、代替其他教育。例如，过去我们大搞"劳动上马"，以劳动代替了必要的智育和体育。而现在，尽管大家都认为劳动教育很重要，但事实上它在许多学校又以各种方式被智育所取代。单一性的表现之三是教育要求上的个性一律性。平淡的个性不可避免地导致平庸的智能。总之，不管是浅层性简单化的思想教育，还是单一性简单化的思想教育，都只注重某一方面的教育或只训练人的某一方面的素质，从而抑制人的思想素质和个性的全面发展，并最终以社会职能单一化的趋向表现出来。

所谓社会职能，是指人们在社会实践活动中运用智力和才能的状况。能够比较全面、充分地发挥智力和才能的人，是全面发展的人；只能部分地运用智力和才能的人，则是片面发展或全面发展不充分的人。我们在教育简单化条件下培养的部分人才的确存在着职能单一化的倾向，这种倾向概括起来主要有以下两点。

其一，只能执行单一职能，缺乏其他职能的配合与辅助。例如，有的老师只重视教学职能，不重视教育职能以及科研职能；只愿教书，不愿或不会育人；只善于传授现存的知识，不习惯坚持研究更新教学内容。又如，有些科研人员只注重科研职能，而忽视管理职能和生产职能。这样的现象不是个别，而是具有普遍性的。尽管许多人都在十分认真地执行自己的主要职能，但由于缺乏相关职能的配合作保证，主要职能往往执行得不好，工作显得平淡。

其二，只能执行固定职能，难于进行职能变更。在过去的条件下，不管是在校的学生，还是已经工作的知识分子，多数人在职业的选择上都有从一而终的想法，力求安稳，担心变动，将变更职能者视为"不务正业"。至于进行专业调整，工作变换，岗位更替，工作就更难做。这样一来，在一个单位里，分工越来越细，职能越来越单一，人员越积越多。显然，这种职能单一、职能固定不变的现象是人片面发展的表现。它与前面我们所分析的思想政治教育的简单化模式有着某种因果联系，即思想教育简单化是人的职能单一化的教育原因。但人的职能单一化不仅有教育方面的原因，还有更为深刻的社会原因，这就是以产品经济为基础的大一统计划体制。

众所周知，我国小生产势力十分强大。小生产的经济基础不仅容易产生封闭、分散的观念来束缚人们的思想，而且以其落后、低下的生产方式制约着人们智力和才能的充分发挥。加上从上到下的大一统计划体制，容易滋生被动服从、盲目依赖的思想情绪和保守心态，这种情况既淡化了人们主动全面发展自身的主观要求，又缺乏全面发展的竞争条件。所以，克服小生产习惯势力的影响，大力发展社会主义商品经济，才是改变思想教育简单化和人的职能单一化的根本出路。

二、商品经济的发展与人的社会适应

商品经济的发展，向人们提出了哪些客观要求呢？

首先，商品经济的发展不断冲击着人们的狭隘观念和封闭心态，冲破了产品经济的地域界线与分散状况，把人们推向了联系更为广泛的社会大舞台，为人们更全面发挥自己的能力提供了条件和机会。马克思主义经典作家在对人的全面发展条件进行分析时认为，个人的全面发展由生产方式的全面发展以及所受教育的情况所决定。从根本上说，生产力和生产关系的全面性是人的全面发展的前提条件。我们知道，在以产品经济为基础的大一统体制下，学生接受分配，人们接受分工，在一定程度上具有盲目性，缺乏单位对人员的严格挑选和人员对职业的合理选择，这无论在兴趣上还是在智能上都不利于人的充分发展。同时，大一统体制下的条块分割、分工过细、人员过多、限制人员流动也不利于人们优势和职能的发展，容易造成人的智能耗损和浪费。另外，平均主义的分配方式缺乏激励人们充分发展自身的机制，削弱了人们开发自身潜力的欲望与动力。因此，产品经济条件下的分工方式、工作方式、分配方式虽然在过去起过积极作用，但随着社会的发展，已经不利于人们的全面发展了。现在，在社会主义商品经济条件下，对社会分工方式进行了改革，多种形式的聘任制、合同制、选举制、优化组合制、淘汰制等逐步建立起来，学生分配实行双向选择，知识分子可以流动。尽管这些方式还正在建立和完善中，但这些方式正有力冲击着固定的用人模式与单一的社会职能，为广大青年学生和知识分子充分发挥自己的聪明才智开辟了新的天地。同时，在知识分子中，分配在事实上也拉开了差距。许多能适应商品经济发展要求，在工作中能充分发挥自己智力和才能，并为社会作出突出贡献的知识分子，在荣誉上、经济上、地位上不同程度地得到了社会的承认。尊重知识、尊重人才，正在逐步成为鼓励人们向高层次智能发展的动力。

其次，商品经济的发展无疑会带来社会竞争，社会竞争归根结底是人的竞争。而人与人之间的竞争是人的全面素质、智力和职能的比较。只有那些思想、智能素质全面发展的人，社会职能水平高的人，才能适应并推动我们社会的发展。

最后，商品经济的发展还将通过竞争来提高效率。效率的提高同样要靠人的全面素质和社会职能的提升。例如，一项复杂的教学任务或科研工作需要几种职能的配合方能完成，如果由一个职能单一的人来承担，则绝不会做出令人满意的结果。总之，社会主义商品经济的发展既向人的全面发展提出了更高的客观要求，又为人的全面发展提供了更加有利的条件。应当看到，在由产品经济体制向商品经济体制转变的过程中，肯定会有一部分人由于受到传统习惯的影响而在思想上不适应，由于受到智能素质的制约而在社会职能方面不适应。这两方面不适应的情况相互影响，相互交错在一起，无形中成为新旧体制转换的阻力，从而也成为人们全面发展的障碍。例如，许多人习惯于过去计划体制下均衡、缓慢的运行方式，现在转变到商品经济条件下的自主、不平衡、快节奏运行状况，容易产生失落感、危机感和不满情绪。又如，在商品经济的激烈竞争中，有的单位和个人不是从增强实力，提高自身素质和职能水平入手，做出实实在在的成绩，而是改形式、换牌面、赶风潮，大搞短期行为，有的甚至以投机、假冒、欺骗的方式，大肆冲击刚刚发展起来的商品经济，损害平等条件下的竞争。所有这些情绪、议论、矛盾、行为交织在一起，常常可以把新的观念按传统习惯老化，把适应商品经济发展的政策与制度用旧的方式同化，把推动社会发展的改革活动用不正当的方式丑化。因此，在新旧体制的转换过程中，一些人产生不适应状况，并由此而产生各式各样的议论和社会问题，是难以完全避免的。我们要运用教育和管理的手段，帮助人们认识不适应状况产生的原因，引导人们从转变思想观念、提高自身素质和职能水平入手，尽快改变这种状况，推动改革的深入发展和商品经济新格局的建立。

三、人的职能转变与思想教育改革

从产品经济体制向商品经济体制的转换，不单纯是一个体制的变化，还是一场思想革命，是人的发展的一次变革。马克思列宁主义经典作家曾经科学分析了社会条件、社会变革与人的发展的关系，指出："如果这个人的生活条件使他只能牺牲其他一切特性而单方面地发展某一特性，如果生活条件只提供给他发展这一特性的材料和时间，那么，这个人就不能超出单方面的畸形的发展。"① 因此，小生产只为人们部分地运用智力和才能提供了条件，不可能推动人的全面发展，而社会化大生产才把人的全面发展问题作为"生死攸关"的问题提了出来，因为社会化大生产要求用那种把不同社会职能当作相互交替的活动方式的全面发展的个人来代替只承担一种社会职能的局部的个人。也就是说，专精于一艺的部分个人应当为全面发展的个人所代替。对于这种人，各种社会职能只是相互交替的活动方式而已。② 科学技术的迅速发展，商品经济新体制的建立，必然引起社会内部分工的革命化，促进广大学生和知识分子以及全体劳动者职能的变更。其变更主要表现在以下两个方面。

第一，人的职能由单一转向多样，这一转变是现代社会复杂化的客观要求。我们现在所处的社会环境比过去更为复杂，我们所做的每一项工作的相关因素也比过去更多，而社会对我们工作的要求也比过去更高了。所以，现在做工作、办事情的难度比过去大，它除了要求人们执行自己的主要职能，还要求人们具有相应的职能以解决工作中环境因素与相关因素的影响。

第二，人们的职能由固定转向变动。这一转变是社会变化节奏加快的客观要求。在现代社会，科学技术的发展呈加速趋势，社会信息量按几何级数剧增。我们不管做什么工作，遇到的新情况、新问题都会接连不断，都会对涌来的新知识、新信息应接不暇，我们再也不能像过去那样满足于读几本书，掌握一技之长，而是需要坚持学习，增强解决新情况、新问题的能力，不断开发自己的潜在智能，提高履行职能的水平。同时，社会的快速发展既在不断推出一批又一批权威，又在不断地隐没一批又一批权威；既为人们提供了更多的成功机会，又给人们带来了更多失败的可能。风险和机遇在各个部门、各项工作中都会不同程度地存在，这就要求我们具有应对意外变化的能力，能够在不利的情况下实现职能转换，避免不必要的损失，争取新的成功。

总之，社会的变革与发展向人们提出了职能转变的客观要求。而人们能否自觉地、顺利地实现转变，还要取决于人们的主观条件，即认识与智能水平。主观认识是实现转变的先导，智能水平是实现转变的基础。主观认识不深化，则转变缺乏内在动力；智能水平不提高，则转变没有实现条件。因此，帮助人们正确认识职能转变的迫切性，鼓励人们在新的历史条件下提高

---

① 《马克思恩格斯全集》第 3 卷，人民出版社 1998 年版，第 295-296 页。

② 《马克思恩格斯全集》第 23 卷，人民出版社 1998 年版，第 534 页。

自身素质，全面发展，适应社会变革的要求，这是一项富有战略意义的任务。这项任务理所当然应由教育来承担。思想政治教育作为整个教育的一部分，要承担起促进人们全面发展的任务，就必须进行改革。思想政治教育改革与人的职能转变出于同一社会根源，思想政治教育只有改革，才能改变过去对全面发展的狭隘理解，冲破人才培养的简单化模式，把人的发展提高到适应现代社会发展需要的高度。同时，在促进人的职能转变的进程中，思想政治教育的职能也要转变，这一转变就是对思想政治教育的作用以及发挥作用的方式进行改革。过去，思想政治教育由于受体制和大规模政治运动的制约，其职能也存在着单一化、固定化的倾向。例如，强调政治思想工作的统率作用，将其取代其他社会活动的职能，这种倾向曾经对我国社会造成了严重的不良影响。又如，思想政治教育多进行灌输、批评，少强调疏导、激励；对业务、经济工作只讲统率、保证，不讲渗透、服务。所有这些把思想政治教育职能单一化的倾向均影响人们的全面发展。因此，我们必须转变以阶级斗争为纲、以政治运动为中心的条件下的思想政治工作的职能，确立具有灌输、疏导、激励、塑造、保证、服务等多种职能的思想政治教育，以满足人们全面发展的多方面需要。

此外，思想政治教育还要改变从书本、理论、概念出发，脱离现实生活的状况，转到为发展社会主义生产力服务的轨道上来，切实发展、提高人们的社会职能。如果我们的思想政治教育只满足于教给学生一些概念而不要求运用，只要求学生学习知识而不去实践，只注重书本而不重视社会的客观要求，那么，这就忽视了对学生的社会职能的培养与训练，忽视了发展社会生产力的根本要求。这样培养出来的学生到社会上应做什么呢？能做什么呢？特别是在商品经济的竞争条件下，学生的社会适应性是怎样的呢？这是每一个思想教育工作者必须严肃考虑的问题。

新时期高校思想政治工作面临的境遇与挑战*

21世纪，我国进入了全面建设小康社会，加快推进社会主义现代化的新的发展阶段。我国加入世界贸易组织，标志着我国在经济全球化发展进程中迈出了关键性的步伐。现代科学技术的迅速发展，广泛、深刻地改变着我国的社会面貌与学科结构，高等教育大众化、社会化、国际化的发展趋势有力促进着高等学校的全面改革。所有这些正在发生变化并还将继续发展的社会现实，是我国高校所面临的新的历史性课题，既是严峻挑战，也是发展机遇。正如江泽民指出的，"进入新世纪，我国进入了全面建设小康社会，加快推进社会主义现代化的新的发展阶段。国际局势正在发生深刻的变化。世界多极化和经济全球化的趋势在曲折中发展，科技进步日新月异，综合国力竞争日趋激烈。形势逼人，不进则退"①。研究高校思想政治工作在新世纪所面临的历史性课题，以及高校思想政治工作在目标、内容、功能以及作用方式的发展，对增强高校凝聚力与竞争力，推进高校发展，培养面向世界、适应新时期需要的各种专门人才，具有现实而深远的意义。

一、新时期高校思想政治工作面临的挑战与机遇

高校思想政治工作面临许多新的理论与实际问题，这些都需要得到正视和研究。

第一，直接面临发达国家的经济扩张与思想渗透的双重挑战。高校思想政治工作面临发达资本主义国家的经济、科技扩张的挑战。"全球化是指跨国商品与服务交易及国际资本流动规格和形成的增加，以及技术的广泛迅速传播使世界各国经济的相互依赖性增强。"② 从这个定义可以看出，全球化

---

* 原载于《新时期高校思想政治工作理论与实践》，高等教育出版社2003年版，作者靳诺、郑永廷、张澍军等，收录时有修改。

① 江泽民：《在中央党校省部级干部进修班毕业典礼上的讲话》，载《人民日报》2002年5月31日。

② 国际货币基金组织：《世界经济展望》，中国金融业出版社1997年版，第45页。

的根本驱动和本质表现是商品与资本的流动，其扩展与推进的主要条件是科学技术。马克思、恩格斯在《共产党宣言》中曾指出："资产阶级生存和统治的根本条件，是财富在私人手里的积累，是资本的形成和增殖。""不断扩大产品销路的需要，驱使资产阶级奔走于全球各地。它必须到处落户，到处创业，到处建立联系。"① 这就是说，资本主义的本质就是要进行资本增殖与积累，而要进行资本的增殖与积累，就必然向全球进行扩张。"资产阶级，由于开拓了世界市场，使一切国家的生产和消费都成为世界性的了。"② 资本主义经济扩张的结果，是拉大经济差距，产生文化冲突。江泽民在2000年亚太经合组织工商界领导人峰会午餐会上的讲话，明确地指出了这种结果："经济全球化，由于发达国家的主导，使各国各地区在全球发展中的地位和水平进一步出现差异。广大发展中国家面临许多新的挑战，发展更趋困难，南北贫富差距进一步扩大。这不仅不利于全球经济的健康发展，也不利于地区和世界的和平与稳定。"在自由资本主义与帝国主义阶段，资本主义凭借经济实力，既运用武力征服掠夺资源，也通过资本输出抢占市场。任何一个发达资本主义国家都有这种掠夺聚财、剥削致富的历史。这种全球性的掠夺造成了强国越来越富，弱国越来越穷。冷战后，发达资本主义国家所采取的主要方式是通过资本扩张、科技输出拉大贫富差距，导致政治冲突。发达资本主义国家不仅拉大了国内资本与劳工的贫富差距，而且拉大了发达国家与发展中国家的贫富差距。随着经济全球化的深入，资本跨国流动越来越广泛、频繁，能力也愈来愈强，它不仅能够摆脱国家的原有支持，而且在与国家、地区的相处关系上，总是表现出强烈的增殖欲望和讨价还价的能力。经济竞争越是激烈，资本的这种能力就越强，因为资本流向哪里，哪里就会出现经济增长、就业增加，这是任何一国政府都企求得到的。资本要挟能力的提高迫使国家为了留住资本而降低税率，创设条件，提供保证，出台优惠政策。资本总会流向税率低、劳动成本和资源成本低的国家和地区。发达国家的资本外流会导致国内更多劳工失业、收入减少，从而扩大国内贫富差距。发展中国家为了发展经济，就要适当引进外资和国外的科学技术；为了适应全球化、市场化需要，就要进行必要的经济结构调整。引进外资和科学技术，就要满足外资的增殖欲望，接受外资讨价还价的要求，即降低税收，降低成本，给予比国内企业更多的优惠。这样，引进外资虽然带动了发

---

① 《马克思恩格斯选集》第 1 卷，人民出版社 1995 年版，第 263 页、第 254 页。
② 《马克思恩格斯选集》第 1 卷，人民出版社 1995 年版，第 254-255 页。

展中国家的经济增长，增加了就业机会，但经济增长的比例是不平衡的，外资增长必定比发展中国家与地区的增长更大、更快。同时，外资和科学技术的引进导致在调整经济结构中增加了对技术的投资，从而使发展中国家必须对原有产业进行技术改造，并要关、停、并、转一部分产业，削减工作岗位。这导致部分职工下岗、失业，使原有产业经济收入减少，并拉大了职工之间的贫富差距。所以，我国加入世界贸易组织后，将更直接、更广泛地与发达国家进行经济、科技、教育等各个方面的竞争。这既带来了许多发展机遇，也带来了许多发展上的难题。

自改革开放以来，我国虽然在经济、科技、教育方面实现了快速增长，但由于历史的原因，在世界范围内仍然处于弱势，与发达国家仍然有较大差距。这一差距在过去对大多数师生来说，很大程度上还只是一种比较抽象的"数字差距"，是比较间接的认识与体验。而加入世界贸易组织后，这种差距将被大多数师生从不同途径、以不同方式直接感受到。这一客观事实是对高校思想政治工作最直接的挑战，因为面对这一客观事实，有一些人，特别是对国家发展的历史以及当今世界的发展状况缺乏全面、深入认识与理解的青年学生，往往只以现有的经济差距作为价值判断与价值取向的标准，对资本主义产生向往，而对社会主义产生怀疑。我们要使青年学生正视这一事实，为缩小与发达国家在经济、科技上的差距奋发图强，既要做长期的、深入细致的说服教育工作，更要靠推进发展，因为"最终说服不相信社会主义的人要靠我们的发展。如果我们本世纪内达到了小康水平，那就可以使他们清醒一点；到下世纪中叶我们建成中等发达水平的社会主义国家时，就会更进一步地说服他们"①。

第二，高校思想政治工作直接面临发达资本主义国家意识形态的渗透。经济全球化过程既是资本主义国家产品与资本向全世界流动、生产方式向世界扩张的过程，也是资本主义制度和意识形态向全世界的扩张。对资本主义的这种经济、政治的扩张性，资本主义国家的学者也不回避。例如，美国学者埃伦·伍德认为："资本主义的基本逻辑——资本积累、竞争和利益最大化，已经从意识上渗透进世界每一个角落。……甚至于在资本主义经济的最外围，一切经济活动也都是按这一逻辑来进行的。"著名西方马克思主义者罗莎·卢森堡还从理论上专门研究了资本主义的扩张性。卢森堡提出了资本主义与非资本主义之间相关关系理论，这一理论认为，孤立存在、与世隔绝

---

① 《邓小平文选》第3卷，人民出版社1993年版，第204页。

的资本主义是不存在的，资本主义在任何时候、任何地方都要向非资本主义的外围扩张资本，扩大意识形态的影响，资本主义在地球一出现，就开始通过包围非资本主义地区来谋求生存与发展。冷战结束后，发达资本主义国家由原来的以军事扩张、战争威胁为主，转向以经济扩张、文化渗透为主。资本主义的经济扩张与思想渗透总是紧密联系在一起的。经济是资本主义扩张的基础和目的，思想渗透则是资本主义扩张的前提与保证。我国是一个发展中的社会主义大国，对发达资本主义国家来说，是一个很大的非资本主义环境，不仅在经济上是资本主义扩张的重点，而且在意识形态上也是渗透的重点。侵略、资源掠夺、文化摧残的苦难业已成为历史，中国人民永远不会忘记对帝国主义的军事扩张与思想渗透本质的认识。自我国社会主义制度建立以来，西方意识形态的渗透就没有停止过。西方企图对我国实施和平演变。在过去西方封锁、我国封闭的情况下，资产阶级意识形态的影响是间接的、分散的、偶然的，而且，我国可以采取比较简单的应对措施。改革开放以后，西方文化大量涌入，特别是在我国加入世界贸易组织之后，随着经贸、教育、科技、文化等交流合作的扩大，西方意识形态的影响也将由点到面、由间接到直接、由间或到经常。对此，西方国家也毫不隐讳。美国《纽约时报》一则评论讲得十分明白："WTO 的资格不仅是经济问题，而是关系到全球一体化，迫使中国根据西方的贸易法律行事。它将使市场极大开放，从而使得更多的中国人能够接受外国思想的影响。"[1]

首先，西方发达国家将通过强势经济、科技、信息渠道直接向我国推行其法律规则与价值观念。我国加入世界贸易组织后，西方发达国家将以经济、科技、信息为载体或渠道，向我国推行他们自以为公正的法规，特别是利用互联网向高校学生扩散西方思想与价值观念。这种强势推进与顺势影响具有广泛性、直接性与不可回避的特点，我们应该积极做好充分的思想准备，给予正视和应对。同时，西方发达国家将凭借经济与科技优势，抢占我国的教育、文化、传媒、信息市场，并通过这些领域与途径，直接着力于对青年思想的影响，既进行人才争夺，也进行"思想争夺"，这是我国加入世界贸易组织之后西方意识形态影响的最突出的特点。为了对付中国加入世界贸易组织这一重大事件，美国事实上早已制订了相关措施。美国中央情报局提出了"十条诫令"，其中前三条诫令分别是，"尽量用物质来引诱和败坏他们的青年，鼓励他们藐视、鄙视、进一步公开反对他们原来所受的思想教

---

[1] 范林娅：《从战略高度看中国加入 WTO》，载《科学决策》2000 年第 1 期。

育，特别是共产主义教条""一定要尽一切可能，做好传播工作，包括电影、书籍、电视、无线电……和新式的宗教传播""一定要把他们青年的注意力，从以政府为中心的传统引开"。很明显，美国早有通过教育、传媒、文化等方式，直接同我们争夺青年和意识形态领域的战略应对，对此，我们必须有清醒的认识。

其次，西方宗教渗透将会更加广泛而深入。西方国家宗教渗透经历了由过去在中国境外设立电台的传媒间接渗透，到改革开放过程中通过人员与书籍的非公开直接渗透的转变。加入世界贸易组织以后，西方宗教渗透将会更加直接、广泛并逐步公开化。当代宗教不仅是信仰问题，而且与政治密切相关。宗教不仅在世界范围内成为民族主义的精神支柱，而且是西方发达国家的政治工具。美国之所以允许并支持宗教，其内在原因是美国宗教已经由"信仰上帝"的神学宗教，演变为"没有上帝"的"公民宗教"，美国统治者利用宗教把美国政治、经济制度神秘化，这是美国意识形态的一大特点。其外在原因是美国利用宗教挑起民族冲突，制造民族分裂，冲击、瓦解别国特别是社会主义国家人民的思想武装，这也是美国搞"和平演变"的传统方式。我国加入世界贸易组织后，西方国家将会通过传播宗教教义、资助宗教团体、挑动教派对立、发展宗教教徒等方式，冲击社会主义意识形态的主导地位。

最后，西方国家将顺势直接推行政治思想与政治制度。西方发达国家的政治思想与政治制度是西方国家的历史选择和文化传承，西方国家一直对其美化并致力于使其国际化。我国加入世界贸易组织之后，西方国家强化在这方面的推进，但在方式上，会由过去的以鼓动、宣传为主，进而转向在我国特别是高校寻找追求西方政治的、有影响的人物，有重点地在所谓开放"党禁""报禁""人权"等问题上打开缺口，并伴随一定的舆论造势，以满足一部分向往西方政治的人的取向，顺势推行西方的政治民主思想、人权观念以及政治制度。我国的政治思想制度是我国人民根据我国国情，用鲜血和生命所做出的历史选择，我们应当根据时代和社会的发展，进行调整和改革。但我们决不可忽视在这个问题上同西方国家的矛盾与斗争，加入世界贸易组织后，更要保持政治上的清醒与坚定。

总之，我们一定要清醒认识到，资本主义扩张形式的变化并不是扩张本质的消除，帝国主义军事扩张对国家主权产生威胁，资本主义的资本、科技扩张同样对国家经济、政治、文化安全以及高校发展产生威胁，而且这种威胁会更具体、更广泛，更具有风险性。因此，加入世界贸易组织后，高校思想政治工作直接面临着发达资本主义国家经济与政治的双重挑战，必须以强力推进高校发展，强化思想政治工作来回应这一挑战。

二、高校思想政治工作面临面向世界发展的契机

一是有利于高校思想政治工作面向世界发展，走向国际舞台发挥作用。我国的思想政治工作在推进社会发展中发挥了巨大作用，是我国文化的重要组成部分，也是我国的政治优势。我国是一个文明古国、人口大国，我国社会的发展是人类进步的重要体现。因此，我国思想政治工作的理论体系与实践活动既是富有中国特色的社会主义文化，也是人类文明的重要内容。加入世界贸易组织后，我们应当把思想政治工作既作为我国的文化优势，也作为人类的精神财富，推动它面向世界发展。对它能否走向世界的任何怀疑，实际上是对我国社会主义文化的漠视。我国高校的思想政治工作是我国高校的文化传统，是推进高校发展的保证。我国高校在教育国际化发展的潮流中，既需要思想政治工作面向世界，也创造了思想政治工作面向世界发展的客观条件。做好高校思想政治工作，应当把握世界发展的潮流，以开放的视野，把工作辐射到高校对外的一切活动中，影响到对外学习、研究、交流的所有师生，在国际舞台上促进高校学术研究、对外交流的发展，推动师生适应并促进对外开放，凝聚师生的爱国情结。这既是促进高校对外发展的过程，也是推进高等教育国际化的进程。

二是有利于高校思想政治工作在比较、学习和借鉴中发展，完善高校思想政治工作体系。我国高校思想政治工作深刻蕴含着我国传统文化的整体主义价值观，形成于我国经济制度、政治制度之上，具有鲜明的民族特色和深厚的思想根基，在面向世界的发展中，具有巨大的凝聚力和生命力。我国古代天人合一的发展观、辩证统一的世界观、追求和谐的道德观，以及现代的集体主义价值观、为民谋利的群众观、平等相处的民族观等，已经广泛得到许多国家、民族和有识之士的关注、借鉴，成为世界的精神财富。加入世界贸易组织之后，高校思想政治工作应当理直气壮地走向世界，扩大我国社会主义意识形态的影响力，传播中华民族的文化，把在国内为人民服务的思想向为全人类服务延伸，把中华民族的道德智慧向人类团结和谐、互补发展、共享宇宙方面拓展，把集体主义价值取向循着开放性、社会化、全球化发展的趋势推进，坚信社会主义意识形态和中华民族文化的先进性与生命力。同时，我们应当看到，高校思想政治工作由于过去长期受封闭环境的制约，加

上受一些人认识上的影响，其开放性、发展性是不够的。世界各国高校虽然没有"思想政治工作"这个说法，但事实上都有符合本国需要与文化传统的政治（或文化）工作和政治教育、道德教育，为学校发展提供保证和服务，都有经验教训与独特的工作方式。高校思想政治工作在面向世界发挥作用与交流的过程中，与国外高校相近工作进行同中求异、异中求同的比较，既可以进一步认识我们的优势，又可以学习别国有效的方式，借鉴有用的经验，吸取教训，进一步改进、发展高校思想政治工作。有比较才能有鉴别，有鉴别和斗争才能发展。"这是真理发展的规律，当然也是马克思主义发展的规律。"①

三是有利于在培养面向世界人才的过程中发挥高校思想政治工作的作用。随着开放的不断扩大，高校师生所面对的是一个更加复杂、多变、新奇的世界，交往范围的扩大，各种文化观念的冲击，不同角色和行为方式的转换，必然引起思想方式、价值观念的深刻变化。同时，经济全球化、高等教育国际化的发展趋势，不仅把人才培养推向了国际大舞台，而且提出了必须培养面向世界竞争的人才的要求。高校思想政治工作除了要鼓励师生掌握广博知识，形成面向世界竞争的能力，还要培养、训练师生面向世界的思想道德素质。联合国教科文组织在《21世纪的高等教育：展望和行动世界宣言》的报告中就明确提出了思想、文化上的要求，高等教育要"培养非常合格的毕业生和能够满足人类各方面活动需要的负责任的公民"，学校要"帮助在文化多元化和多样性的环境中理解、体现、保护、增强、促进和传播民族文化，地区以及国际文化和历史文化"，并通过培训和提供正确的认识来保护和增强青年的社会价值观。这就是说，对面向世界的人才的思想道德素质要求是：跨越国家地域和政治、经济、文化界限，更加需要增强人的开放意识与兼容态度；处于多元文化与多样价值观的影响下，更要有坚定的爱国情怀；面向国际竞争，更加需要竞争的勇气和世界眼光；走向国际舞台，更加需要对人类大家庭的热爱和对生态环境的保护；培养适应国际市场的道德要求与规范，加强职业道德训练。显然，学生面向世界素质的培养与形成，只有开放的、发展的思想政治工作才能担当。

---

① 《毛泽东著作选读》（下），人民出版社1986年版，第785页。

小康社会高校思想政治工作面临的新课题[*]

从 21 世纪开始,我国已经进入全面建设小康社会、加快推进社会主义现代化的新的发展阶段。在这样一个新的发展阶段,高校思想政治工作如何适应新的发展需要并推进自身发展,如何在促进高校发展过程中发挥更大作用,这是在新的历史条件下所要研究的新课题。

一、小康社会高校思想政治工作面临的新问题、新特点

小康社会是中国特色的发展阶段。小康是一个综合性的社会发展指标,而不是单一的经济发展指标;小康社会是社会发展战略,而不是单一的经济发展战略。邓小平同志在讲到小康水平时,虽然多次主要讲的是国民生产总值的平均水平,强调经济指标,但是,他讲小康社会的经济指标是有前提的。他指出:"我们确定了一个政治目标:发展经济,到本世纪末翻两番,国民生产总值按人口平均达到八百美元,人民生活达到小康水平……更为重要的是,在这个基础上,再发展三十年到五十年,力争接近世界发达国家的水平。"[①] 将实现小康社会作为一个政治目标对待,说明邓小平同志绝不仅仅把实现小康社会这一目标看作一个经济目标,而且将其看作包括政治和精神生活在内的综合目标。他说,真正到了小康的时候,人的精神面貌就不同了。他在论述小康时,总是把小康同摆脱贫穷落后联系起来,物质生活的贫穷不是社会主义,精神生活的贫穷也不是社会主义。根据邓小平同志小康社会是政治、经济、社会发展综合目标的思想,第七届全国人民代表大会第四次会议通过的《八五计划和十年规划纲要》对小康目标进行了详释并指出:我们所说的小康生活,是适应我国生产力发展水平,体现社会主义原则的。人民生活的提高,既包括物质生活的改善,也包括精神的充实;既包括居民个人消费水平的提高,也包括社会福利和劳动环境的改善。

---

[*] 原载于《新时期高校思想政治工作理论与实践》,高等教育出版社 2003 年版,作者靳诺、郑永廷、张澍军等,收录时有修改。

[①] 《邓小平文选》第 3 卷,人民出版社 1993 年版,第 77 页。

　　小康社会高校思想政治工作将面临新的矛盾。首先，高校思想政治工作始终面临业务工作与思想工作的矛盾，矛盾的内容与方式将随着形势的发展而变化。我国自改革开放以来，物质文明建设和精神文明建设都取得了举世瞩目的成就，都有很大发展。但"两个文明"的发展一直不平衡，存在着物质文明建设"一手硬"、精神文明建设"一手软"的矛盾，甚至发生过思想政治教育的失误。这种矛盾现象在高校的表现就是重科技、轻人文，重业务工作、轻思想政治工作。随着社会竞争的全面展开与激化，社会对高质量人才的需求越来越迫切，这一发展趋势使高校面临巨大的发展压力。高校与高校之间的生源、人才竞争已经展开，内部一直比较平稳的状态也在打破，人事制度改革、岗位聘任与竞争，以及学生的选优与淘汰，使高校产生强大的活力与动力，这是高校适应市场经济体制、寻求发展的必由之路。然而，在竞争过程中，有形的竞争指标，如业务分数、科技成果、教学课时等，往往因容易被用来比较而占有优势；无形的竞争内容，如政治素质、道德水平、工作态度等，往往因相对抽象而难以比较。在这种情况下，如果不能根据物质与精神、业务与道德相结合的原则，全面制定竞争指标，引导师生进行公开、公平、公正的竞争，就容易导致一些高校和师生出现重业务、轻道德，重业务工作、轻思想政治工作的倾向。这种倾向在价值取向上的表现是重物质条件攀比，轻思想道德修养；重眼前现实利益，轻自身长远发展；重科学技术知识，轻人文精神动力；重学术功利行为，轻正确价值取向。在学校层面的表现是相互矛盾而缺乏统一；分散而缺乏凝聚；发展缓慢而缺乏后劲。在师生个体身上的表现是心情浮躁、焦躁；易生牢骚；出现心理失衡甚至心理障碍；有些人甚至做出业务投机与学术腐败行为。这些倾向与表现已经在高校不同程度地存在，而且会随着竞争的激化而加剧。这就是高校思想政治工作面临的新矛盾：一方面，高校和高校师生都希望发展快一点，都力求成为竞争的强者，愿望是好的；但另一方面，对于竞争为何折射出许多新的问题，这些问题产生的原因是什么，许多师生往往不愿正视。

　　我们应当清醒地看到，社会正在悄然发生变化，变化的显著标志就是随着知识经济时代的到来，全世界出现精神价值彰显和文化热潮的兴起。对于这些变化，人们还缺乏自觉地认识与把握的意识，断裂式的思维方式、表象性的认识以及传统的价值观念是制约认识更新与升华的主要原因。一些师生看到和重视的首先是科学技术知识的竞争，而对隐藏于科学技术知识后面的人文动因缺乏体认与开掘；容易看到科学技术的价值，对其表现出一种强烈的向往与崇拜，而没有全面认识人发明、运用现代科技所显示和所需要的本质力量，把现代科技看成一种可以游离于人之外的一种力量，这样势必忽视科技创造与科技运用的思想道德条件。科学技术对人和社会的发展具有基础的、决定的作用，思想道德对人和社会的发展具有灵魂的、动力的作用。科学技术与思想道德的整合互动所要解决的基本问题是科学技术决定论与精神动力论的统一，是智能与德性的和谐发展问题，其核心是科学技术运用、创造发明的根源和动因是要从科学技术自身中去寻求，还是要从人文精神领域里去寻找的问题。为此，根据科学文化与精神文化对人的发展同等重要的原则，江泽民同志在党的十五大报告中指出："必须着力提高全民族的思想道德素质和科学文化素质，为经济发展和社会全面进步提供强大的精神动力和智力支持。"针对社会上忽视思想道德素质的倾向，江泽民同志在第三次全国教育工作会议上特别强调："思想政治素质是最重要的素质。"因此，高校思想政治工作要研究高校竞争引发的新问题，把握现代社会科学技术与精神文化协同发展的趋势，对竞争进行正确引导。

高校思想政治工作面临个体自主发展与社会公平要求的矛盾。随着市场经济体制的形成与发展，我国过去在计划经济体制下政治主体与科教主体基本同一的状况逐步改变，高校作为独立自主的主体与政府脱钩，按照科学教育发展规律，拥有独立决策、自由选择、自主发展的权利。这种独立、自主、自由的权利，是市场经济体制的基本要求，也是高校发展的基本条件。同时，高校也要改变过去过分强调统一的行政化倾向，充分尊重师生业务上自主自由发展的权利，为师生选择、创造、发展个性特点创造良好的环境与条件。这是增强高校活力、推进高校发展的基础，是思想政治工作的重要任务。同时，我们也要看到，师生自主自由发展，必须遵循社会主义道德规范、法律规则和学校的规章制度。而在竞争中，一些师生往往多考虑自身利益，少受法规与道德制约；多充分行使自主自由权利，少履行相应义务；多考虑自身发展，少顾及全局政治。此外，一些人过度行使自主自由权利，或违反法规与道德，侵犯社会与他人利益；或污染环境、破坏生态，危害社会与他人的发展；或激化矛盾、导致冲突，影响社会秩序与稳定；等等。针对这些情况，思想政治工作必须按照法律法规、道德规范，通过教育、管理等方式，维护学校秩序与社会公正。唯有如此，全校才有发展的条件，才能保证每个师生真正自主自由发展。因此，在小康社会，高校师生自主自由发展与学校维护社会公平、学校秩序的矛盾将会突显，这是政治与业务关系在新形势下的新表现，是高校思想政治工作面临的新矛盾。

二、高校思想政治工作承担着政治文明建设的新任务

党在社会主义初级阶段的基本路线提出了要把我国建设成为富强、民主、文明的社会主义国家。邓小平同志强调："没有民主就没有社会主义，就没有社会主义的现代化。"① 最近，江泽民同志又特别指出："发展社会主义民主政治，建设社会主义政治文明，是社会主义现代化建设的重要目标。"② 这些论述明确规定了小康社会民主政治发展的价值目标，提出了政治文明建设的任务。

1844 年 11 月，马克思在《关于现代国家的著作的计划草稿》中就提出了"政治文明"的概念，强调人民主权，依法治国，实行民主，相互监督，用"政治文明"作为废除集权制的主要手段。③ 国外许多学者也有诸多关于政治文明的论述。美国学者威尔·杜兰特对社会文明进行了要素分析，认为"文明是增进文化创造的社会秩序。它包括四大因素：经济的发展、政治的组织、伦理的传统，以及知识与艺术的追求"④。英国学者阿诺德·约瑟夫·汤因比不仅将社会文明明确划分为经济、政治、文化三个部分，而且详细论述了三方面文明的关联性与整体性。他指出："文明乃整体，它们的局部相依为命，而且都发生牵制作用。在这个整体里，经济的、政治的、文明的因素都保持着一种美好的平衡关系。"⑤

江泽民同志关于政治文明的概念是根据社会结构和社会整体文明内容提出来的，是对我国社会文明建设的补充与发展。政治文明建设具有丰富的内涵。首先，社会主义政治文明包括社会主义政治思想文明。政治思想包括政治理论、法制观念、政治理想、政治道德、政治态度、政治情感等，其中，政治理论、法制观念、政治理想起主导的、支配的作用。高校对学生的政治理论教育是培养学生思想政治素质的主渠道，事关人才素质与中国的前途命运，事关与政治相关学科的理论教学和研究，事关社会政治文明建设的全

---

① 《邓小平文选》第 2 卷，人民出版社 1983 年版，第 146 页。

② 江泽民：《在中央党校省部级干部进修班毕业典礼上的讲话》，载《人民日报》2002 年 5 月 31 日。

③ 《马克思恩格斯全集》第 42 卷，人民出版社 2006 年版，第 238 页。

④ ［美］威尔·杜兰特：《世界文明史》第 1 卷，东方出版社 1998 年版，第 3 页。

⑤ ［英］阿诺德·约瑟夫·汤因比：《历史研究》（下），上海人民出版社 1986 年版，第 463 页。

局。社会主义的理想与目标的确立，政治思想的形成和政治行为的规范，不可能自发实现，只能依靠有组织、有目的的政治文明建设来完成。此外，资本主义"民主"思潮、"自由"观念、"人权"思想的强大冲击，我国封建社会的等级特权、官贵民轻、人际依附等的影响，妨碍了我国走向民主化、现代化。其次，社会主义政治文明也包括政治行为文明。政治行为文明是指政党、团体以及公民政治生活、政治活动方式的文明程度，是政治思想文明在行为上的反映。由于我国政治文明规范尚处在系统建设之中，政治生活中存在的无政府主义与自由化倾向，无视法纪规范的"大民主"现象，政治生活的盲从与自发行为，干部中的家长制作风，领导层的等级特权，有法不依、执法不严、违法不究的行为，以及官僚主义、以权谋私、欺上瞒下、任人唯亲，等等，不仅在社会上时有发生，而且在高校中也不同程度地存在。这些不文明行为不仅直接阻碍政治建设和民主发展，而且严重影响和制约科学的进步与人才培养。最后，社会主义政治文明还包括政治制度文明。政治制度文明是指政治与法治规范、政治与法治程序的文明程度。实现民主制度化、规范化，建设社会主义法治国家，是我国政治文明建设的目标。

江泽民同志是根据小康社会的奋斗目标提出政治文明建设的战略举措的，目标中实现富强要靠物质文明建设，实现文明要靠精神文明建设，而实现民主则要靠政治文明建设。这一举措为我国社会的全面、协调发展提供了理论指导和政治保证。高等学校理应在民主建设、依法治教方面走在社会的前面。社会政治民主的发展，高校科学技术水平的不断提高，各种教育层次和方法的丰富与发展，为师生增强民主意识提供了基础，它使学生逐步摆脱自发自在状态，追求民主与文明，不断提高自身思想政治素质。教师在科学技术研究上的深化以及科技成果在社会上的广泛运用，教育面向社会服务的展开，特别是高等教育大众化的发展趋势，不仅直接促进社会经济的发展与开放的扩大，而且为师生全面地认识自然和社会、与社会各类人员沟通、充分发挥创造性提供了实践基础。教师、学生通过科学技术的运用获得更多的自主与自由，同时，科学技术也为师生正确了解、评价、民主管理准备了文化、知识与技术条件。科学技术水平、接受教育的程度往往是与政治民主的要求成正比的。所以联合国教科文组织指出，随着高等教育逐步成为社会的"主要组成部分"，"教育是人权、民主、可持续发展及和平的根本支柱"。①世界各国的高等学校都把民主建设作为重要内容，把实现教育民主化作为教

① 卢晓中：《当代世界高等教育理念及对中国的影响》，上海教育出版社 2001 年版，第 34 页。

育现代化、走向国际化的重要标志。因此，高等学校在发展过程中，既要推进高校、社会政治文明的发展，也需要政治文明作为发展的基本条件。

高校的政治文明建设，主要是民主与法治建设。高校民主建设，包括政治民主、学术民主、教学民主、管理民主等多个方面的内容。政治民主建设主要是高校党组织的政治思想建设、组织建设，以及党内民主建设，也包括高校民主党派、政治团体的民主建设。学术民主建设，重点是遵循学术发展的基本规律，保证师生在学术上的民主、自由权利，形成民主、自由的学术氛围。教学民主建设是要发展师生民主、平等关系，发挥教师、学生自主选择、主动参与的积极性，形成师生互动、教学相长的局面。管理民主建设是要坚持公开、公平、公正的原则，实现民主决策、民主监督、民主参与、民主评价的管理格局。这些民主建设的内容都是相互依存、不可分割地联系在一起的。其中，政治民主建设在学校民主建设中起主导作用，是学术民主建设、教学民主建设、管理民主建设的保证，学术民主建设、教学民主建设、管理民主建设是学校民主建设的基础，也是政治民主建设的重要条件。政治民主建设、学术民主建设、教学民主建设、管理民主建设体现在学校教学、科研、管理等各个层面，贯穿于学校的每个工作环节，必须结合教学、科研、管理的工作实际协调一致，相互促进，共同发展。因而，高校民主建设是高校的一项基础性建设，是实现学校民主、社会主义现代化建设民主目标的根本途径，是保证高校教学、科研、管理顺利进行的根本条件，是现代高校赖以生存与发展的基础。没有高校民主，就没有高校的活力与创造力，就没有高校的现代化。

高校政治文明建设的另一个重要内容就是依法办学、依法治校，提高制度化水平，使学校管理民主化、规范化。高校民主建设与制度建设是相辅相成、不可分割地联系在一起的，民主建设是制度建设的基础和前提，制度建设是民主建设的规范与保证。没有民主建设，制度建设就会走向强制；没有制度建设，民主就会流于形式。民主建设薄弱，必然导致制度建设疲软；制度建设无力，也必然导致民主建设脆弱。民主建设为制度建设提供广泛的群众基础和合理性取向，制度建设保证并实现民主的制度化、规范化、程序化。民主建设与制度建设的这种不可分割的关系决定了这两项建设必须同时进行。

制度建设的目的是实现依法办学、依法治教，增强高校制度文化的权威性，保证高校运行的规范性，为学校发展创造良好的氛围与秩序。制度建设的任务主要有两个方面：一方面是要以国家和教育领导机关的法规为准则，结合高校自身实际与特点，系统制定规章制度，使学校各项工作以及工作的各个环节都有章可循、有制可循，尽可能消除工作上的随意性与因人而异的状况。同时，要根据学校全局发展需要，协调各项规章制度的关系，使之相互配合、共同规范，避免顾此失彼或主次不分而造成矛盾与冲突。另外，要建立保证制度运行的机制，即对制度的执行过程与执行结果进行监督、检查、评估，对遵循者进行肯定、奖励，对违纪者进行批评、惩罚，逐步提高学校制度化能力。另一方面，就是要以思想道德建设为基础，提高师生执行制度的自觉性。应当看到，由于历史原因，我国高校既缺乏民主传统，也缺乏法制传统，发展民主、完善法制的任务都很艰巨。相比之下，规章制度即有形的法制的制定，是比较容易做的，但无形的法制建设以及为法制建设提供基础和条件的思想道德建设、民主建设往往更重要，也更困难，两者必须结合起来共同建设。如果有形法制建设没有相应的无形思想建设作为基础与思想上的保证，那么有形规章制度就是一纸空文；而思想建设如果没有必要的制度保证，那么思想建设的任务也会落空。我国是一个富有伦理传统、重视德治的国家，人们在行为规范上比较注重内在的思想、道德修养与自控。也正是由于这个原因，以解决内在思想问题为主的思想政治教育在社会管理中有优势。因此，要使有形的法制建设充分发挥作用，必须认识和尊重民族的这一传统，发挥其优势。所以，江泽民同志全面考察我国现代化建设进程之后，根据我国民族文化传统和党的传统，对思想政治教育重新进行了定位，重申加强思想政治教育是我们党的政治优势，并提出了依法治国与以德治国相结合的治国方略，强调了法制建设与道德建设的结合。

科技发展向高校思想政治工作提出的新要求*

高校是传播科学技术知识、培养科学技术人才、研究科学技术成果的场所，是洞察、追踪现代科学技术发展动向与趋势的前沿阵地。现代科学技术的迅猛发展对高校的内部结构、师生的思想观念与行为方式，以及思想政治工作影响更加直接和深刻，已经成为当前高校一个普遍关注的理论与实际问题。研究当代科学技术与思想政治工作的关系，对促进高校科学技术发展，有效发挥思想政治工作的作用，具有十分重要而深远的意义。

一、正确认识和把握科学技术与思想政治工作的辩证关系

思想政治工作，主要是意识形态工作。当代科学技术的迅速发展不仅直接推进经济发展，而且与上层建筑的关系也日趋密切。在西方国家，科学技术与意识形态的关系成为研究的热点，西方学者围绕这一问题展开了激烈争论，形成了科学技术与意识形态"对立论"与"等同论"等各不相同的观点。科学技术与意识形态对立论者认为，两者性质不同，形态各异，功能相反，是绝对对立的。持这种观点的主要代表有意大利社会学家帕累托、英国批判理性主义创始人波普尔、法国结构主义哲学家阿尔都塞，他们都把意识形态视为情绪、僵化、虚幻的东西而与科学对立，既否定意识形态具有科学的可能性，也否定科学技术需要一定意识形态的指导。这种将科学技术与意识形态割裂、对立的观点不仅否定了科学技术对意识形态的决定作用，而且否定了意识形态对科学技术发展的反作用，把科学技术发展看成不需要除科学技术以外的思想、道德以及价值观指导的纯科学技术活动。显然，这种观点很容易走向唯科学技术论。

科学技术与意识形态等同论者认为，资本主义的科学技术已经取代了传统意识形态的作用，成为一种新意识形态，并且有学者提出了"新意识形

---

* 原载于《新时期高校思想政治工作理论与实践》，高等教育出版社 2003 年版，作者靳诺、郑永廷、张澍军等，收录时有修改。

态理论"。持这一观点的主要是法兰克福学派的霍克海默、美国哲学家马尔库塞、德国哲学家哈贝马斯。哈贝马斯通过对当代资本主义的分析批判，提出了"科学技术是第一生产力"的观点和"科学技术即意识形态"的命题。他认为在资本主义社会，直接从事生产的劳动力日益失去意义，资本家一方面主要靠科学技术获取剩余价值，另一方面，由于国家对经济生活的干预加强，经济与政治相互渗透，统治者也将政治问题转化为技术问题，科学技术起到了意识形态的作用。也就是说，科学技术作为第一生产力，实现了人对自然的统治，而科学技术作为意识形态，则实现了人对人的统治。哈贝马斯关于科学技术是意识形态的观点，实质上是"技术统治论"思想。这种思想同"对立论"一样，只看到了资本主义社会里科学技术的巨大作用，没有看到资本主义意识形态向各个领域，特别是向科学技术领域的渗透，同样容易走向唯科学技术论。"对立论"与"等同论"都过分夸大了科学技术在社会生活中的作用，用科学技术掩盖了当代资本主义社会的矛盾，把资产阶级的政治统治归结为科学技术问题，这既不符合客观事实，在政治上也十分有害。同时，以科学技术的真理性与客观性代替意识形态的价值性，或以意识形态的价值性取代科学技术的真理性与客观性，违背了科学性与价值性的辩证关系，在理论上是站不住脚的。

马克思主义关于科学技术与意识形态的关系，坚持的是辩证关系论，即科学技术与意识形态既有区别，又有联系。马克思主义认为，科学技术与意识形态是有区别的。首先，科学技术与意识形态所反映的对象不同。马克思在研究人类社会与自然界的关系时，从来没有把二者等同起来，而是作了明确的区分：历史可以被划分为自然史和人类史，自然史即所谓自然科学，而意识形态本身只不过是人类史的一个方面。自然科学是对自然界诸事物、诸现象的运动、变化规律的理论概括，并不反映人们的社会关系，当然不能把它说成是意识形态。而意识形态则是人们关于社会的观念形态的理论化、系统化，依赖于社会生活过程的发展与变化，集中反映了社会经济关系与政治关系。其次，科学技术与意识形态的任务不同。科学技术的任务在于揭示事物的本来面目，进行事实判断。正如爱因斯坦所说的，科学只能断定是什么，而不能断定应该怎样。"应该怎样"属于价值判断。科学揭示事物发展变化的规律，至于运用客观规律是为人类造福，还是危害人类，就不属于科学技术范围内的问题。意识形态是为人类的思想和行动定向的价值体系，它引导人们在科学认识的基础上进一步辨别善恶和美丑，提供人类活动的价值规范和价值目标。因此，科学技术探索的是真，而意识形态求索的是善，两者的作用既不相同，也不能相互代替。最后，科学技术与意识形态的属性和功能不同。马克思认为，科学技术属于知识形态的生产力，是构成生产力的重要因素，科学技术不过是人的生产力的发展所表现的一个方面，一种形式。科学技术内在地连接着劳动者的体能、技能和劳动工具，具有技术实现的需要和可能。所以，马克思主义经典作家向来没有把科学技术归于意识形态范畴，而是将它称为"头等生产力""第一生产力"。意识形态则是一个上层建筑的范畴，它是代表统治阶级根本利益的取向和观念的总和，由各种具体的意识形式综合而成，具有强烈的现实指向性和鲜明的阶级性，不仅给予经济基础以巨大作用，而且具有相对独立性。它不像科学技术那样，可以直接转化为生产力和物质力量，只为生产力发展提供必要条件。

总之，科学技术与意识形态在本质属性、功能属性、社会属性上，在其反映、服务的对象上，在社会生活中所担当的角色都是不同的，不能把它们等同。在当代社会条件下，不管科学技术的影响和作用如何强大，都不可能取代意识形态，也不可能取代思想政治工作。相反，随着科学技术的发展，社会需要人具有更强的主体性与更合理的价值取向推动、驾驭科学技术发展，正确运用科学技术造福于人类。片面夸大科学技术的作用，否定意识形态的作用，否定思想政治工作，无疑会使科学技术成为一匹脱缰的野马，人在其面前丧失主体性而无法驾驭，社会、环境只会面临无法收拾乃至无法生存的局面，这绝不是人类所追求的生存、发展目标。科学技术与意识形态是密切联联系的。

首先，科学技术的发展对意识形态、思想政治工作具有决定性作用。"生产过程成了科学的应用，而科学反过来成了生产过程的因素即所谓职能，每一项发现都成了新的发明或生产方法的新的改进的基础。"① 正因为科学技术在社会发展中起着基础、决定性的作用，所以"科学是一种在历史上起推动作用的、革命的力量"②。科学技术的发展促进意识形态的变革，丰富思想政治工作的内容。自然科学研究活动获得的科学知识、所创立的理论、使用的科学方法、树立的科学态度、形成的科学精神，是推动社会文明发展的巨大力量。科学的本性是尊重客观事实，不迷信任何偶像权威，不承认任何陈腐不变的教条，不盲从任何权力意志，其本身是彻底革命的。当代科学技术发展不仅导致社会的经济结构、社会结构的调整与变革，推动经

---

① 《马克思恩格斯全集》第 47 卷，人民出版社 2006 年版，第 570-572 页。
② 《马克思恩格斯全集》第 19 卷，人民出版社 2006 年版，第 275 页。

济、政治、教育体制改革，而且开辟了许多新的发展领域，要求社会探索、发展竞争道德、信息道德、网络道德、环境伦理等新的道德内容与规范，抛弃那些愚昧无知、陈旧落后、封建迷信的思想意识，为正确的世界观与方法论的形成、发展提供事实材料和科学证据。同时，科学技术的发展能强化意识形态功能。科学技术虽不专为某一特定阶级服务，因而没有阶级性，但科学技术一旦为某一特定的社会主体（包括阶级、国家、团体、个体）所掌握和运用，它便具有为特定社会主体服务的社会特性，充当政治斗争的精神武器和物质技术工具，直接为特定阶级的利益服务。特定的社会主体总是力图从科学技术那里寻求支撑和服务，为阶级利益和政治制度辩护。无产阶级用现代科学所揭示的客观规律性、真理性，为唯物的、辩证的历史观作论证，为无产阶级的彻底的革命理论作论证。资产阶级也利用某些科学观念或科学理论反映和表达资产阶级的利益和要求，将其作为为资产阶级服务的工具。例如，资产阶级利用达尔文的生物进化论反映资本主义社会生存竞争、优胜劣汰的生活方式，称之为社会达尔文主义，令其成为证明资本主义弱肉强食、对外侵略的合理性的理论依据。同时，不同社会主体既可以把科学技术作为生产力直接服务于特定的生产方式，也可以把科学技术作为手段间接地服务于这一生产方式中统治阶级的利益。法兰克福学派曾尖锐地指出，在当代发达资本主义社会中，"随着技术对自然的征服的增长，人对人的征服也得到了增长"①。科学技术作为一种重要的社会力量、一个国家的重要事业，它的发展和取得的成就本身具有扩大政治影响的作用。许多国家之所以投入大量人力、物力、财力发展科学技术，力求使本国的科学技术在世界上争得优势地位，除了有发展经济的原因，还有显示国家的政治威望，增强国民的自尊心、自信心、自豪感，强化民族凝聚力，扩大社会制度的政治影响的目的。所以，各国都先后确立了"科教兴国""技术立国""科技治国"的战略方针。

其次，意识形态对科学技术发展的影响与作用同样也是广泛的、深刻的。意识形态的各种表现形式对科学技术都有着不同方式、不同程度的影响，其中，以政治、道德的影响更为直接。科学技术研究、科学技术成果的推广、应用总是受一定的政治制度以及相应的法规、体制、占统治地位的思想所制约的，超社会的、脱离政治的科学技术是不现实的。科学技术作为一种工具，为一定的政治服务，同时，政治也反过来影响科学技术发展的进程。政治所作用的直接对象是社会和人，它主要是通过政治秩序、环境对人的外部影响、人的行为来作用于人，并不能取代科学系统内部的力量。在现代社会条件下，政治、法律对科学技术的影响和作用主要是通过政策、法则来实现的。高校如何正确利用国家政策、法规促进科技发展，是高校思想政治工作的新课题。除政治外，道德也是影响科学技术发展的重要因素。马克思主义认为人们的道德水平、思想面貌一旦改变，社会道德风尚一旦形成，它们对经济基础、科学技术就会表现出巨大的反作用，对维护和促进经济基础和科技发展起着推动或阻碍的作用。同样的道理，道德水平一旦提高，进步的道德风尚一旦形成，就会推动经济发展，直接或间接地促进科学技术的进步。一定的道德，归根结底是一定经济基础的产物，是反映一定政治制度的价值观念。爱因斯坦 1935 年在《悼念玛丽·居里》的演讲中，列举了居里夫人在科技活动中的许多高贵品质，如坚持、纯洁的意志、严于律己、客观、谦逊、公正不阿、顽强以及高度的社会责任心等。爱因斯坦不仅高度评价了居里夫人的高贵品质，而且深刻揭示了这些道德品质对科技发明、发展的价值。他说："像居里夫人这样一位崇高人物结束她的一生的时候，我们不要仅仅满足于回忆她的工作成果对人类已经作出的贡献。第一流人物对于时代和历史进程的意义，在其道德品质方面，也许比单纯的才智成就方面还要大。即使是后者，它们取决于品格的程度，也远超过通常所认为的那样。"①

从上面的分析可以看出，科学技术与意识形态以及与思想政治工作的关系是既不可彼此分割，也不能相互替代的辩证统一关系。在当代科学技术地位突出、作用强大的情况下，正确认识和把握这一关系，对于我们发展思想政治工作，发挥思想政治工作的作用，促进科学技术进步，具有重要的理论指导意义。

二、科学技术发展对高校思想政治工作的新要求

科学技术与思想政治工作关系在理论上是统一的，但在现实生活中，往往存在不平衡现象。这种不平衡现象常常表现在科学技术的发展性与思想政治工作的滞后性上，当代科学技术的迅速发展向高校思想政治工作提出了一

① ［美］爱因斯坦：《爱因斯坦文集》第 1 卷，商务印书馆 1976 年版，第 339—340 页。

系列新要求。

第一，引进科学技术对思想政治工作的要求。我国的现代化同西方发达国家的现代化相比较，有其特殊性。我国在新中国成立后才走上现代化之路，而真正汇入世界的现代化潮流是在改革开放之后。在这么短的时间内实现科学技术现代化，当然很艰难。因此，西方国家的现代化既对我国的现代化形成巨大压力，也为我国发展提供了引进、借鉴西方国家科学技术的条件。1987年，诺贝尔经济学奖获得者罗伯特·索罗曾经成功地证明，长期以来，发展中国家所形成的科学技术的落后局面是传统社会向现代社会过渡的主要障碍，对这种落后面貌的改革，一方面取决于本国本地区在科学技术方面的投资和扶植，另一方面则取决于引进和消化国外科学技术。我国高校从发达国家引进了大量的科学技术设备、仪器、科学技术知识（包括新的学科知识、教材等）、科学技术人才。

引进科学技术，对思想政治工作已经和正在产生多方面影响。首先，任何科学技术成果、产品都不是纯科学技术性的，都有与之相适应的价值观念、道德观念与文化背景相伴随。我们不可能同时引进西方国家的价值观与道德观，只能根据我国价值观与道德观的要求对引进的科学技术加以改进和应用。当高效的先进科学技术与传统的价值观、道德观相碰撞时，先进科学技术的效用就会受到抑制，先进科学技术知识往往或难以进入教学过程，或停留在概念层面而难以被付诸应用，先进科学技术设备受高校管理体制和传统习惯的制约，难以充分发挥作用，甚至可能会因影响一些人的利益而受到抵制。因此，引进的先进科学技术能否发挥作用，既与操作技术水平有关，也与思想观念、道德观念有关。这是因为，科学技术现代化并不等于人的现代化和人的观念现代化。人的现代化，或者说人从传统人转变为现代人不是自发完成的，它要伴随社会现代化过程来实现。实现的方式一般有两种：一是自我自觉地根据现代社会的发展要求进行改造，这是个体的能动改造；二是在外在因素，包括教育、环境等的条件影响促使其进行自我转变。在一个社会内部产生现代因素的环境中，人的现代化走的一般是前一条道路，而在外力的推动下进行现代化变革的过程中，人的现代化走的是后一条道路。高校广泛引进国外科学技术，又在国外现代化的压力下推进现代化进程，这样，人的现代化往往显得滞后，实行人的现代化的任务相对而言更为重要。而人的现代化关键是人的思想观念现代化，即人们对社会现代化的客观存在所作出的反映而形成的具有时代精神的现代观念。现代观念的特征主要表现为科学性、开放性、立体性。现代思想观念并不因为科学技术的引进而随之自发地生成，必须既根据我国价值观的要求，又以引进的科学技术为依托，通过学习、教育、培训，才能逐步形成。在我国，人的现代化是关键，它首先是人的观念现代化，人若没有现代观念，即使有先进科学技术手段和现代的物质条件，也不能成为现代人。所以，英国学者英格尔斯指出，如果人们自身还没有从心理、思想、态度和行为方式上都经历现代化的转变，失败和畸形发展的悲剧结局是不可避免的。再完善的现代制度和管理方式、再先进的技术工艺在一群传统人的手中也会变成一堆废纸。所以，高校既要引进科学技术，又要抵制与之相伴随的消极的西方价值观和思想文化，并根据我国社会发展需要，对外来的科学技术进行消化，用现代思想观念实现人的思想观念的现代化。这是一项复杂的双重任务，必须统一起来加以实施，忽视任何一方面都会发生问题。

第二，高校思想政治工作面临推进科学技术发展的巨大压力。根据各国的科学实力和水平，我国科技总体势力同发达国家相比，还存在较大差异。为了缩小差距，我国确立了科技发展的战略目标，提出了科教兴国战略。高校是我国发展科学技术的主要力量，承担着科教兴国的历史使命。高校思想政治工作作为高校业务工作的生命线与中心环节，能否在推进高校科学技术发展上发挥作用，是我们必须正视而不能回避的问题。

从历史上看，高校思想政治工作长期主要集中在政治思想领域，不仅思想政治工作部门形成了以政治思想内容为主的传统工作格局，而且业务部门也形成了思想政治工作部门只管政治思想，与业务无关或关系不大的习惯看法。我国实现工作重心转移之后，这种传统虽有所改变，但总的来看，思想政治工作部门不太熟悉、不会把握现代科学技术发展的情况仍然突出，科技、业务部门不认识、不接受思想政治工作对科技发展作用的倾向也很普遍。这种情况既不利于科技发展，也不利于思想政治工作的开展。

关于思想政治工作与科学技术的关系，在前面我们已经作了论述，两者应当是一种不可分割的互动共进关系。如果思想政治工作不走出传统，不渗透到高校科学技术发展的过程中去提供人文动力与合理的价值导向，思想政治工作的地位与作用只会越来越受到质疑，只会作为一种形式性的存在。同时，科学技术如果仅仅局限于自身发展，拒绝思想政治工作提供的人文动力与合理的价值导向，就会走向歧途，甚至造成对社会的危害。这种二者分割的情况在西方国家早已存在。西方国家既有以科技为本位，将科学技术看作纯粹的"客观知识"或纯粹"客观工具"，否定意识形态、人文精神的作用与价值的科学主义流派，也有坚持以人为本位，将人文精神、人文价值孤立化、绝对化，排斥科学技术的作用与价值的人文主义流派。这两种倾向的对立，导致科学文化与人文文化在西方国家的断裂。查尔斯·珀西·斯诺在《两种文化》一书中生动地描写过这种断裂。他认为，整个西方社会的智力生活已日益分裂为两个极端的集团：一极是文学知识分子；另一极是科学家。他们两者之间存在着互不理解的鸿沟，有时还互相憎恨和厌恶，都荒谬地歪曲了对方的形象。他们对待问题的态度全然不同，甚至在感情方面也难以找到共同的基础。文学知识分子趁着人们不注意，把自己看作独一无二的"知识分子"，而将科学家排除在"知识分子"之外；而科学家则宣称："这是科学的英雄时代！"非科学家有一种根深蒂固的印象，认为科学家抱有一种浅薄的乐观主义，没有意识到人的处境。而科学家则认为，文学知识分子都缺乏远见，特别不关心自己的同胞，是深层意义上的反知识，热衷于把艺术和思想局限在存在的瞬间。① 这种科学技术与意识形态断裂和对立的情况，不仅以思潮的方式影响了我国，而且对我国存在的科学技术与意识形态本不深刻的关系给予了强化。我国古代的传统文化是一种重视道德、轻视科学，重视人文、鄙视技术的以伦理为主的文化，这种文化在科学技术与意识形态之间本来就有一条鸿沟。新中国成立之后，我国大力倡导科学精神，发展科学技术，对传统文化所造成的两者断裂虽有很大改变，但过分夸大意识形态的作用，长时间的政治运动又导致了科学技术与意识形态关系的简单化，致使有的人在崇尚科学技术时却反感、排斥意识形态，有的人利用传统的意识形态方式简单地对待科学技术。这两种倾向分别在西方科学主义与人文主义思潮的影响下得到某种强化，从而加大了思想政治工作的难度。思想政治工作一方面要改变我国科学技术与意识形态关系断裂、简单的传统，努力熟悉现代科学技术领域、探索思想政治工作发挥作用的途径与方式；另一方面，又要辨析西方科学主义与人文主义思潮的影响，引导人们进行正确的价值选择。

第三，高校思想政治工作面临克服发展科学技术的传统思想阻力的局面。与发达资本主义国家相比，我国科学技术显得相对落后，其原因是多方面的，除了历史原因，思想观念方面的原因不仅是深层的，而且是不可忽视的。新中国成立以来，我国社会主义制度的建立初步改变了轻视科学、鄙视技术的陋习，推动了科学技术的发展。改革开放以来，我国倡导尊重知识、

---

① ［英］查尔斯·珀西·斯诺：《两种文化》，生活·读书·新知三联书店1994年版，第3—5页。

尊重人才，制定了一系列保证科学技术发展的政策、法规，使我国科学技术出现了空前繁荣的景象。

但是，我们也应当看到，高校科学技术在创新与突破方面仍然不能令人满意，面向世界竞争的优势不明显，这就不能简单地就科学技术论科学技术，而必须寻找影响科学技术创新的深层次文化原因。我国古代的文化传统主要是伦理传统，伦理传统中既有可以继承与弘扬的中华民族的传统美德，也有阻碍社会进步的消极因素。这些消极因素的主要表现：其一，人伦道德作为我国古代社会的主导价值体系，引导整个社会主要从人伦关系上进行价值取向与价值评价，忽视人与自然关系上的价值取向与价值评价，造成社会尊道鄙器，重伦理、轻科技的倾向与传统。五四运动举起"科学"与"民主"两面大旗，对这一传统进行了猛烈冲击，但由于科学技术的力量十分薄弱，对社会改造与发展的作用有限，仅从观念上冲击不能从根本上解决问题。因而，科学意识、科学精神、科技价值取向一直以来受到传统势力的制约而与社会发展不相适应。其二，古代社会的人伦道德关系导致人与人之间的依赖关系和裙带关系，这些关系为社会官本位倾向提供基础。官本位倾向实质上是从人与人之间的关系上谋求价值的倾向，它与通过发展生产力、发展科学技术谋求价值的倾向是不同的。官本位倾向的影响直到现在仍然存在，不利于人才资源向科学技术的流动。其三，人伦道德关系在我国古代社会生活中的主导地位不仅使人际关系中尊卑、长幼的等级次序十分明显，而且形成了尊祖崇古、唯上唯书、面向过去、墨守成规的传统。这种传统遗传至今，主要表现为唯书的教条主义、唯上的顺从主义、守旧的传统观念，并滋生易于满足、维持现状、不讲竞争、反对冒尖、不求有功、但求无过的心理倾向，这与科学技术所要求的求真务实、自主发展、敢冒风险、开拓创新的观念和精神相差甚远。

总之，我国传统文化中的消极因素是同现代科技发展的要求相背离的，它不仅因增加了社会摩擦而成为科技发展的阻力，而且制约了个体智能的展示与开发。因此，思想政治工作担当着消除思想道德领域的消极因素，为科学技术发展创造良好思想道德环境的重任。

高校思想政治工作亟待提高科技含量*

高校的教师与学生具有较高的科学技术水平，高校思想政治工作必须与之相适应，并随着科学技术的发展，不断提高科技含量。

一、实现思想政治工作科学化与学科化

现代科学技术的发展把一切领域都纳入科学研究的范围并建立了相应的学科。高校思想政治工作面对具有较高科学技术水平的教师与学生，理所当然地要加快实现科学化与学科化。所谓科学化，就是在实际工作中，保持自觉性，克服盲目性；遵循规律，减少依赖经验；增强创造性，避免无效性。实现高校思想政治工作科学化，除了要遵循思想政治工作的基本规律（包括社会发展基本规律、人的发展基本规律、思想发展变化规律），还要遵循高等教育规律与科学技术发展规律。认识、掌握、运用这些规律是复杂的、艰巨的，因而，实现高校思想政治工作科学化并不比推进科学技术发展容易。所谓学科化，就是在理论上开展思想政治工作研究，不断探索思想政治工作的基本规律与具体规律，建构思想政治工作的理论体系，用以指导思想政治工作实践，保证思想政治工作科学化的实现。思想政治工作的科学化与学科化的关系，是思想政治工作理论与实践的关系，科学实践是学科化的基础，学科化是科学化的理论指导。在当代社会条件下，两者必须紧密结合，相互促进。

实现思想政治工作的科学化与学科化是适应当代科学技术发展潮流，推进思想政治工作发展和发挥其作用的根本出路，离开科学化与学科化发展，只会被社会淘汰。因此，必须在高校思想政治工作实践的基础上，广泛深入开展思想政治工作研究，总结新经验，探索新理论，创造新方法，建立富有中国特色的思想政治工作学科。

 * 原载于《新时期高校思想政治工作理论与实践》，高等教育出版社 2003 年版，作者靳诺、郑永廷、张澍军等，收录时有修改。

二、创造科学技术发展的良好条件

当代科学技术的发展不仅直接促进生产力发展，而且其所概括的科学知识、形成的科学思想、创造的科学方法、涌现的科学精神，也是富有时代气息的精神财富，是激发师生开拓创新的思想资源。高校师生出于职业的追求与兴趣，往往更关注世界科技革命潮流与自己所从事学科的发展前沿，更希望在面向世界激烈科技竞争中有所作为和突破。因此，紧跟当代科学技术发展潮流，满足师生发展的愿望，为师生提供交流、探讨、激发、共同促进的场所与条件，把科学知识、科学思想与科学精神结合起来开展教育与引导，是高校思想政治工作与业务工作结合的重要措施，也是高校思想政治工作主动渗透业务领域，提高科技含量的重要途径。所以，江泽民强调要开展科学技术教育，认为科学知识、科学思想、科学方法和科学精神可以引导人们奋发图强，积极向上。同时，高校思想政治工作还要针对落后观念与论调，用先进文化和先进的科技手段进行舆论引导和环境建设，特别是要反对安于现状、守旧的倾向，形成敢于竞争、开拓创新的氛围，努力为优秀人才脱颖而出创造条件，尤其是要下功夫造就一批真正能站在世界科学技术前沿的学术带头人和尖子人才，以带动和促进民族科技水平与创新能力的提高。"在出人才的问题上，要鼓励和支持冒尖，鼓励和支持当'领头雁'，鼓励和支持一马当先……不准别人脱颖而出，谁一冒尖、一先进，就孤立人家，把人家挤压下去，以为这样大家都公平了、舒服了，殊不知这是扼杀优秀人才、否定先进事物的极其错误的行为。"①

三、运用现代科学技术手段提升工作效果

现代科学技术成果已经被广泛运用到社会生活的各个领域，融入人们的活动方式与发展方式。处在追踪科学技术发展前沿的高等学校，各项工作也都在加快实现信息化、手段现代化。运用现代科技手段，改革高校思想政治工作的传统方式，是提高高校思想政治工作科技含量，增强有效性的重要途径。高校思想政治工作运用现代科技手段是多方面的。首先，运用大众传媒进行思想政治工作的信息调查、选择、加工处理、传播反馈、沟通交流、储

---

① 江泽民：《在第三次全国教育工作会议上的讲话》，载《人民日报》1999 年 6 月 15 日。

存转移等，可以有效提高工作的及时性，扩大工作的覆盖面，增强工作的影响力。特别是高校思想政治工作，可以根据高校师生广泛利用互联网的实际，建立思想政治工作网络平台，不仅传播工作信息，而且为师生提供发表意见、进行交流的场所。其次，运用现代科技手段进行校园环境与文化建设，赋予校园环境以感染、教育与规范功能。

论高校改革发展与思想政治工作改革适应[*]

在面向市场的竞争中，在现代科学技术和高等教育国际化发展趋势的推动下，我国高校形成了全面改革、创新发展的态势。高校思想政治工作既担当着推进高校改革发展的重任，又要根据高校发展的实际而不断改革。

一、高校社会化发展趋势与思想政治工作社会化

在改革开放之前，高等学校由于受生产力水平、物质条件和管理体制的制约，一方面，高校与社会经济、文化建设脱离的封闭性明显，社会化程度不高；另一方面，高校为了正常运行，必须兴办与自身主要功能相关性不大的服务，工作向小而全的方向发展，形成了"高校办社会"而不是"社会办高校"的格局。高校对外封闭与高校内部"小而全"，是制约高校教育教学科学研究、社会服务功能发展和发挥的重要因素：对外封闭使高校缺乏发展的需求、动力与基础；"小而全"使高校内部资源、人员配置以及领导者的注意力与精神分散，高校的重要功能得不到应有发展。为此，邓小平同志针对教育所存在的普遍性问题提出了"教育要面向现代化、面向世界、面向未来"的改革发展方针，旨在打破教育的封闭状态，推进教育为现代化建设服务，面向世界竞争，为未来社会培养人才。我国高校在改革开放大潮中，主要从两个方面入手进行改革，以推进社会化发展。

其一，面向世界和我国现代化建设，发展高校的教育教学、科学研究、社会服务职能。同国外高校与研究机构进行学术交流，互派留学生，引进师资，开展合作研究，共享教育资源；在国内与经济、政治、文化建设密切结合，创办高校科技园区，探索产、学、研发展模式，加快科技成果的转化与推广，扩大成人教育规模，开展培训、咨询、兼职等多种社会服务活动等等，使高校与社会的联系逐步紧密。其二，分离学校后勤服务系统，实现后勤社会化。分离后勤系统不仅使高校主要职能的发展得到保证，而且可以充

* 原载于《新时期高校思想政治工作理论与实践》，高等教育出版社 2003 年版，作者靳诺、郑永廷、张澍军等，收录时有修改。

分利用社会竞争方式，选择有利条件为高校提供服务，提高服务质量。高校的社会化发展趋势实现了高校与社会的融合，打破了高校的内部结构、管理与思想政治工作的传统模式。面向世界和社会的频繁流动，教师担任的各种兼职以及各个学科交叉研究的不断重组，使原来固定的组织形式和共同活动的时间规定受到冲击，甚至形同虚设；实现后勤社会化之后，学生的学习、生活场所分散，加上完全学分制和许多灵活性教学政策的实施，使学生原有的固定班级组织以及固定而集中的学习、生活场所难以继续。这样，与过去固定组织结构、固定时间、固定场所与固定人员相一致的思想政治工作的思路、模式与方法必须得到改变。改变集中的、固定的思想政治工作的模式与方法，并不是改变思想政治工作的地位与作用，更不是取消思想政治工作，而是要根据高校社会化发展趋势，建构与之相适应的社会化的思想政治工作模式。

社会化的思想政治工作模式，首先应当是一个及时沟通的模式。及时沟通是根据教师与学生自主、自由、分散活动的实际，有利于强化组织的吸引力、凝聚力，以增强竞争力的思想政治工作功能。没有相互的及时沟通、引导，势必形成自发、离散的状况，组织的作用就会消解。及时沟通的方式是利用现代传媒的信息化方式。因此，研究、运用现代化传播技术、沟通艺术、引导方式是适应高校社会化发展的迫切需要。

其次，高校思想政治工作应建构公开、公平的竞争模式。及时沟通是为了及时引导和形成相互比较，展开公开、公平的竞争，推动发展。公开、公平竞争就是公开竞争的统一指标，明确价值取向；公开竞争程序，规范竞争行为；公开奖优罚劣，形成动力机制。因此，研究、运用竞争机制开展思想政治工作，是推进思想政治工作民主化、规范化的重要途径。

最后，高校思想政治工作要发展民主参与模式。及时沟通、公平竞争，只有在师生员工主动关注、自觉参与的条件下才起作用。同时，及时沟通、公平竞争也必定会激发师生员工的主动关注与自觉参与，这是在社会化条件下，思想政治工作的一种广泛互动。因此，要改变过去思想政治工作的单向灌输与集中方式，形成民主参与、互动共进的工作模式。

二、高校多样化发展趋势与思想政治工作特色化

随着高校的快速发展，高校改革、发展出现多样化发展态势。各种不同层次、不同类型、不同体制、不同学科、不同形式的高校相继建立、相互转

化、相互比照，呈现丰富多彩、各显特色的发展趋向。这一趋向标志着我国高等教育大众化的到来，也标志着高等学校相互竞争的激化。高校的竞争首先表现为学生与师资的竞争，即学生可以自主、自由择校，教师能够自主、自由流动。我国加入世界贸易组织之后，国外大学登陆我国教育市场，将进一步加剧竞争态势。在这种形势下，高校要吸引和留住高水平的教师，招收一定数量符合培养要求的学生，必须根据现代科学技术发展与社会进步的要求，培养适应社会某一方面需要的高水平人才，发展高校的特色与优势，改变高校过去脱离社会实际而形成的一般化教育思想与培养模式。这是高校多样化发展与相互竞争的必然要求。多样化就是特色化、个性化，而不是一律化、模式化。

高等学校的特色化，既需要有专业特长的教师和有特色的学科支撑，也需要富有特色的教育思想和思想政治工作保证。有特色的学科、有专长的教师是高校特色的基础，是高校建设的中心；而有特色的思想政治工作则是高校特色的灵魂，是高校建设的关键。有特色的学科、有特长的教师需要并决定有特色的思想政治工作的开展和发挥作用；而有特色的思想政治工作则推进、强化学校、学科的特色化发展。高校如果没有特色的思想政治工作，不仅学校、学科的特色化发展的指导思想难以形成，而且学校、学科已有的某些特色也可能在一般化思想政治工作中丧失。特色化思想政治工作，也可被称为个性化思想政治工作，是指结合高校的学科，师资的特长、特点，灵活运用思想政治工作的原则、内容与方法，为学校、师生的发展提供正确的价值导向与思想服务。特色化思想政治工作，就是紧密结合不同学科特点、不同类型师生、不同培养要求的思想政治工作。这种思想政治工作首先要克服脱离实际的教条主义倾向，同当前的社会实际、学校实际、师生的实际相结合，是满足师生实际需要、解决实际思想问题、具有实际效果的思想政治工作。其次，特色化思想政治工作，要避免以记忆、背诵为特征的概念化、知识化倾向，应立足于内在思想道德素质的提高和外在行为的养成，并在业务上富有成效，是坚持知行统一、科学性与价值性统一、政治与业务统一的思想政治工作。最后，特色化思想政治工作，要防止思想道德要求上的"一刀切""一律化"的模式化状况的出现，既尊重师生自主选择的权利，鼓励师生多样性、个性化发展，又引导不同层次的师生遵循不同层面的政治、经济、道德规范，引导他们向先进层次发展，坚持主导性与多样性、先进性与广泛性的统一。

三、高校民主化发展趋势与思想政治工作规范化

高校民主化发展，表现在社会层面上，是越来越多的社会成员享受高等教育资源，不分职业、地位、经济收入、年龄等，实现教育机会均等，使有条件的社会成员尽可能接受高等教育；表现在个体层面上，是师生的自主权、选择权、参与权越来越大，民主意识不断增强，民主要求也越来越高；表现在管理层面上，是政治、行政、学术、教学管理的民主化程度不断提高，公开、公平的竞争局面已在高校初步形成。"民主"与"科学"是五四新文化运动的两面旗帜，民主是科学发展的前提与保证，科学是民主发展的动力与基础，民主与科学是不可分割地联系在一起的。按照社会主义现代化建设的目标，根据社会主义的本质要求，高校思想政治工作应当把高校的民主建设既作为目标，又作为手段。高校的民主建设就是要不断增强师生的民主、法制意识，不断提高民主、法制水平，促进师生自主、自觉地行使民主权利，维护发展规范意识和法制意识，既反对不讲规范的"大民主"与"自由化"倾向，也抵制不讲民主的"家长制"与"专权性"行为。同时，高校的民主建设就是要把政治民主、学术民主、教学民主与管理民主贯通、统一起来，从各个方面充分发挥师生的主动性、积极性与创造性，为科学、技术、文化的传播、发展创造真正民主、自由的环境，反对无要求、无规范的放任自流倾向，反对压制民主的个人专断行为，形成既有民主，又有集中；既有自由，又有纪律；既有统一意志，又有个人心情舒畅的生动活泼的局面。应当看到，我国高校的民主化程度虽然高于社会其他某些领域，但民主建设并没有引起足够的重视，不讲学术民主的"官本位"倾向，压制民主的专权现象，不要道德、法纪规范的"大民主"行为，只重视科学技术、忽视民主建设的情况在部分高校还不同程度地存在。这些问题不仅制约师生政治、思想、道德素质的提高和学校良好风气的形成，而且阻碍了科学技术的发展与创造。因此，高校民主建设是高校思想政治工作的一项重要任务。

高校思想政治工作开展民主建设，首先要尊重、维护师生的自主权、选择权、参与权，真正形成尊重知识、尊重人才的氛围。民主权利对个人来说，既是其追求的发展目标，也是其个人业务发展的根本条件。自己最了解自己，自己会在发展取向上、资源配置上、发展方式上对自己负责，其他人很难替代。尊重、维护师生的民主权利，就是进行高校的基础建设，就是调动每个人的积极性。这就要从管理的层面，在规章制度的制订、执行过程

中，研究师生应当有什么权利、如何保证师生的民主权利，使管理部门明确管理权限，保证不要侵犯师生的民主权利，使师生明确自己的民主权利，并能适当运用，削弱学校运行在规范与界限上的模糊性，尽量消除不必要的人为摩擦与矛盾，保证学校既充满活力，又运行有序。要形成这样的局面，就要克服思想政治工作的随意性，增强规范性。

其次，我们也要清醒认识到，师生在行使民主权利过程中，既会有不到位的情况，也会有越位的情况。越位行使民主权利，就是超过了规范所容许的范围，必定对社会和他人造成妨碍、损害，影响社会、学校的秩序和风尚。在高校的竞争性不断加剧，师生的流动性不断加大，不确定因素增多的情况下，这种越位还难以被发现和控制。针对这种情况，高校思想政治工作更要通过明确的师德规范、学生守则以及教学、科研、生活管理的规则、程序，预防在先，减少由制度不健全、规范不明确导致的盲目违纪违规行为的出现。对违纪违规行为，在处理上也要采取民主、公开的方式，按有关规范，有所遵循地进行教育和处理，以减少思想政治工作因人、因事而异的随意性，增强思想政治工作的权威性。

四、高校改革创新发展趋势与创造性思想政治工作

高校在竞争性发展过程中，发展、创新才是唯一出路，这既是市场经济体制的要求，也是现代科学技术迅猛发展的要求。所以，江泽民同志反复强调，创新是民族的灵魂，发展是党的第一要务。我国第三次全国教育工作会议作出了全面推进素质教育的决定，明确提出"实施素质教育，就是全面贯彻党的教育方针，以提高国民素质为根本宗旨，以培养学生的创新精神和实践能力为重点，造就'有理想、有文化、有纪律'的德、智、体、美等全面发展的社会主义事业建设者和接班人"[1]。高校处在面向国际竞争和科学技术、文化发展的前沿，既担当着发展、创新的历史重任，也拥有发展、创新的优越条件。能不能在发展、创新上有所作为，是认识问题和精神状态问题。因此，高校思想政治工作必须以"三个面向"为指导，站在执行科教兴国的战略高度，开展形势教育，发展教育，以激发竞争动力与创新精神，为学校改革、创新提供动力。同时，高校思想政治工作要按照解放思

---

① 中华人民共和国教育部：《深化教育改革全面推进素质教育》，高等教育出版社 1999 年版，第 1 页。

想、实事求是、与时俱进、开拓创新的思想路线，结合高校的改革和体制创新、科技创新、教学创新的实际，进行自身改革。改革的基本要求是克服思想政治工作的一般化，增强思想政治工作的创造性。一般化思想政治工作的基本特征是脱离实际，简单地进行照搬、照传、照转；形式主义地应付思想政治工作任务；把思想政治工作当作门面或摆设；等等。这样的思想政治工作不仅浪费资源，没有实效，还会引起师生反感，损坏思想政治工作的形象，与激烈竞争、发展创新的当代社会格格不入。因此，高校思想政治工作者只有克服思想政治工作的形式主义、教条主义和一般化倾向，增强思想政治工作的创造性，才能在高校改革、创新过程中真正实现价值。

创造性思想政治工作的特征主要表现在两个方面。一是从实际出发，创造性地运用思想政治工作的原则、理论和方法，有效解决实际的思想问题、工作关系和利益关系问题，切实提高人的素质，促进业务发展。这是运用已有理论，解决实际问题的创造性。二是根据社会和高校新的发展实际，以马克思主义理论为指导，探索新思想、研究新方法、总结新经验、概括新理论，在推进思想政治工作改革发展过程中，促进师生解放思想、提高认识、发展业务。这是立足实践，发展理论与方法的创造性的表现，这两者的创造性总是相辅相成地联系在一起的。

经济全球化对高校思想政治工作的冲击与对策*

在新的历史时期，高校思想政治工作的时代内容、环境内容、理论内容都不同于过去时代。经济全球化的发展背景、社会主义市场经济体制、对外开放的文化领域等社会条件，都对高校思想政治工作提出了许多新的理论与实践问题。研究新的历史条件下思想政治工作的理论与实践问题，是发展高校思想政治工作并促进高校发展的重要任务。

一、经济全球化是经济过程与政治过程的统一

经济全球化不是单一的经济活动，而是经济过程与政治过程的统一。经济全球化是世界范围内各国和各地区经济相互融合，按照市场经济的要求保证生产要素自由流动和合理配置的历史过程，它包括生产全球化、贸易全球化、金融全球化、投资全球化、消费全球化、劳动力流动国际化等具体内容和具体过程。因而，经济全球化过程首先是一个经济过程。同时，经济全球化过程也是一个伴随着意识形态运动的政治过程。经济决定政治，政治是经济的集中表现。"政治和经济的统一，政治和技术的统一，这是毫无疑义的，年年如此，永远如此。"① 经济不可能脱离政治，不可能摆脱一定的意识形态；意识形态也不可能游离于一定的经济。关于这种不可分割的互动关系，恩格斯早已作过阐述："政治、哲学、宗教、文学、艺术等的发展是以经济发展为基础的。但是，它们又都互相作用并对经济基础发生作用。并非是只有经济状况才是原因，其余一切都不过是消极的结果。这是在归根到底总是得到实现的经济必然性的基础上的互相作用。"② 政治与经济、科技的统一，是历史的统一、现实的统一、发展的统一。统一是绝对的，但统一的内容、方式则是相对的。在冷战时期，政治与经济的统一主要通过军事、战

---

* 原载于《新时期高校思想政治工作理论与实践》，高等教育出版社 2003 年版，作者靳诺、郑永廷、张澍军等，收录时有修改。

① 《毛泽东文集》第 7 卷，人民出版社 1999 年版，第 351 页。
② 《马克思恩格斯选集》第 4 卷，人民出版社 1995 年版，第 732 页。

争体现出来，经济为军事、战争提供物质基础和保障，政治表现为军事、战争的政治。而在和平与发展时期，和平环境与经济发展成为世界两大主题，经济因素成为世界的主导性因素，政治则表现为经济的政治。以经济为主导、以经济为中心，并不是说经济是唯一的，要消解政治，而只是改变了政治的内容与作用方式，仍然遵循着政治与经济统一的规律。在经济全球化过程中，尽管有人出于不同认识和目的，提出"意识形态终结论""政治无用论""政治趋同论"等观点，但其实质是用一种政治否定另一种政治，用一种意识形态去"终结"另一种意识形态。例如，思想家卡尔·曼海姆在《意识形态和乌托邦》一书中，一方面否定意识形态，但另一方面又提出了"政治归结经济论"。他写道："政治逐渐归结为经济，有意识地排斥过去的东西和历史时期的观念，有意识地将每一种'文化理想'置于一旁，这些难道不都是同样可以解释各种乌托邦思想形式全从政治舞台消失了吗？"①应当承认，曼海姆看到了当今时代政治的特点，即政治经济化、经济政治化的趋向，也正视了政治舞台的存在。但他又宣布意识形态终结，这只能理解为他试图用一种意识形态否定另一种意识形态，而并没有"终结"意识形态。英国学者麦克里兰针对"意识形态终结论"指出："意识形态的终结，还是没有终结的意识形态？""虽然从原则上说，意识形态可能会终结，然而可以肯定的是，这无论在哪里都没有见到，甚至没有一丝一毫的迹象。"②尽管经济全球化浪潮汹涌澎湃，经济因素占据主导地位，但"经济工作和其他各项业务工作中都有政治"③。经济政治化与政治经济化是当今世界两个不能分割的发展趋向。

　　冷战结束后，经济手段成为解决国与国之间政治问题的主要手段，经济成为最大的政治，经济竞争在很大程度上表现为政治较量。资本主义发达国家大量运用经济援助、经济合作、对外贸易、对外投资的方式进行政治渗透、政治干预，运用经济制裁、经济封锁手段进行政治攻击、政治颠覆，霸权主义表现为政治霸权，更表现为经济霸权。经济外交已经成为国际关系中的重要内容。我国所面临的发展经济的压力，实际上也是一种政治压力。同时，在全球化进程中建立的各种世界经济组织、国际组织，如世界贸易组织、欧洲联盟、亚太经济合作组织等，既是经济合作、协调组织，在很大程

① ［德］卡尔·曼海姆：《意识形态和乌托邦》，华夏出版社 2001 年版，第 295 页。
② ［英］大卫·麦克里兰：《意识形态》，台湾桂冠读书公司 1997 年版，第 121 页。
③ 江泽民：《在纪念中国共产党成立七十八周年座谈会上的讲话》，人民出版社 1999 年版，第 8 页。

度上也是政治合作、协调组织。各组织的成员既都有各自的政治立场和利益要求，又都要遵守各组织的共同规则。因而，经济利益与政治规则的统一是这些组织赖以形成与发展的基础。

政治经济化也是当今国际社会的重要倾向。随着东西关系的缓和，出现了社会主义与资本主义并存竞争的局面，从以军事斗争为主逐步转向以经济竞争为主，经济竞争、经济发展成为国际社会的主题，也成为各国政治的主要内容。发达资本主义国家在世界范围内打经济牌，也是打政治牌。我国坚持以经济建设为中心的方针，主导内容是经济，实际上是全国都要遵循的政治原则。政治以经济为内容和形态表现出来，是当今时代政治的显著特点。同时，世界各国都把政治外交由原来主要直接维护政治制度和意识形态，转变到主要解决经济问题，谋求经济利益和国家安全，利用国际政治舞台，通过为其经济发展服务来达到巩固国家政权的目的。发达资本主义国家经常通过首脑外交、政治威胁、政治施压、强权政治等方式来解决贸易、金融、生产中的问题，从而谋求最大经济利益。发展中国家为了摆脱经济落后状态，也不断加强相互之间的合作与协调，共同谋求经济发展。因而，国际社会的政治经济化倾向要求我国在新的形势下善于运用政治方式为经济发展服务。

经济政治化与政治经济化两种趋向相辅相成。经济政治化与政治经济化两种趋向是在经济全球化发展进程中，政治与经济关系互相渗透、互相促进的现实表现。随着经济全球化的日益发展，经济因素在世界范围内的地位和作用日益强化，政治因素在社会各个领域也将不断彰显。在国际关系领域和社会生活领域，经济含有政治，政治渗透于经济，政治与经济渗透与涵化的"经济政治现象"将作为一个整体概念出现在各个领域。这种现象既不同于过去时代以政治运动为中心，突出政治，孤立强调政治的"政治一统"倾向，也不是某些人所认为和追求的远离政治、消解政治的纯粹经济倾向，而是政治与经济在当代社会条件下的辩证统一、高度综合。

二、经济全球化与政治多极化的矛盾互动

经济政治化与政治经济化的渗透性发展表现为经济全球化与政治多极化的发展状态。在经济全球化进程中，意识形态"趋同论""终结论"之所以在西方被炒得沸沸扬扬，其要害无非是要否定社会主义意识形态，否定世界范围的政治多极性与民族文化的多样性，把全球化看成"西方化""美国化"，亦即资产阶级意识形态一统化。这些理论不仅不符合世界发展的现实

与趋势，在理论上也是站不住脚的，甚至在西方也遭遇了挑战和反对。应当承认，经济全球化进程促进了各国间的相互依存，加强了各民族的相互交流，制定了一些共同遵守的经济法律规划，建立了不少国际性、区域性组织，形成了某些谋求发展、互惠互利的价值观念与道德规范，这是适应和推进经济全球化的需要而产生的。然而，在世界范围内，还根本没有，也不可能形成一个共同的政治目标与统一的意识形态，经济全球化绝不会导致政治一极化、意识形态一元化，而是会造成政治多极化、意识形态多元化，其原因如下。

其一，经济全球化进程的不平衡性是政治多极化发展的社会基础。经济全球化进程的加快，既与原有的经济实力相关，更与现代科学技术迅速发展密切相关。由于各国的历史不同，世界各国经济的发展是不平衡的，有发达国家与发展中国家之分，有富国与穷国之别。同时，发达国家的经济发展不仅依赖于现代科技的强大支撑，而且大量的经济投入又加快了现代科技的发展。而发展中国家的经济发展受科技水平制约，科技发展受经济条件制约的状况比较明显。此外，发达国家凭借经济、科技实力，在世界范围内不断获取更多最重要的生产要素——知识与人才，而发展中国家则在全球竞争中面临着知识与人才流失的危机。这些不平衡的发展状况不仅不会缩小相互之间的经济差距，相反，只会进一步扩大相互之间的经济差距。既然国家与国家间经济的差距客观存在，而且会扩大，由此而决定的国家的发展状况也只能继续延续下去，民族国家的经济利益、政治格局不会因为经济全球化进程的加快而迅速改变，发达国家不会放弃本国的经济利益与政治主张去与发展中国家在经济上共享、在政治上"趋同"，而只会进一步推进其经济、政治发展强势。认为经济全球化自然带来国与国之间的经济利益一致化、政治取向一体化的人，不是幼稚无知，就是相信了西方发达国家的欺骗性宣传。应当看到，经济全球化给各国间带来的相互依存度的不断加深不仅有可能成为阻防新的世界大战爆发的因素之一，而且可以起到缓解各国政治对抗，增加相互协调与合作的正面作用。随着经济全球化的日益深入，这种正面作用还会进一步增强，这给多极政治在世界范围内发挥作用提供了条件，并有利于政治发展多极化，尤其是为新兴力量的崛起，为第三世界国家，为处于弱势的社会主义国家的发展开拓了更广阔的空间。但是，也应当看到，经济全球化目前实际上更多地表现为发达资本主义国家的经济体制在全球范围内的延伸，以及资本主义文化、意识形态在全球范围的扩展。特别是美国，作为现代资本主义国家之首，独占鳌头，在政治上企求称霸。所以，经济全球化事实上一定程度地反映了美国的意志和模式。美国国内一些势力自持综合国力的增强，越来越露骨地鼓吹建立美国领导下的"单极世界"或以美国为主导的符合西方发达国家集体利益的新秩序，从而明显加大了与多极化进程对抗的力度。

其二，经济区域化是政治多极化的现实基础。经济全球化是一个漫长的历史过程，它不仅发轫较早，而且今后持续发展的时间也会很长。在经济全球化进程中，除了各国间的经济联系普遍加强，更为突出的是蓬勃发展的经济区域化。经济区域化既是经济全球化过程的必经阶段，也是经济全球化的具体形态。国际经济机构认为，经济区域化不仅有利于自由贸易的扩大，与世界贸易组织的目标基本一致，而且是世界贸易组织实现多边自由贸易体制目标的重要步骤。① 从总体上看，区域化与全球化相辅相成、相互促进，成为当前及今后相当长一段时期的重要特征。据统计，从 1948 年到 1994 年，世界上先后出现了 109 个地区经济合作组织，其中二分之一的组织是在 20 世纪 90 年代建立的。正是这些众多的区域性组织，伴随着政治多极化进程，在国际舞台上发挥着作用。经济区域化的事实说明，在当前和今后相当长的时期内，经济区域化是世界经济的基本格局，这一基本格局是支撑政治多极化的重要基础，并为政治多极化进程的发展提供了坚实的经济依托。而政治多极化的形成与发展必定对经济区域化进行维护和推动，在区域范围内实现经济与政治的协调和统一。可以肯定，随着社会生产力在各种新的生产要素推动下的进一步发展，随着社会主义国家经济实力的增强，与先进生产力相适应的社会主义意识形态必将在全球范围内不断扩大影响，社会主义制度的先进性与优越性必将在新的历史条件下进一步彰显，社会主义作为政治多极化中的重要组成部分，也必将在世界范围内发挥更大的作用，并使多极化本身更加丰富多彩。

三、全球化发展与民族化发展相辅相成

一方面，经济全球化使民族国家边界逐渐模糊和国家间经济体制与规则不断接轨；另一方面，民族国家的存在和彼此之间的界限仍是牢固和清晰的，一体化将受到民族国家维护自身利益等因素的严格制约，其进程必然十

---

① ［厄瓜多尔］奥古斯托·德拉·托利、玛格丽特·R. 凯利：《区域性贸易协定》，宋建奇等译，中国金融出版社 1993 年版，第 28 页。

分漫长。同时，政治多极化既客观存在并不断发展，又制约、影响着经济全球化过程。在当今世界，尽管经济全球化发展汹涌澎湃，但它并没有从根本上改变政治多极化、意识形态多元化的状况。社会主义、资本主义、民族主义在和平条件和并存竞争中相互制约、相互矛盾、相互借鉴，交错发展。大多数民族国家的政治制度虽有所调整，但并没有从根本上改变，民族国家依然以国家利益为本位而面向世界。各民族文化作为各民族之魂，在开放条件下相互渗透，虽有所融合，但其矛盾和冲突依然十分深刻。美国政治学家亨廷顿提出了所谓的"文明冲突论"。他尽管对文明的划分和对各种文明的分析持有偏见，但至少承认了一个事实，即各种宗教、意识形态"冲突"难免，不可"趋同"。所有这些都是不可否认的客观事实。

马克思主义的基本原理告诉我们，一定的政治、意识形态、文化在产生之后，作为上层建筑，具有传承性和反作用，表现出强烈的为我性与排他性，并将与一定的经济基础相结合，在维护和推动经济基础发展的过程中，使自身得以发展。因此，当今世界多极化政治和多元化意识形态不仅是一种客观存在，而且预示着其客观发展趋势，即民族化发展趋势。全球化发展趋势与民族化发展趋势是当今世界并存发展的两种趋势。全球化发展是民族化发展的条件，民族化发展是全球化发展的基石；全球化以多样化民族发展为前提，多样化民族化发展具有全球化生命力；以全球化发展趋势代替民族化发展趋势是一种强权"乌托邦幻想"，以民族化发展趋势代替全球化发展趋势是一种狭隘的民族主义。我们已经看到，世界上的确有人企图通过政治干预、文化渗透、舆论攻势、外交打压等方式，绞杀他们不喜欢的民族文化和某些宗教，但其结果都适得其反，不仅没有达到绞杀的目的，而且有时会给自身带来意想不到的严重后果。20世纪90年代初，当东欧发生剧变之际，西方敌对势力和一些政治家迫不及待地宣告"马克思主义终结"，以为社会主义制度和意识形态从此进了"历史博物馆"，在世界上消失。但是，当他们的欢呼声还没有沉寂下来的时候，各国马克思主义者便组织起来，特别是法国、英国、美国、德国等发达国家的马克思主义者，掀起了一股研究和宣传马克思主义的热潮，其中尤以所召开的一系列马克思主义大型国际会议引人注目。1995年至1998年，各国信仰、同情马克思主义的人士、专家分别在英国伦敦、美国纽约、俄罗斯莫斯科以及法国巴黎等地召开了多次大型国际马克思主义研讨会，会议代表多达6000多人。1998年5月13日至16日，"纪念《共产党宣言》发表150周年国际大会"在巴黎召开，60多个国家和地区的1500多名代表参加了会议。大会讨论的主题是如何取代资本主义以及如何实现人类的解放。法国《人道报》在报道这次会议时指出：今年（1998年），从纽约到东京、从圣保罗到耶路撒冷、从新德里到伦敦，到处都奏响了《共产党宣言》的乐章，而这次会议将"再次使历史沸腾起来"①。马克思主义不但没有因东欧剧变而"终结"，而且马克思主义者会从东欧剧变中吸取经验教训，进而发展马克思主义。特别是在中国，邓小平将马克思主义与中国特色社会主义现代化建设相结合，形成了当代中国的马克思主义——邓小平理论，指导中国取得了举世瞩目的伟大成就，巩固、发展了社会主义意识形态，在政治多极化发展进程中具有重大影响，发挥了巨大作用。

四、经济全球化背景下主旋律教育的对策

在经济全球化进程中，特别是我国加入世界贸易组织之后，国家主权受到冲击，国家观念也会发生变化。所谓国家主权，是指一个国家独立地享有对内对外的、不受外来侵犯和干涉的最高决策权力，包括政治主权、经济主权、文化主权等内容。国家主权是国家权威的象征，是国家存在与发展的保证。随着经济全球化进程加快，我国主权面临新的冲击与挑战，其主要表现在四个方面。

首先，经济全球化为某些西方大国干涉别国内部事务、冲击国家主权提供了直接的借口。发达资本主义国家是经济全球化的主导者，而发展中国家则是这一进程的最薄弱环节。全球化进程的主要规则、条例主要由发达国家制定，缺乏合理性和约束机制，致使发达国家金融资本肆虐横行，强权政治到处干预，国际金融市场波动不已，政治格局动荡不定。这些都有利于西方发达国家的主权行使和稳定发展。而发展中国家由于经济体制与政治体制的制度化程度不高，加上要适应全球化发展必须进行转型与调整，因而容易受到发达国家的冲击与威胁。例如，西方个别大国利用人权的双重标准，攻击我国人权政策；扶持台湾当局，阻碍我国和平统一；挑动民族矛盾，鼓动民族分裂；支持法轮功痴迷者干涉我国内部事务；等等。这些都是在新的形势下，以一种"和平"而又十分霸道的方式来冲击我国主权的。

其次，全球相互依赖的跨国活动与跨国主体是影响国家主体的基本因

---

① 陈学明：《苏东剧变后国际马克思主义大会的启示》，载《复旦学报（社会科学版）》1999年第6期。

素。随着市场经济体制向世界各个角落的扩张，国家间的经济联系达到了前所未有的密切程度。特别是跨国公司的发展，使各国经济变得"你中有我，我中有你"，彼此相互依存。同时，在经济全球化进程中，建立了众多国际性、区域性经济组织，这些组织的存在、运行是以各种国际条约与区域经济规则为纽带和准则的，正是全球化催生了国际条约与区域经济规则。正如国外学者所指出的：日益受到鼓舞的证据表明，资源的相互依赖尤其是在力量相同的国家之间，会孕育明确的法律原则的成长。民族国家加入国际性、区域性组织并受其条约的制约，减少了国家对经济控制和干预，让渡了国家部分主权，使部分主权向跨国公司、国际组织和区域性组织转移。我国加入世界贸易组织，参加各种国际性、区域性组织，也必须接受这些组织所制订的条约、规则，修改我国原有的有关法规条文以与之相适应，并享受和履行相应的权利和义务，这就意味着我国主权受到了来自外部环境的限制和削弱，对传统国家主权的观念与规范必须进行调整和改变。

再次，经济全球化将使国内团体与个人力量增强而影响国家主权。全球化发展使国家内部各民族自我认同增强。全球化的发展促进了各民族与国外的频繁交往，加强了各民族相互之间的沟通。在交往与沟通中，各民族不仅学习借鉴许多有益的知识、文化，融入全球化潮流，而且在相互比较中提高民族的自我意识，认识民族的特点和优势，巩固、强化民族的认同意识，增强民族的自主性，从而使国家的主权在这种新的民族关系发展中必须进行适当调整以满足各民族发展的需要。我国是一个多民族国家，改革开放之后，各民族经济、文化发展很快，民族关系问题比过去突出，我国采取扩大民族自治，鼓励民族经济、文化发展的措施，缓解了因全球化发展而导致的新的民族矛盾。同时，随着我国市场经济体制的形成与完善，我国必须进行与之相适应的政治体制改革。改革的重点是精减政府机构、转变政府职能，下放权力，增强各部门、各单位以及个人的独立性与自主性。这一改革过程充满许多矛盾，矛盾的实质是国家主权与部门、单位以及个人的自主权究竟应当保持在什么"度"上，这是我们在全球化进程中必须认真对待的新的政治问题。

最后，在全球化浪潮的冲击下，我国将更加开放多元，文化的相互激荡强化了价值取向的多样化，大众传媒与互联网所提供的大量信息增加了个人的选择机会。这些都表明，我国取向统一的传统政治生活面临冲击，政治生活的分散化已经出现，思想、信仰发生分化，个人的独特性、选择性与变更性日趋明显。这种发展趋向意味着国家意识形态主导面临着新情况与新挑战。总之，我国主权在经济全球化浪潮的冲击下，已经和正在受到冲击和挑战，人们特别是青年学生传统的国家意识、国家观念在经济全球化浪潮的冲击下会有所淡化，爱国主义、集体主义、社会主义教育面临挑战。高校思想政治工作不仅要正视这一事实，而且要引导师生适应经济全球化的法制规范与道德规范，敢于面向世界竞争；维护民族、团体以及个体自主权，增强主体性；善于在多样化条件下进行价值取向与价值选择。这是新形势下思想政治工作的主要内容，也是思想政治工作面临的发展难题。但是，这只是思想政治工作面临的发展难题的一个方面，我们还必须看到问题的另一方面，即在新的形势下，必须增强国家意识，强化民族凝聚力，加强主旋律教育。原因如下。

第一，伴随经济全球化的迅速发展，民族国家主权虽有所削弱，但民族国家制度仍然是主导性制度。在诸多全球化理论中，几乎所有学者都承认全球化现状和未来将是统一性与多样性、普遍性与特殊性共存的局面，而且他们都非常重视这种多样性的存在和发展，把它视为全球化的内在特征。例如，费舍斯通从文化层面进行研究，认为目前全球化进程中的文化是多元文化。海纳莱从社会关系角度研究，认为随着社会关系网络内部的复杂化、多样化，全球化只会呈现多样化特征。弗里德曼从霸权衰落的视野出发，指出随着世界进一步解除霸权和消除同质，一个文化多元化和族性化的世界再也不会强制推行一种吸纳政治或文化等级政治。提出文明冲突论的亨廷顿，1996 年在美国杂志《外交》上发表了一篇题为《西方文化是特有的但不是普遍适用的》的文章，批判"西方文化是全世界的文化"的观点是"文化自负"，现代化就是西方化的"单一文明胜利"是"幼稚想法"。罗伯逊也一直坚持全球化是统一性与多样性共存的过程，他认为，各种各样的冲突将是目前全球进程的主要特征，而全球化未来的前景将是多样性并存。总之，到目前为止，认为全球化发展已经和将要消融民族文化，消解民族国家的主张极为少见。民族文化是民族国家的灵魂，政治多极化是民族国家存在的标志，立足于民族国家的发展，推进全球化发展，是各国政府、各国人民的共同使命。我国作为一个发展中的大国，其发展状况不仅影响着全球化进程，而且直接关系到十几亿人口的生存与发展。只有强国，才能富民；只有强国，才能为世界做更大贡献。任何以全球化为借口而否定本土化、民族化的倾向，不是天真幼稚，就是别有用心。

第二，面对国际的激烈竞争和巨大风险，民族国家必须强化国家主权。在经济全球化进程中所建立的各种国际性、区域性组织，其组成主体主要是国家，国与国之间在这些组织中是充满矛盾的。发达国家往往要凭借强大的经济实力充当主导角色，行使更大权力甚至显示霸权，限制乃至损害发展中国家的利益。对此，发展中国家必须通过行使主权加以应对，维护本国的尊严与利益。任何削弱、放弃国家主权的言行不仅会遭受本国人民的强烈反对，而且会受到国际范围的严厉谴责。同时，所有国家都面临着国际范围的激烈经济竞争和广泛的文化渗透，这种竞争性与渗透性使国家的发展面临着复杂的局面和大量不确定因素，国家安全直接受到各个方面的威胁，发展的风险性比过去更大。要应对复杂局面，防范和抵御风险，只能强化国家意识和国家主权，增强民族责任感与使命感。在全球化进程中，事实上各国都在千方百计向增强国家竞争力和综合实力，强化国家辐射力和影响力的方向发展。我国经济实力不强，在国际组织与国际事务中明显处于弱势，国家所面临的形势与挑战严峻，发展所面临的风险更大，因而，必须通过强化国家主权，统一全国民众思想与意志来应对。否则，国家在新的形势下，同样会像过去时代那样受到西方强国的欺凌。

第三，加强国家主权，增强民族凝聚力，对我国更有特殊意义。我国是一个大国，是一个多民族国家，地区与地区之间、民族与民族之间的经济、文化差距比较明显。这种差距在全球化影响下，对民族认同感、自主性增强将起强化作用，并对国家的统一、主权造成影响。面对这种情况，我国必须加强地区与地区之间、民族与民族之间协调发展的调控力度，开发西部，缩小东西发展差距，支持、扶持民族地区经济发展，增强民族之间的交流与合作，从而维护国家的统一、民族的团结。同时，我国由计划经济体制转变为市场经济体制，有一个比较复杂的改革、转型过程。在这个过程中，一方面，政府要下放权力，扩大、增强企事业单位的自主权，这就意味着传统国家主权的分散与削弱；另一方面，政府在下放原有权力，增强企事业单位自主权的过程中，既要把握、驾驭整个体制转型的全局，推进改革发展进程，又要探索在市场经济体制下，进行宏观调控，行使国家主权的新方式。我国经济体制转型是一个极其复杂的过程，涉及观念转变、体制转轨、利益调整、结构变革等从经济基础到上层建筑的全面而深刻的变化。市场经济体制刚刚形成，制度化程度不高，对这样一个广泛而深刻的变革，如果没有国家正确而有力的决策、调控，社会就会出现分散、混乱，甚至分裂的局面。因此，在经济全球化进程中，高校必须加强主旋律教育，以增强师生的大局观念、国家意识，增强民族凝聚力与国家竞争力。为此，邓小平、江泽民不仅反复强调对人们特别是青年学生的爱国主义、集体主义、社会主义教育，而且把主旋律教育的作用提到了前所未有的高度。江泽民指出："在当今世界上，综合国力的竞争，越来越表现为经济实力、国防实力和民族凝聚力的竞争。"[1] "这种民族凝聚力来自爱国主义、集体主义、社会主义和马克思主义教育。"[2]

---

[1] 中华人民共和国教育部：《深化教育改革全面推进素质教育》，高等教育出版社 1999 年版，第 15 页。

[2] 中华人民共和国教育部：《深化教育改革全面推进素质教育》，高等教育出版社 1999 年版，第 17 页。

市场经济对思想政治工作的影响与对策[*]

社会主义市场经济体制的建立使我国社会生活发生了广泛而深刻的变化。它给高校营造了一个不同于自然经济和计划经济时代特点的环境——市场经济环境。在市场经济体制下，高校思想政治工作面临诸多理论与实践问题需要研究。

一、市场经济体制下人的主体性发展要求

社会主义市场经济体制的建立引起和加快了我国社会的整体性变革，而这一变革的明显结果是个人的自我意识与主体意识显著增强。社会主义市场经济体制的建立和发展内在地要求个人主体意识的觉醒、个人主体地位的确立和主体性的发展。市场经济体制的建立与市场的运行是以独立利益主体的确立为前提的，市场经济体制的基础是市场主体，市场机制的运行也是市场主体活动的结果。市场经济是建立在生产者及经营者个体主动行为的基础之上，并以生产者个体参与经济竞争的积极性和效益作为基本推动力的经济。因此，市场经济是一种主体经济，它承认个体利益的优先性、正当性、合理性，个体地位的独立性，个体发展的积极性、主动性和创造性。市场经济体制是一种以独立的主体为基础的资源配置方式，它最重要的特点是强调人的个体性、能动性，突出个体的价值，从主体的角度说，就是强调自我存在的意义，形成一种自我主体精神与自立自主的品格。

市场经济不仅以主体地位的确认为基础和前提，而且市场经济自身的规律和机制为人的解放和主体地位的确立，以及人的主体性的生成提供了强有力的动力支持和体制保证。市场经济的建立否定和破除了人的依赖性，建立了"在物的依赖基础上的人的独立性"。在市场经济条件下，经济实体、业务单位成为利益主体，各个利益主体自主决策、自行选择、自我约束、自我发展。效益的最大化是利益主体追求的直接目标，为获取最大利益，各个利

　　* 原载于《新时期高校思想政治工作理论与实践》，高等教育出版社 2003 年版，作者靳诺、郑永廷、张澍军等，收录时有修改。

益主体必须遵循所从事业务的规律，展开激烈竞争。马克思说，对市场主体而言，他们"不承认别的权威，只承认竞争的权威"①。市场经济与竞争须臾不可分，为了在激烈的竞争中立于不败之地，各个利益主体必须发扬开拓进取、自立自强的精神，强化时效观念，增强创新意识和奋斗意识。可见，市场经济的机制激发和鼓励了人的主体意识的形成和人的主体性发展。我国加入世界贸易组织，不仅加快了市场经济体制建设的步伐，而且要求政治体制改革进一步深化。市场经济的进一步发展必然要以人的进一步解放和人的主体性的发展为基础。历史的发展告诉我们，社会经济的每次变革都会要求并实际引起教育的相应变革，集中表现为在经济发展的推动下，形成和发展教育的新视野和新模式。处在社会主义市场经济环境中的高校思想政治工作，应该从时代需要的视角来审视自身的现状和存在的问题，以当今时代的要求为参照来进行认真的总结和理论概括，自觉与时代的基本精神和要求保持一致，增强自身的主体性，发展主体性思想政治工作，为市场经济的发展造就具有主体意识、主体精神和主体能力的新型主体。从主体与客体的关系的视角来理解人的主体性，主体性则是人成为主体的本质属性，指人在与一定对象的关系中所具有的主动态势、能动作用、积极态度和支配地位。当一定的人在与一定对象的关系中获得并实现了这种功能属性时，则成为这一对象的主体，对象则相应地成为其客体。反之，人在一定对象面前丧失了这种功能属性时，则相应地失去其主体地位，失却主体性。思想政治工作的对象是具有一定思想基础、价值取向和个性特点的人，亦即都是具有一定主体性的人。思想政治工作的目的是提高人的思想道德素质，也就是要提高人们认识世界和改造世界的能力，即人的主体性。为此，思想政治工作应该把握人的主体性的发展趋势，研究如何提高人的主体性以及如何发展思想政治工作的主体性，构建主体性思想政治工作。

过去，高校思想政治工作受计划经济体制的制约，不仅自身缺乏主体性，而且比较忽视受教育者的主体性，主要表现为思想政治工作脱离社会与高校的实际，过分强调思想政治工作的集中统一性；忽视受教育者的特点与个体价值，过分强调思想政治工作的社会价值；满足于照本宣科和照抄照转，缺乏工作的积极主动性与创造性，致使高校思想政治工作及其工作对象的主体性都十分有限。同时，从高校思想政治工作的关系来看，主体和客体往往泾渭分明，思想政治工作者是主体，工作对象特别是学生被视为改造、

---

① ［德］卡尔·马克思：《资本论》第1卷，人民出版社1991年版，第394页。

塑造的对象或客体，工作的方法主要是单向灌输和简单说教，目的是向工作对象传授高度统一的社会要求，培养对象顺从、服从的品格，这些都使得思想政治工作变得简单和容易，思想政治工作者或照本宣科，或照搬照转，而不用自主地、富有创造性地解决实际问题，因而也就不能调动受教育者的主动性与积极性。这种思想政治工作是一种缺乏主体性的形式主义的、教条主义的、低效的思想政治工作。

高校传统的思想政治工作已经不能适应社会主义市场经济的发展和人的发展的要求，思想政治工作的发展、创新已经成为不可逆转的潮流。发展是思想政治工作的主题，创新是思想政治工作的生命。思想政治工作的创新和发展需要理论的指导，没有思想政治工作新理论的突破，思想政治工作的创新只是经验性的、零散性的。市场经济和人的主体性的发展使主体性理论成为新时期高校思想政治工作发展的重要指导理论。思想政治工作者要发挥主体性，开展富有主体性的思想政治工作，应充分尊重、发挥工作对象的主体性，创造性地开展思想政治工作，开发工作对象的主体性，并满足他们成长、成才、发展的需要。

二、市场经济条件下人的主体性与社会化的协同发展

市场经济在解放个人、唤醒个体主体意识、生成个体主体性的同时，也促进了个体的社会化发展。在建立和发展社会主义市场经济体制条件下，个体的自主性大大增强，主体性充分发展，积极性、创造性得到发挥，这是较之计划经济体制的一个巨大进步，是推动社会发展和个体发展的动力。同时，市场经济体制也是一种开放的、社会化的体制，现代社会信息网络化、经济全球化的发展也在促进一切领域的快速社会化。每个人都要适应这种社会化的发展趋势，把自己融于现代社会之中，把社会和他人的发展作为自己发展的条件，以自己的发展为社会和他人的发展提供条件。只有这样，个人、他人和社会才能相互促进，协调发展。在市场经济条件下，人的主体性与社会化的并存发展、协同共进主要体现为竞争性与合作性的契合发展、为利性与服务性的统一发展、效率与公平的协调发展。

第一，竞争性与合作性的契合发展。竞争与市场经济相伴而生、结伴而行，竞争机制是市场经济的重要机制。市场经济环境中的竞争是互动的平等主体之间按照公开、公正、公平、效率优先的原则进行的相互比较、竞赛争胜和优胜劣汰。在市场经济条件下，单位和个人的工作、实际利益、发展前

途都要通过面向市场、面向社会接受检验。竞争是每个人和单位都面临的、无法回避的客观条件，它已经广泛渗透到社会生产和生活的各个领域、各个方面、各个环节，成为现代人的一种生存发展方式。竞争是对安于现状和惰性的否定和破除，能激发人的创造潜能，是对人的潜能的释放；竞争激发人的积极性，培养人的进取心，锤炼人的坚韧力和发扬人的首创精神；竞争有助于克服不求上进、萎靡不振的缺点；竞争能增强人的智力，促进注意力的集中，使想象力变丰富、思维更敏捷灵活和操作技能得到提高；集体间的竞争能增强集体成员的责任感、荣誉感和集体的凝聚力；竞争还是鉴别人才、选拔人才的重要途径。新时期高校思想政治工作不应该是培养驯服人格，也不应该只是管住大学生"不出事"，而应该开展形式多样的竞赛活动以激励人们积极参与竞争，培养勇于接受挑战，奋力拼搏、开拓创新、积极进取的主体性。竞争毕竟是一种优胜劣汰，预示着客观存在的差距与无法回避的事实，所以，在竞争中容易产生焦虑情绪、挫折感，甚至出现心理失衡、心理障碍。因此，高校思想政治工作既要进一步克服过去计划经济体制遗留的平均主义惯性和阶级斗争的方式，又要按照公开、公平、公正的原则，制定并执行高校各类人员竞争的指标、程序与奖罚措施，保证高校各项工作的有序进行。同时，还要针对竞争过程中出现的新问题，及时进行关于利益关系、人际关系的沟通与引导，并借助一些心理学的方法，调适师生心理，引导师生正确对待竞争，在竞争中保持健康心态。虽然竞争给了每个人以平等的机会，但是，由于市场经济体制形成时间不长，竞争的指标、程序还不完善，加上缺乏竞争的习惯，在高校往往容易产生不正当竞争。所以，思想政治工作还要与弄虚作假、损人利己的不道德行为作坚决的斗争。

现代社会发展的特征决定了现代竞争具有当今时代的特点，即现代竞争不是你死我活、一方吃掉另一方的头破血流的争斗，而是力求取得双赢或多赢的结果，求得竞争参与者的融合和共同发展。为此，竞争中有合作，合作中有竞争，竞争和合作是统一的，是相互渗透、相辅相成的。竞争需要发挥人的主体性，也是人的主体性的体现，而合作则是市场经济条件下的社会化要求。当今时代，社会发展越来越快，复杂程度越来越高，影响因素越来越繁杂，不确定因素越来越多，多元化趋势越来越明显。个人智慧、力量、时间的有限性使仅凭"单干"取胜变得越来越不可能，而竞争性与合作性的契合发展才是现代社会竞争取胜的法宝。同时，全球化的发展已经成为不可逆转的潮流，人类面临的全球性问题增多，科学在深度分化的同时也在进行高度综合，综合化是科学发展的基本趋势，科技社会化、社会科技化等时代特征也决定了合作是竞争取胜的重要保证。没有合作的竞争，是孤单的竞争，也是没有力量的竞争，而合作是为了更好地竞争。现代科学辉煌成就的取得，充分证实了合作的必要性。通过合作研究成为诺贝尔奖获得者的比例不断增加。据统计，该比例在 1901—1925 年为 41%，1926—1950 年为 65%，1951—1972 年为 79%。统计我国 1979—1980 年的发明奖和自然科学奖，获奖项目共计 417 项，其中合作研究为 386 项，占 92.5%。

现代社会是一个竞争更为激烈的同时又需要更加紧密合作的社会，竞争需要借助合作才能获胜，合作增强了竞争的能力，学会合作是 21 世纪人才的必备素质。联合国教科文组织第 16 届大会的研究报告《学会生存教育的今天和明天》提出：教育的一个重要目标就是要培养感情方面的品质，特别是在人与人的关系中的感情品质。系统的训练有助于人们学会彼此如何交往，如何在共同的任务中彼此合作。新时期思想政治工作应注重培养师生与人合作的素质，包括树立正确的合作观念，认识个人和集体相互合作对人类进步社会发展和事业发达的重要意义；培养真诚合作的精神，加强群体意识，不争个人名利；提高与人合作的能力，善于与人交流，妥善处理个人与集体、自己与他人、主角和配角的关系，在个人勤奋努力的基础上，自觉而积极地投入集体合作，学会理解别人、接纳别人、宽容别人，胸怀大局，学会与人分享成功。竞争性、合作性的契合发展对建立和发展社会主义市场经济具有特殊的意义。社会主义市场经济是与社会主义基本制度和社会主义精神建设结合在一起的，因而具有不同于一般市场经济的特征。发展社会主义市场经济的根本目的是实现全体人民的共同富裕。合作使人们为达到共同的目的而联合，为相互利益而协调一致。合作对创建社会主义市场经济条件下互帮互助的新型人际关系，克服市场经济的负面效应，树立良好的社会风尚，促进精神文明建设无疑具有推动作用。

第二，为利性与服务性的统一发展。市场经济是利益经济，利益机制是市场经济的核心机制。在市场经济条件下，每个商品生产者和经营者所从事的一切活动都是为了求得利益的最大化，经济利益成为激发人们的主动精神的兴奋剂，获取利润成为人们行动的巨大动力，"无利不早起"就是对市场经济的趋利、求利、为利原则的形象描述。按照价值规律的要求，商品的价值是由生产商品的社会必要劳动时间决定，而不是由个别企业的个别劳动时间来决定的。为了获取利润和超额利润，商品生产者和经营者必须进行技术改造和技术更新，采用新技术、新发明以降低生产成本，把个别劳动时间降到社会必要劳动时间以下，按市场需求变化不断优化供给结构，改进经营管理，改进服务态度和质量，提高服务水平，靠灵活多样的经营方式来销售商品，促进经济效益的提高。市场经济的为利性、趋利性、求利性是对中国传统价值观中"贱私利"，即所谓重义轻利，"君子喻于义，小人喻于利""存天理，灭人欲"的强烈冲击和否定，不仅有利于提高社会整体经济效益，推动社会的文明进步，而且有助于促进人们的价值观念、思维方式、行为方式从传统向现代的转换，有助于唤醒人的主体意识，激发人的主体性、能动性和创造性。为利性本身就是人的价值性、主体性的集中体现。但我们必须清醒地认识到，为利性如果缺乏理性的引导和合理价值的驾驭，容易诱导人们不择手段地追逐利润，急功近利，重利轻义，见利忘义，唯利是图，甚至一切向钱看，产生拜金主义。高校师生关注的热点从政治转向经济，注重实际利益，追求物质享受，功利意识增强，这在一定程度上就是受到了市场经济趋利、求利、为利原则的影响。

在市场经济条件下，为利不是以自然经济条件下的个体方式来实现的，而是通过社会化的服务性去取得和达到的，即利益机制是通过服务机制来实现的。首先，商品的生产和交换内在地具有服务性，服务性符合市场经济运行的客观规律。对于商品生产者和经营者的生产、交换和流通都要经过市场，生产什么、生产多少、怎样生产以及产品销往何地，都需要做市场调研，即主动研究市场需求，研究人们需求的发展状况、趋势和特点。同时，商品生产者和经营者的个别劳动要变为社会劳动，实现利益，获取利润，不能靠行政权平均分配，也不能巧取豪夺，而必须通过以市场为媒介的等价交换。等价交换不是一厢情愿，而是买卖双方的自愿结合，因此，等价交换的实际结果一般不是以一方损害另一方的利益途径所能实现的，大都是以互利互惠为前提的，这就要求市场主体必须把追求自身利益的愿望与交换另一方的利益结合起来，不但要关心自己劳动付出所得的回报，还要满足对方劳动付出所得的回报。在市场经济条件下，人们自愿交换和自由选择的权利是平等的，要想通过市场为自身谋取最大的利益，就必须充分考虑另一方的实际需要和利益满足程度。由此，推行市场经济不会导致纯粹的利己主义，利己、为利性离开利他、服务性的基础，利己、为利性的目的就不能实现，所以，必须遵循利己与利他、为利性与服务性有机结合的原则。高等学校虽然不是经济部门，不能按价值规律和商品交换的方式办学，但市场经济体制所要求的为利性与服务性相统一的原则，对处理高校与社会、个人与社会以及个人与个人的关系也是适用的。

服务性是社会主义本质特征的集中表现，也是建立市场经济体制，保障市场经济及整个社会沿着社会主义方向健康发展的内在要求。社会主义市场经济是建立在以公有制为主体的经济基础之上的，生产目的是满足全体人民不断增长的物质和文化生活的需要。这就必然要求把商品生产本身所具有的能够满足他人或社会需要的属性凸现出来，并把服务的对象指向广大人民群众。市场经济对人们的道德观念既有积极的影响，也有消极的影响。市场经济的自发性、盲目性、滞后性的弱点可能使商品生产本身所具有的为他人、社会服务的属性遭到抑制，再加上我国还处在社会主义初级阶段，社会生产力还存在不平衡和水平低的现象，在某些地方、环节或个人身上可能出现只追求利润而忽视质量，只顾自身利益而忽视社会集体利益等倾向。弘扬服务性，就能在一定程度上抑制市场经济的负面影响和消极后果，保障市场经济的健康发展。

在社会主义市场经济条件下，不断满足人们合理的、日益增长的物质需要是调动积极性的决定性因素。新时期高校思想政治工作应该贯彻物质鼓励与精神鼓励相结合的原则，并创造条件满足人们对物质利益的合理追求，而不能用精神鼓励取代物质鼓励。与此同时，还要旗帜鲜明地反对金钱至上和唯利是图，理直气壮地进行为人民服务的主旋律教育。那种认为市场经济就是"一切向钱看"，人人只顾追求物质利益，唯利是图，进行为人民服务的教育就是传统和落后的观念，不仅没有合理根据，经不起推敲，而且在实践中也是极其有害的，它等于放弃正确的导向，为个人主义、利己主义、拜金主义大开绿灯。在进行为人民服务的主旋律教育中，应有不同层次的要求。全心全意为人民服务，这是最高层次的要求，表现为一心为公、大公无私、毫不利己、专门利人，这是对共产党员和一切先进分子的要求。为人民服务还有低层次的要求，这就是在与人相处中要尽量做到替别人着想，力求有益于他人、有利于社会，使自己的行为能够给他人和社会带来有益的结果。

第三，效率与公平的协调发展。市场经济是以市场为基础进行资源配置和调节经济运行的一种经济形式。市场配置和调节不同于下达指令性计划和行政命令的自上而下的人为调节，而是遵循效率原则，把资源合理配置到效率高的领域和环节。高利润、高效率、高效益的企业就有能力吸引各种资源，这就迫使领导者以最少的劳动耗费取得最大的经济效益，充分利用各种资源，提高劳动生产率和工作效率。因此，建立和发展社会主义市场经济必须坚持效率原则。

我国正处于并将长期处于社会主义初级阶段，初级阶段的国情决定了我们的根本任务是进行以发展经济、科技为中心的现代化建设。"发展才是硬道理"，为此，要坚持效率优先的原则。社会主义的本质是"解放生产力，发展生产力，消灭剥削，消除两极分化，最终达到共同富裕"，再加上我国整体生产力水平不高，发展不平衡的现象比较突出，这就要求我们在坚持效率优先的同时，必须兼顾公平。效率和公平是社会主义追求的基本目标。讲求效率，可以促进社会生产力、现代科技的发展，增加社会财富，为在更高层次上实现社会公平，最终实现共同富裕创造物质基础。此外，效率优先原则对于破除我国传统的平均主义的顽疾具有不可估量的作用，它能激发人们提高效率的积极性、主动性和创造性，推动人们观念的现代化。公平是社会主义的本质目标价值取向，体现了社会主义的优越性。公平问题解决不好，不仅会影响社会稳定，而且会在一定程度上影响效率的提高。新时期思想政治工作应该从理论上和政策上否定把平均主义和社会主义混同起来的错误观念和做法，鼓励开拓创新、积极进取，鼓励冒尖，鼓励人们通过诚实劳动走上富裕之路，同时要在全社会提倡先富带动后富，最终实现共同富裕，从而把公平与效率结合起来，在全社会形成注重效率、维护公平的价值观念，使每个人既有平等参与的机会，又能充分发挥自身的潜力，促进经济发展，维护社会稳定。

以上的论述体现了在社会主义市场经济条件下，个人主体性与社会化的协同共进。主体性与社会化是人在发展过程中的两个侧面，二者既是统一的，又是矛盾的。如果只强调竞争性、为利性和效率，忽视合作性、服务性和公平，实质就是只强调主体性，忽视社会化，就会脱离他人和社会，走向个人中心、唯我主义，走向新的自我封闭，甚至滑向个人主义、利己主义。这样的人，其主体性的发展会受到抑制，自身素质也难以得到提高。反之，如果只强调合作性、服务性和公平，忽视竞争性、为利性和效率，也就是只强调社会化，忽视主体性，就会放松自身努力，走向依赖、从众和平均主义。这种社会化是丧失主体性、缺乏素质的社会化，不是真正的社会化。人的主体性和社会化分离的这两种情况在现实生活中不同程度地存在着。思想政治工作面对的对象的一个重要矛盾，就是主体性与社会化的矛盾。思想政治工作要大力培养人们的自主性，克服依赖性；发展主体性，克服盲目性；发挥创造性，克服平庸性。思想政治工作不仅要面向个体，帮助、引导人们实现主体性发展，提高自身素质，还要面向群体和社会，帮助、引导人们实现社会化发展，丰富社会关系。这既是现代社会的客观要求，也是对马克思主义关于人的全面发展思想的贯彻。总之，思想政治工作要使人们在处理个人与社会的基本关系上达到自觉，必须根据现代社会的实际，引导人们从理论上认识主体性与社会化发展的辩证关系，帮助、引导人们自觉、全面发展自己。

多元文化环境对思想政治工作的影响与对策[*]

多元文化环境是与信息网络环境、开放环境、全球化发展潮流具有内在相关性的一种新的文化环境。从某种意义上说，多元文化环境是社会主义初级阶段建立和发展社会主义市场经济和扩大开放的产物，而信息网络环境为其提供了技术支持，全球化发展对其起了推波助澜的作用。同时，文化领域多样性的发展，也推动了开放的扩大和全球化的进一步发展。

一、多元文化环境形成的时代特征

文化多元化是我国社会主义初级阶段多样性的发展要求。我国正处于并将长期处于社会主义初级阶段的国情是思想政治工作所面对的国内环境。在社会主义初级阶段，由实际的生产力发展水平确定并实行的以公有制为主体、多种所有制经济共同发展的基本经济制度和以按劳分配为主体，多种分配方式并存的分配制度，随着经济社会的发展呈现主导性下的多样化特征。经济成分和经济主体的多样化、就业和分配方式的多样化、社会组织形式的多样化、社会生活方式的多样化是社会主义初级阶段社会存在多样性的主要表现。多样性是社会主义初级阶段的显著特征，多样性的社会存在必然决定思想观念的多样化，决定意识形态领域和文化的多样化状态。

文化多元化是扩大开放的产物，我国实施对外开放的国策之后，彻底改变了封闭和半封闭状态，而成功加入世界贸易组织，又使我国的开放在广度和深度上达到了前所未有的新水平。全方位的开放，不仅使思想文化领域空前活跃，而且国外的各种理论、思潮、生活方式、价值观念也蜂拥而至，思想文化领域已不再处于过去那种封闭、单一的状况。思想文化领域的边界模糊，各种异质思想文化交汇、互渗和融合，使文化领域呈现多样化发展的繁荣局面。

---

　　[*]　原载于《新时期高校思想政治工作理论与实践》，高等教育出版社 2003 年版，作者靳诺、郑永廷、张澍军等，收录时有修改。

全球化推动文化多元化的发展。以经济全球化为主导和核心的全球化已经成为不可逆转的潮流，加入世界贸易组织意味着我国将在更大范围和更深程度上参与全球化进程。全球化带动文化全球化的发展，跨文化交流越来越频繁，各种文化的边缘交叉和渗透扩大，文化发展的民族和空间界限也被打破，出现文化的大融合、大交流，从而促进了文化的多样化发展。

信息网络化为文化多元化提供技术支持。网络的出现使信息的生产和传播机制发生了革命性变革，网络的无中心、无权威、无标示、即时性、大容量、覆盖面广等特点为各种异质文化的平等、自由传播提供了平台。

二、多元文化环境中思想政治工作遵循的原则

多元文化环境的形成与发展使思想政治工作的环境从封闭走向开放、从单一走向多样、由简单变为复杂、由稳定变得多变。高等学校一向是各种文化的集散地，多元文化在此交锋和碰撞，经常、直接影响师生的思想、情感、价值取向与行为选择，使高校思想政治工作处在相互激荡的文化环境之中。思想政治工作如何对多元文化的发展发挥主导作用？在发展多样性的同时如何坚持主导性？这些是新时期高校思想政治工作必须解决的理论和实际问题。

（一）坚持选择性与发展性统一的原则

多元文化环境的形成是文化发展、繁荣的表征，是不以人的意志为转移的历史必然。文化多元化开拓了人们的视野，拓展了人们的思维，使人们由无可选择变为自由选择，从而使人们的思想走出封闭和僵化状态，变得积极、主动、活跃和富有创造性，极大地增强了人的主体性，这无疑是一场伟大的革命和进步。价值观是文化的内核，当传统文化与现代文化、本土文化与外来文化、精英文化与大众文化、高雅文化与流行文化、主流文化与亚文化、经典文化与快餐文化进行交锋和碰撞时，深藏于各种文化形态内，并内在决定文化性质和方向的价值观冲击和震撼着人们传统的单一价值观，价值取向的多样化发展态势已经成为现实。尤其是大学生们，他们的主体性和自我发展意识得到增强，比较注重自我完善和个性发展；他们精力旺盛，头脑开放，思维灵活敏捷，乐于接受新思想、新观念；他们频繁接触媒体，快速接受各种信息，思想超前，还常以一种独立的、批判的眼光审视时代和社会的变化，对传统、权威、说教已不再轻易附和与响应，已不再单纯接受既定

的道德观念观点。因此，思想政治工作再像过去那样用"堵"或者其他强制性方法要求人们坚守某种统一的价值观或放弃某种价值观，已经相当困难。在文化多元化和价值取向多样化的时代背景下，思想政治工作应当坚持选择性原则，创造一个让人们能够自由选择的宽松环境，正视人们的选择，尊重并相信人们的选择。同时，还需要培养和提高人们的辨别力、判断力、选择力和批判力，使人们学会选择，特别是能够在多元文化环境中排除各种信息干扰，做出正确的选择。

文化多元化和价值取向多样化在给人们提供多样性选择空间和自由的同时，往往也会让人无所适从，时时陷入不知如何是好和无法选择的困惑和尴尬。正如阿尔温·托夫勒所说的："有时候，选择不但不能使人摆脱某种束缚，反而使人感到事情更复杂、更棘手、更昂贵，以至于走向反面，成了无法选择的选择。一句话，有朝一日，选择将是超选择的选择，自由将成为太自由的不自由。"① 人们困惑于一簇簇的"价值丛"，不知道自己真正需要的价值观在哪里，从而导致价值失衡和价值混乱，甚至会造成价值危机和信仰危机。但这恰恰从另一个方面说明了主导价值取向的不可或缺和现时代主导价值观引导上的乏力，以及确立、发展一种反映时代精神、适应时代发展要求的主导价值观的紧迫性。理性分析的结果表明，价值取向混乱局面的形成在很大程度上应归咎于主导价值观引导的乏力，而主导价值观引导的乏力又主要在于我们的主导价值观缺乏创新和发展。

我国基本的经济制度和政治制度决定了基本的价值观和价值导向，而基本的价值观总是一元的。但是，如果主导价值观不坚持发展性原则，不能随着时代的发展而与时俱进，就不能反映时代的精神和发展趋势，最终必将被时代和人民所抛弃。主导价值观的创新和发展不是要否定社会主义的基本价值观，相反，它是社会主义价值观念的自我完善和发展。在建立和发展社会主义市场经济以及信息化、全球化的条件下，效率观念、信息观念、竞争观念、开放观念、创新观念、人才观念、民主观念、平等观念、利益观念应该被纳入我们的主导价值观。思想政治工作应该积极倡导并参与主导价值观的创新和发展，在继承我国优秀的传统文化和革命传统，借鉴西方文化，融合现代科学文化的新成果的基础上，创新和发展我们的主导价值观，使人们在多元文化和多样价值取向的环境中自觉坚持主导价值观。

---

① ［美］阿尔温·托夫勒：《未来的震荡》，四川人民出版社 1985 年版，第 313 页。

（二）坚持主导性与多样性统一的原则

在多元文化环境中，思想政治工作面对思想文化领域的一个重要矛盾，是主导性与多样性的矛盾。主导性决定思想政治工作的性质和方向，坚持思想政治工作的主导性，就是坚持思想政治工作的原则性、方向性。特别是在文化多元化和价值取向多样化的情况下，思想政治工作必须坚持主导性，坚持党的基本路线，坚持社会主义意识形态的主导地位，这是由我国以公有制和按劳分配为主体，以集体主义为原则，坚持社会主义制度所决定的。思想政治工作坚持主导性，就是要在意识形态领域坚持社会主义意识形态的主导地位。学习马克思主义，要坚持以邓小平理论为中心，把思想统一到"三个代表"重要思想上来；在各种教育中，要坚持爱国主义、集体主义、社会主义的主旋律教育；在思想观念体系中，要坚持以集体主义为原则、以为人民服务为核心。这些不同层次的主导性，是思想政治工作不同层面的支柱和灵魂。反之，在文化多元化和价值取向多样化的情况下，背离主导性的要求或者放弃主导性，思想政治工作就会迷失正确方向，就会因无法把握中心内容和基本准则而陷于混乱，导致相对主义、无政府主义、放任主义、自由主义的泛滥，最终消解思想政治工作的功能。

在多元文化环境中，层次性、独特性、多样性空前增强，多样性丰富、充实了主导性的内容，推动了主导性的发展。主导性如果脱离了多样性或限制了多样性的丰富与发展，就会成为形式、教条而缺乏吸引力和感召力，引起人们的反感，不起作用，必然导致或陷于教条主义、形式主义。因此，要坚持主导性，还必须带动、促进多样性的发展。思想政治工作的多样性主要表现为内容选择、工作要求、工作方法的多样性。

思想政治工作内容选择的多样性是对传统思想政治工作内容的抽象性和单调性的否定。多样性的内容选择，如果从分布上来划分，应该涵盖以下四个方面。

一是对我国古代优秀的传统文化特别是民族传统美德进行现代改造，做到古为今用。传统美德是中华民族传统文化的核心，起着精神纽带的作用。利用传统美德教育师生，能够振奋民族精神，增强中华民族的自尊心、自信心、自豪感和凝聚力，协调人际关系，有利于形成有中国特色的价值观和道德规范。

二是批判借鉴西方资产阶级在反封建专制和发展市场经济过程中提出和形成的先进思想观念。资产阶级在反对封建专制和宗教神学中，提出了民主、自由、平等的法制观念，在发展市场经济过程中形成了效益效率观念、竞争观念、开放观念、创新观念、自立自强观念。这些思想观念经过社会主义的改造后，对我国社会主义市场经济条件下的思想道德规范体系的重建有借鉴意义。

三是融合现代科技发展的新成果。现代科技发展的新成果是人们在自然领域和社会领域经过探索、研究所取得的新进展的标志，是现代物质文明和精神文明的结晶，它不仅丰富了人们的物质生活、精神生活，而且丰富了思想政治工作的内容。现代科学的新成果体现了人们对"真"的不懈追求，不仅给予人们一种知识价值，而且给予人们一种现代精神价值，即在追求真理的价值的同时，现代科技的大发展提出了一些新的伦理道德问题，开辟了思想政治工作的新领域，丰富了思想政治工作的内容，如生态问题、克隆技术和基因工程引发的伦理问题，以及网络道德、普世伦理等问题。

四是继承革命传统教育内容。革命传统是中国人民在中国共产党的领导下，在进行革命和建设的长期实践中形成的优良传统和作风。例如，理论联系实际，密切联系群众，开展批评和自我批评；艰苦奋斗不怕困难，不怕牺牲；独立自主、自力更生；爱国主义、国际主义、革命英雄主义；等等。革命传统是我们党的政治优势，其中的许多内容已经成为新时期思想政治工作的主导性内容。

思想政治工作的主导性与多样性是不可分割地联系在一起的，多样性不能离开主导性的支配和制约，应该服从主导性的发展方向，否则，就会发生两种偏向：一是以多样性淹没主导性的"拼盘现象"，即缺乏主导性的支撑和统领思想政治工作的价值取向不明确，甚至相互矛盾。这种现象在理论研究和实际工作中并不少见。二是以多样性否定主导性的"替代现象"，或以儒家思想为主线，或以西方资产阶级思想为主导，或以宗教思想为主体，来取代社会主义思想。这种偏向虽然不多，但应该引起警惕和重视。总之，这两种倾向都不利于社会和个人的发展，也不利于思想政治工作的开展。新时期思想政治工作应当坚持在主导性指导下发展多样性，在多样性基础上坚持主导性。

（三）坚持先进性与广泛性统一的要求

传统思想政治工作基本上没有区分层次，不管人们的思想道德基础如何、现实表现如何，都设置了整齐划一的要求，思想政治工作的要求"有见于齐，不见于畸"，不能反映出人们思想道德的层次性和发展性，这也是造成思想政治工作低效、无效的重要原因。为此，思想政治工作一定要区分对象的层次，在目标、要求、评价上，都必须坚持先进性与广泛性相统一，克服过去只讲先进性、不顾广泛性，只求统一性、不顾差异性的弊病。

先进性与广泛性相统一的引导要求是针对教师、学生中存在先进、中间和后进的不同层次而提出来的。思想政治工作要求的先进性就是要求的进步性、榜样示范性，是对群众中的先进人物、先进层次提出来的。群众中的先进人物是指可以作为学习榜样、在群体中具有示范作用的人物，他们能够自觉用高标准、严要求对待自己、约束自己，具有较高的思想道德境界和政治水平，对其他层次的人具有示范效应。先进层次只是群众中的小部分人，具有典型性。

思想政治工作要求的广泛性，就是要求的一致性、普遍性，它是根据多数个人的思想道德基础、表现、需要所提出的要求，是一种广泛而普遍的要求，是应当达到而且容易达到的要求。广泛性要求是根据集体和个人思想道德的多样性提出来的，不可太高，也不可太低。太高，不仅要求难以达到、浪费资源，还可能脱离实际，搞形式主义，引起反感；太低，就会降低要求，迁就、保护落后，使思想政治工作缺乏引导力度。

先进性要求与广泛性要求是有区别的，主要表现为标准不同、表现形态不同、发挥作用不同。但二者又是互为条件的，即先进性以广泛性为基础，先进性的产生、发展及其作用的发挥都要以广泛性为基础，没有广泛性，就没有先进性；广泛性以先进性为导引，广泛性的存在发展及其作用发挥的方向和程度都要以先进性为导引，没有先进性引导，广泛性可能改变发展方向和性质，或者会停步不前。在思想政治工作中，我们要坚持先进性与广泛性的辩证统一，不能把它们割裂开来，对立起来。

三、多元文化环境中思想政治工作的重点

对新时期高校思想政治工作既要提出先进性要求，又要有广泛性要求。结合社会主义初级阶段的实际情况和基本特征，先进性与广泛性要求的具体层次应该如下。

其一，提倡共产主义思想和道德。共产主义思想和道德吸取了以往人类精神文明的优秀成果，是人类历史上最先进的思想和道德，其核心内容是集体主义和全心全意为人民服务。虽然我国现在建设和发展的中国特色社会主义还只是初级阶段的社会主义，但是，确实有少数先进分子具有共产主义的

思想和道德。初级阶段的社会主义并不是无产阶级的最终奋斗目标，无产阶级的最终目的是实现共产主义，因此，提倡共产主义思想和道德既有现实性和可能性，也具有超越性和引导性。共产主义思想和道德要求主要是对先进模范人物和广大共产党员提出的要求。

其二，坚持社会主义思想道德。社会主义思想道德是社会主义初级阶段对全体人民共同的、普遍的要求，即以为人民服务为核心、集体主义为原则，以《公民道德建设实施纲要》中提出的"爱国守法、明礼诚信、团结友善、勤俭自强、敬业奉献"为基本要求，开展社会公德、职业道德、家庭美德教育，加强民主法制和纪律教育，引导人们树立科学的世界观、人生观和价值观。

其三，鼓励支持有利于经济发展和社会进步的思想道德。党的十四届六中全会通过的《关于加强社会主义精神文明建设若干重要问题的决议》指出："鼓励支持一切有利于解放和发展社会主义社会生产力的思想道德，一切有利于国家统一、民族团结、社会进步的思想道德，一切有利于追求真善美、抵制假丑恶、弘扬正气的思想道德，一切有利于履行公民权利与义务，用诚实劳动争取美好生活的思想道德，团结和引导亿万人民积极向上，不断提高全民族的思想道德水平。"这"四个一切"思想道德要求的概括，不仅包括了对海外人士，对各个民族、阶层，对一切奉公守法人员的思想道德要求，而且包括了在经济、政治、文化、科学等各个领域的思想道德要求，因而，它的涉及面更广泛，更能照顾到社会各个层面的人员，是社会主义思想道德的延伸和补充。尽管它不是主体部分，但鼓励和支持它的存在和发展，能够团结更多的人，能够更广泛地调动人们的积极性。

坚持思想政治工作先进性与广泛性相统一的要求，在操作上需做到：第一，敢于坚持先进性。在多种所有制形式并存、多种分配方式并存、人们价值取向多样化、经济因素影响强大、物质利益驱动突出的情况下，坚持思想政治工作要求的先进性的确面临挑战。但是，我们不能只从个人角度，而应从社会层面把握要求的先进性。思想政治工作要求的先进性代表着我国社会思想、政治、道德发展的方向，对广泛性起着辐射、凝聚、导引作用。它作为社会主导性精神支柱，必须通过长期的、经常的传播、宣传。如果忽视这个问题，社会的价值取向就会模糊，广泛性要求也会难以保持应有的水平而呈现弱化趋势。我们绝不能因为有些人不能或不愿意接受先进性就放弃它。为使先进性要求有效地推动、引导、提升广泛性，应充分体现先进性要求的价值，把先进性同经济发展、业务发展、实际利益结合起来，在坚持以精神奖励为主的前提下，对先进模范人物也要适当给予物质奖励，关心其物质利益。敢于坚持先进性，就是要敢于用共产主义、社会主义的思想道德要求开展思想政治工作，对先进层次、先进个人敢于提出高标准，进行严要求；就是要敢于树立、推广先进典型，并敢于承认、宣传先进典型的价值。第二，合理掌握层次性。先进性和广泛性层次的划分是相对的。广泛性是一个包括大多数人在内的大层次，还可以根据其中个人的实际表现、贡献以及思想道德追求、职称、职务、兴趣、特长等方面，分为不同的亚层次，根据不同层次的要求实施分层教育。这既是从实际出发，使思想政治工作具有针对性，又是一种比较竞争，有利于增强人们提升自己思想政治道德品质的动力。第三，善于把握超越性。思想政治工作要求应当有超越性。所谓超越性，就是发展性，就是在原有基础上的提高，对原有水平的超越。思想政治工作的根本目的是提升人们的思想政治道德素质，是要帮助人们不满足于现有水平而不断进行提高，使先进更先进，落后变先进。所以，不管是对哪一个层次开展思想政治工作，所坚持的要求都必须具有超越性。停留于原有水平的教育是一种维持性教育，是没有意义的；低于该层次要求的教育实际上不是教育，而是限制发展，甚至是鼓励落后。

大学生自主创新的障碍超越[*]

建设创新型国家是我国长远的战略目标，作为未来创新型国家的主要建设者，当代大学生的自主创新意识以及创新能力的强弱，直接关系到建设创新型国家战略的成败，关系到民族的振兴和国家的盛衰。科学技术是人类的伟大创造性活动。反观我国的自主创新意识与自主创新能力的现状，与时代要求确有一定的差距。我国大学招生数量连续大幅度增加已经使大学由精英化教育阶段进入到大众化教育阶段。但是，大众化教育并不等于低水平教育。而事实上，我国一些高校扩招之后，存在水平下滑现象，表现在一方面大学生人数不断增长，另一方面我国社会对高水平创新型人才的需求却得不到满足；一方面大学生就业困难，另一方面大量需要创新型人才的职位却招不到人。这些都说明了我国高校目前培养出来的大学生不能很好地适应我国经济社会对创新型人才的需求。究其缘由，无疑是多方面的。如果从不利于大学生自主创新的主观障碍因素这个角度进行剖析，进而反观教育，有针对性地克服这些障碍，提高大学生自主创新能力，无疑具有现实意义。

一、大学生自主创新的主要障碍及其表现

（一）平庸性目标取向障碍

目标是人们以自身活动为目的的预定设想和安排，通常指人们在社会活动过程中作出努力所力求达到的预期，是人们在各种活动中所追求的客观标准在主观上的超前反映。目标作为主观映像是人们对外界（或环境）能满足主观需要的诱因或刺激的反映，一旦形成便成为一种动因并引起人们的行动。目标有高尚与平庸之别。在《现代汉语词典》中，"高尚"意为"道德水平高"或"有意义的，不是低级趣味的"；"平庸"则指"寻常而不突出，没有作为；寻常而不高明"。从整体上看，大学生的目标系统是一个由

* 原载于《大学生自主创新理论与方法》，人民出版社 2000 年版，作者郑永廷、高国希等，收录时有修改。

多种目标群集而成的复杂体系，我们把其中的自私性目标、片面性目标、功利性目标、模糊性目标归为平庸性目标。国内外的学习实践证明，目标在大学生学习中有重要作用，它能引导、启动、激励、凝聚、调控、制约大学生的学习生活。明确而又合适的目标是学习的强大动力，有高尚目标的学生能自觉地、积极主动地、努力地学习，并不断地朝着自己的目标奋进。相反，目标平庸者，其学习则不能达到应有的水准，甚至发展道路受到阻碍。

第一，自私性目标取向。自私性目标取向的主要表现是有些大学生缺乏社会责任感和事业心，不讲理想，认为"理想，理想，有利就想；前途，前途，有钱就图""政治是虚的，理想是远的，权力是硬的，票子是实的。（要）去掉虚的，扔掉远的，抓住硬的，捞到实的"，甚至认为当今社会是一个"告别革命、告别理想、告别崇高"的时代。这些大学生在思想上奉行自私自利，在行为上表现为重利轻义，重个人、轻集体，重索取、轻奉献，重现实、轻理想倾向。有的为了保全个人利益，或眼看别人的利益受到侵犯而无动于衷；或为了达到自己的目的，置国家、社会、他人利益于度外，甚至不惜一切手段，损人利己。

第二，片面性目标取向。片面性目标取向的主要表现是一些学生把目标主要定位在业务、物质生活上，将掌握专业知识、追求物质享受作为唯一目标，学习内容单一，忽视全面发展，有的重视专业知识的学习，忽视道德品质的修养；有的重视科技知识的学习，忽视人文知识的学习；有的重视英语学习，忽视专业学习；等等。掌握专业知识既不是学习的唯一目标，也不是学习的最终目的。在高校，学习、生活的内容是丰富多彩的，途径是多样化的，各种学习、生活是实现自我价值的途径，是不断丰富人的情感、陶冶品性、提高能力、促进全面发展的过程。学习、生活内容与方式单一，不可能实现全面发展的目标。

第三，自发性目标取向。自发性目标取向，包括实用、功利目标取向。有些大学生在学习内容、为人处事的选择上有明显的实用性特点，其表现是以是否对自身现实"有用"为尺度，只做那些对眼前利益"有用"的事，只学那些现实"有用"的内容，把主要精力只放在自认为将来在工作中用得着的课程上，而对基础理论课程和思想政治理论课程则在时间与精力上投入不足。有的大学生虽然愿意承担一些公益事务，但其目的不是锻炼自己，培养为他人服务的精神与能力，而是为评优、入党、找工作增添砝码，甚至斤斤计较得失。关于大学生的自发性目标取向状况，有学者在数千名大学生中做过调查，其结果表明，虽然没有思考过自身学习目标的人不多，只占

6.27%，但不少学生的目标定位低，有的学生将"为脱离农村""为含辛茹苦的父母""为享受高档次的生活""为争取奖学金，受人称赞"等作为学习目标；有超过一半以上的学生将目标定位在"为就业打基础""为考试过关获得文凭""考研究生"。① 不少学生的目标定位是从眼前、具体利益出发的，缺乏长远、全局的考量，具有明显的自发性。因此，他们时常变更自己的学习和生活目标，使目标本身失去了高度理性的牵引和特有的稳定性而流于形式。

第四，模糊性目标取向。大学新生中一些人存在目标模糊的现象，具体表现为学习没有计划和系统性。有调查显示，有终身学习计划的学生仅占24.91%，连短期学习计划都没有的也占18.2%；71.07%的大学生使用电脑主要是为了娱乐（游戏、电影、聊天、音乐等），只有23.82%的学生将其用于学习（英语、写论文等）。② 有些新生自认为考上大学是"船到码头车到站"，成为"休闲一族"，有的睡懒觉、逃课上网；有的在课堂上不认真听讲、课后不看书、抄袭作业；有的考试前临时抱佛脚，考试中伺机作弊。有调查表明，在学习上没有目标的人数占被调查总人数的32.4%，这些学生认为什么事情都是无关紧要的，"把学习当被动任务去完成""无上进心，只满足于考试及格""满足现状，不求高深"，以至于蹉跎宝贵的青春岁月而徒叹奈何。③ 也有调查表明，46.63%的大学生虽然"有明确的人生目标，大学四年也有详细的计划，但未能很好地落实"，36.45%的大学对"人生目标和大学四年的计划曾经想过，但不是很明确，未能很好地落实过"。④这说明目标对这些学生来说，具有模糊性与不稳定性而容易流于形式。还有现象表明，有些学生虽然认为目标重要，也试图制订目标，但他们只把目标定位在具体事情上，踌躇满志，样样都想成为强者，学英语、玩电脑、参加各种社团、应聘学生干部等忙得不亦乐乎。当在某项活动中不顺或不如自己意愿时，往往放弃努力而转向另外的追求。这就是"无志之人长立志"现象，也是目标模糊的表现。

---

① 方丽娟：《大学生学习动力不足的原因及对策》，载《河南工业大学学报（社会科学版）》2007年第2期。

② 何景杰、邢楠：《广州大学城大一大二学生颓废现象调查报告》，载《社会心理科学》2007年第1期。

③ 李开复：《致中国学生的第四封信：大学4年应是这样度过》，见博客网（http://apocalypses.bokee.com/）。

④ 何景杰、邢楠：《广州大学城大一大二学生颓废现象调查报告》，载《社会心理科学》2007年第1期。

（二）应试性学习障碍

应试即应对、应付考试，或称应考。应试教育是指在教学过程中，以考试为主要杠杆，以成绩为衡量标准，以把少数学生从多数学生中选拔出来为唯一任务，把学生的考试成绩及学校的升学率作为衡量和评价学校工作和学校教育质量的根本标准的教育观。应试性学习是指学生将考试成绩视为学习的目的，死记硬背，不求甚解，一切以考试为主的学习方式。基于种种原因，存在于我国各高校大学生中的应试性学习现象已呈不容忽视的普遍蔓延之势，① 它引发了来自各方报刊和网络等媒体②的关注。应试性学习已成为大学生自主创新的一大障碍，表现在以下四点。

一是应试性学习的目的是应对考试并取得自己所期待的分数。对于学校开设的各门课程，有些学生往往以课程考试方式、评价方式来决定对其重视程度和分配时间与精力。多数大学生，无论其学什么专业，他们在学习英语和计算机两门课程上付出的时间和精力都远远高出其他课程的学习，这表明学生对工具性、应用性知识的重视。相比之下，一些学生对基础理论课程往往不够重视。

二是视学习为钻研课本、接受知识和消化教材。一些学生看课本做习题，要求老师明确复习重点，向老师套考题、猜考题，对与课本知识相关的实际问题和相关知识缺乏兴趣。其学习方式是死记硬背，应对方式是"听讲、练习、复制"，养成了以教师为中心、被动接受、追寻考题标准答案的思维模式。

三是把拥有"一张文凭、多种证书"作为重要目标。"一切为了考试"已从校内的各种课程考试延伸到社会。据了解，目前，70%以上的大学生在学习本专业知识的同时，忙于各种社会应试，诸如各种计算机等级、会计资格、教师资格等证书考试，既付出了金钱、时间与精力，也影响了专业理论的学习与专业技能的培训。

四是既分数唯上，又以分数为限。所谓分数唯上，就是把高分作为学习的唯一目标，把高分作为获取奖学金、推荐免试研究生出国深造的根本条件。因此，在有些学生中有"考分考分，学生的命根"的说法，有的学生甚至为了考高分，不惜作弊和造假。所谓以分数为限，其实质也是分数唯上

① 李斌、单小亮：《部分地方院校成为考研基地?》，载《中国青年报》2004 年 10 月 11 日。

② 《应试教育正向本科阶段渗透》，见 http://ie81111111sohu.com/20041Q12/n222442351.shtml。

的另一种表达，只不过持"以分数为限"想法的人不想以高分获取荣誉与资源，而只求考试过关，于是，有些学生则有"59分倒霉，60分万岁，61分浪费"的说法，不愿付出更多努力，只把考试过关作为学习目标。

（三）虚假性学风障碍

从目前看，大学生学风总体状况是好的，大部分学生有强烈的历史责任感，立志为建设中国特色社会主义，为实现中华民族的伟大复兴做出自己应有的贡献。同时，在少数学生中也不同程度地存在着虚假性学风现象，表现为以下两点。

第一，学习不实在，求知不刻苦。

少数学生学习不实在的主要表现是在学习上没有投入应当投入的时间、精力，上课迟到早退，不注意听讲，甚至逃课，把时间与精力用在上网、睡觉与其他事情上。其中，逃课在一些高校成为屡禁不止的现象，"选修课必逃，必修课选逃"是一些学生的"行为准则"，逃课情况随年级递增，[①] 不仅学习成绩差的学生，一些成绩好的学生也逃课。[②] 有的学生兴趣广泛且容易转移，专业学习不刻苦、不深入；有的学生受社会上某些价值观的影响，不能正确认识和对待所学专业，学习不踏实；有的学生片面理解"锻炼能力"，花很多时间与精力在各种社会活动上，影响正常学习。

第二，作业抄袭、考试作弊，诚信意识淡薄。

大学校园里，作业抄袭、考试作弊等违纪现象屡见不鲜。部分学生或借助网络信息，复制加粘贴应付了事；或数人共做一课题，由一人动手，其他人只略加改动甚至照抄上交。此外，考试舞弊，"钱学交易"的"枪手"现象时有发生。尽管各高校三申五令，采取各种措施肃整考风考纪，加强考试管理，但考试作弊之风仍屡禁不止。[③]

（四）浮躁性意志障碍

我国当代大学生大部分具有勤奋刻苦、孜孜以求、奋发向上的良好意志品质，体现出自觉性、果断性、坚忍性、自制性等特征。但与此共存的也有些大学生不同程度地表现出的浮躁现象，主要表现如下。

---

① 张建兴：《大学生逃课现象的调查和反思》，载《淮南师范学院学报》2006年第5期。

② 吴新文：《论高校学风的二元性》，载《黑龙江高教研究》2007年第7期。

③ 徐增勇：《从大学生考试作弊现象透析高校学风建设》，载《黑龙江高教研究》2004年第7期。

第一，盲目从众，难以自主。随着社会环境日益复杂并且影响逐步加大，有些学生易受环境的暗示与误导，追逐风潮，随波逐流。在学习上，表现为学习的兴奋点常随外界影响而变化，如时而觉得学好外语最重要，时而又觉得学习计算机更实用。有的学生追求社会时尚，往往与新潮攀比，盲目跟从。在职业选择上，以眼前社会流行的职业时尚和价值取向为标准，以外在的社会地位、经济收入等作为职业选择的依据，不顾自己的主客观条件而盲目追求。

第二，摇摆不定，浅尝辄止。摇摆性与意志的坚忍性特征相反，是指做事犹豫不决，浅尝辄止。表现为遇到困难便放弃对预定目标的追求；偶遇挫折便望而却步。这种缺乏意志的行为在有些大学生中的表现就是遇事想走捷径，做事虎头蛇尾；缺乏学习毅力，不能持之以恒；学习目标不明，不愿深入钻研。

二、障碍因素对大学生自主创新的危害

（一）平庸性目标取向障碍的危害

平庸性目标取向对自主创新的危害主要如下。

一是自私性目标取向将导致自主创新背离为人类造福的价值原则。从人类迄今为止的科技发展史可以看出，大多数自主创新成果都是瞄准当时社会的生产或生活需要应运而生的，但也不乏出于战争、掠夺、压迫、荒淫等自私目的而创新的科技成果。这些创新的目标异化现象正是人类自身用错误的自私目标取代了正确的为人类造福的目标所导致的。在这里，自主创新活动坚持了科学原则，却背离了价值原则，割裂了科学与价值相统一的自主创新所应遵循的基本原则，从而将自主创新活动引向了歧路。

二是片面性目标取向将使自主创新缺乏主观条件保证而难以实现高校一些学生的片面性目标取向，实际上是重视智育、忽视德育的价值取向。有这样取向的学生能够把自己的主要时间和精力用在学业上，并力求有所作为，这是值得肯定的。但是，应当看到，学习是一个艰苦的活动，创新更是一个艰难的过程，它既需要丰富的知识、实际能力，更需要强大的精神动力、顽强的意志。这是因为学习的道路，特别是创新的道路，是一条荆棘丛生、艰难困苦的道路，遇到困难、挫折、失败在所难免，专业知识、能力往往不能直接解决这些非业务性的难题，需要有强大的动力、顽强的意志来应对学

习、创新过程中的风险与挑战。而强大的动力、顽强的意志只能由正确的学习、创新的价值目标提供，因而学习、创新需要德育孕育良好的主观条件，才能保证学习、创新活动的顺利进行。只顾业务，忽视精神；只顾眼前，不计长远；只顾个人，脱离社会，必然直接影响到自主创新的选题、价值、过程与效益，也必然会导致因主观条件缺乏而使学习、创新活动陷于困境。

三是自发目标取向将使自主创新活动在黑暗中长期徘徊，缺乏自觉目标的指引。自发目标一般指现实的、具体的、眼前的目标；自觉目标是指超越现实的、可以实现的长远目标。自主创新活动所追求的目标不是已经存在的现实的、具体的、眼前的事物，而是需要努力创造的新事物。要实现创造新事物的目标，绝不能就事论事，除了要掌握创造新事物的规律，还要确立明确、坚定的价值目标，具有克服创新过程中各种困难的顽强意志，为创新活动提供导向与动力保证。因此，创新活动是人的一种高度自觉活动，是一种在理性主导下，感性极其丰富的认识与实践活动。自发目标取向是一种满足于现状的目标，它不可能激发创新动机与动力，也难以确立超越现实的创新目标。在科学创新日益走向综合化、复杂化、协作化的今天，那种在科学发展幼年的个体创新方式无疑过时了。现代的科学创新课题的选择是经过专家们反复论证，并得到权威科研部门认可后方可实施的。当代大学生应该顺应这一自主创新范式的时代转换，自觉超越自发目标取向，确立自觉创新价值取向，争做自主创新的排头兵。

四是模糊目标取向将会导致自主创新活动事倍功半，甚至无功而返。模糊目标从本质上讲就是认不清目标所在的准确方位，这在一些大学生开展自主创新活动初期可能会出现。自主创新取向的萌发最初也往往只是一个朦胧的视域，而不是一个视点。但准确的创新视点要在不断探索的过程中逐步锁定。如果创新视点得不到锁定，或者说目标不明确、不坚定、不具体，就难以将自己的时间、精力定向投放，要么毫无目标地瞎碰撞，浪费时间和精力，要么遇到困难就更换目标，无功而返，同样浪费时间和精力。所以，自主创新的前提是自主选定创新目标，也就是根据社会的需要与自己的实际，量力而行地选定研究方向和研究问题，设定预期成果，然后顽强地坚持研究，才有可能实现目标。当代大学生肩负着时代发展的重任，确立远大目标不能含糊，自主创新也不能仅停留在模糊的目标取向上，否则，自主创新活动就会失去应有的精神动力和准确定位，最终会导致自主创新活动流产。

（二） 应试性学习障碍的危害

应试性学习阻碍着大学生的创新意识、创新能力、创新精神与创新思维的培育与提高。

一是应试性学习不利于创新意识的形成。创新意识是一个人根据社会和个体发展的新需要，引起创造某种前所未有的事物或观念的动机，并在创造活动中表现出的意向、愿望和设想。它是人们进行创造性活动的出发点和内在动因。创新意识的形成是创新动机、创新兴趣、创新情感和创新意志的统一，而应试性学习是为考试、分数而学，激发的是对考试与分数的追求和热情，它把掌握现有知识作为考试的手段，使学生不可能对现有知识提出质疑，也难以关注与知识相关的实际问题。在科学研究上有一个命题："提出一个问题往往比解决一个问题更重要。"[1] 在学习中问题意识淡薄，缺乏探究意识，则不可能萌发创新动机、创新兴趣、创新情感和创新意志。

二是应试性学习不利于自主创新能力的锻炼。创新能力是人们革旧布新和创造新事物的能力，包括发现与分析问题、提出与论证假设、解决问题以及在解决问题过程中进一步发现新问题，从而不断推动事物发展变化的本领。创新能力形成的条件包括：丰富广博的基础知识和扎实的专业知识、合理的知识结构；敏锐的思维能力；全面的智力发展；良好的人格品质；强烈的研究动机。[2] 而应试性学习是机械性学习，学习者片面追求的是与考试有关的书本知识，存在专业知识和专业技能薄弱、知识面狭窄、思维不活跃等缺陷。贝弗里奇认为："有重要的独创性贡献的科学家，常常是兴趣广泛或者研究过他们专修学科之外科目的人。"[3] 知识面狭窄的人，其创新能力是难以形成的，因为掌握广博的基础知识和扎实的专业知识与发展、培养创新能力是相互联系、相互依存的，掌握的基础知识和专业知识越丰富，就越有利于其创新能力的培养与发展。若没有掌握足够的知识基础，而去空谈创新能力的发展，无疑就成了无源之水、无本之木。同时，应试性学习总是片面追求书本知识，忽视实践能力的培养。陷于应试性学习者把学习等同于读书，忽视向实践学习、向他人学习，以学习竞争压力大为由，远离体力劳动和社会实践，缺乏将所学知识运用到实践中去观察、解决实际问题的机会。

---

① 蒋宗亮：《创新教学引论》，中国林业出版社 2001 年版，第 126 页。

② 林秀华等：《创新能力培养》，载《清华大学教育研究》2002 年第 5 期。

③ 周洪林：《站在巨人的肩膀上：名家论创新》，复旦大学出版社 2001 年版，第 295 页。

实践是人丰富思维的源泉，是人锻炼能力的场所，应试学习者学得越多，思维能力将越贫乏，实践能力不强，最终可能成为像过去应对科举考试的儒生那样不敢思考，不能创新。自主创新能力是贯穿于整个创新过程多种能力复合作用的结果，它既包括创新主体对资源的掌握和运用能力，也包括使创新主体资源能力得以实现的载体和外部环境所做的贡献；既包括科技成果的创造能力即产出能力，也包括新产品及市场品牌的培育能力。将自主创新能力的主要构成划分成四大类别，分别是：①创新资源的投入能力；②创新载体的建设能力；③创新环境的保障能力；④创新成果的产出能力。这四个主要构成要素的核心是创新成果的产出能力子系统，它是自主创新能力系统的直接产出部分，是看得见、摸得着的；其他三个子系统起条件、基础和保障作用。①

三是应试性学习不利于创新思维的培养。我国基础教育阶段不同程度地存在着片面追求升学率的应试教育，致使一些大学生独立思考的习惯与创新思维能力先天不足。进入高等学校后，考研究生也成为一些高校的"指挥棒"，传统的应试教育还没有彻底改变，教学、考试、评价方式仍然主要以分数为准，一些学生延续中学的学习习惯与方式，注重知识背记，缺少独立思考；按照标准化、模式化答案应对考试，回答问题，习惯于模仿与求同。而创新需要做到想前人之未想，思他人所未思，其本质则是求异，即标新立异。正是在这个意义上，熊彼特把创新理解为创造性的破坏；爱因斯坦说自己创建相对论主要来自"批判性思维"；波普尔认为："如果对科学史上所有观点都不加怀疑，那科学将成为垃圾场。"② 在当今信息爆炸、知识更新极快的时代，"被放在首要位置的永远应该是独立思考和判断的总体能力的培养，而不是获取特定的知识。如果一个人掌握了学科的基本原理，并学会了如何独立地思考和工作，他将肯定会找到属于他的道路。除此之外，与那些接受的训练主要只包括获取细节知识的人相比，他更加能够使自己适应社会的进步和变化"③。

四是应试性学习不利于创新精神的塑造。创新精神，就是邓小平所讲的"敢说前人没有说过的话，敢走前人没有走过的路，敢创前人没有开创的新事业"的大无畏的胆略和气魄，也是贝弗里奇所概括的创造者应有的开拓

---

① 朱孔来：《自主创新能力的构成要素》，载《新华文摘》2009 年第 1 期。

② ［英］卡尔·波普尔：《猜想与反驳》，傅季重等译，上海译文出版社 1986 年版，第 316 页。

③ 刘伟：《中国大学生到底哪些方面不行》，载《中国社会导刊》第 2006 年第 3 期。

品格，包括事业心和进取心，随时准备以自己的才智迎战并克服困难的精神状态、冒险精神、对现有知识和流行的观念的不满足，以及急于试验自己判断力的迫切心情。① 因此，创新精神是一种勇于抛弃旧思想、旧事物，创立新思想、新事物的精神。如果说如前所述的创新能力是技术与操作的支持系统的话，创新精神则属于文化资源和精神价值支持系统。在未来世界发展越来越快、竞争日益激烈的情况下，"一个具有创造精神的人，一定是敢想、敢争，有勇气独辟蹊径，有能力开拓新的领域，敢于创新，想前人所未想、做前人所未做的事"②。而应试性学习注重的是学习知识、获得分数，遵循的是书本和教师的传授。在应试性学习长期潜移默化的影响下，学生会逐渐养成一种不爱问、不想问"为什么"，也不知道要问"为什么"的学习习惯，只重视对知识条条框框的识记，甚至成为分数的奴隶，缺乏创新的欲望、动力和勇气，创新精神受到传统习惯的抑制。

(三) 虚假性学风障碍的危害

虚假性学风对自主创新精神的戕害主要有以下两点。

一是弄虚作假、投机取巧的心态与尊重事实、追求真理的自主创新精神相背离。从本体论意义上说，科学的研究对象是不以人的主观意志为转移的客观实在，科学研究活动要求人们在探究客观规律的过程中必须尊重事实，遵循实事求是的原则。科学研究是自主创新的主要方式，既要求真，即探索事物的本质与规律，又要向善，即符合为人类社会造福的价值取向。在学习上投机，考试中舞弊，求职时作假，既不符合客观事实，违背了求真，也不符合诚信原则，违反了向善。有这种虚假学风、品质的人，想的是如何通过不正当、不合理的手段获取自己的利益，而不是去通过自己的努力创新、创造财富。因而，虚假性学风是自主创新的大敌，它不仅阻碍学生获得真才实学，而且为学生走向社会留下犯更大错误的隐患。

二是因循守旧、迷信盲从的思维定式与提倡批判、怀疑的自主创新要求相背离。进行自主创新，其应有之义就是不能因循守旧、满足现状、迷信盲从，既要尊重事实，又要对客观现象具有探索的好奇心；既要学习已有的知识，又不囿于现有知识框架而敢于质疑；能够充分发挥人的思维能力和创造力，积极大胆地提出新概念、新假说、新思想，勇于突破，志在创新。这既

---

① ［英］威廉·贝弗里奇：《科学研究的艺术》，陈捷译，科学出版社 1979 年版，第 143-147 页。

② 黄济：《教育哲学通论》，山西教育出版社 1998 年版，第 456 页。

是自主创新的基本要求，也是高校的应有学风。只有这种学风，才能保证高校始终处于知识创新前沿，才能培养创新人才。否则，高校就会落后，就会误人子弟。但是，我们应当看到，高校有些教师与学生唯书而不唯实、迷信权威的倾向仍不同程度地存在，把书本知识视为金科玉律而不敢提出疑问，对学术权威盲目崇拜而不敢与之争鸣，缺乏批判、怀疑精神，探索求新之风淡薄，直接影响创新精神与创新能力的培养。笛卡尔说："要想追求真理，我们必须在一生中尽可能地把所有事物都来怀疑一次。"① 因循守旧、迷信盲实际上是对新事物、新知识的忽视和无视，也是对自己的忽视和无视。这样的人想问题、办事情习惯于趋向于别人的模式，习惯于遵循传统的规则，习惯于运用已有的知识，而不能自主地根据客观实际的发展，丰富、发展已有的规则与知识。因而因循守旧、迷信盲从容易导致人们混淆是非，抑制个人判断力，湮灭个性特点，对自主创新有害。实践证明，但凡盲目从上、从众、从师、从书者，他们的一生只能是碌碌庸庸而无任何建树。因此，可以说，自主创新离不开个体的独立思考。科学发展史表明，合理的怀疑是科学创造活动的真正出发点。② 没有对"物种不变论"的怀疑和否定，就不可能有达尔文进化论的创立；没有对牛顿经典物理学的绝对时空观的怀疑和超越，就不可能有爱因斯坦狭义相对论的出现。科学发展史就是通过怀疑、探索而不断提出并解答问题的历史。

（四）浮躁性意志障碍的危害

大学生浮躁性意志对其自主创新的危害主要是使自主创新活动或难以持久，中途夭折；或难以自主、陷于旁骛。

一是摇摆不定，浅尝辄止，阻抗自主创新活动。有人曾对大学生的学习做了这样的描述：大学生之间差别最小的是智力，差别最大的是毅力。毅力即顽强的意志力、耐性、耐力，也就是意志的坚忍性。自主创新的道路往往坎坷不平，布满荆棘，同时还会有许多艰难险阻，因此，需要顽强的毅力加以克服。"在科学上面是没有平坦的大路可走的，只有那在崎岖小路的攀登上不畏劳苦的人，有希望到达光辉的顶点。"③ 有些学生虽然懂得"业精于勤而荒于嬉"的道理，但在行动上怕吃苦，缺乏躬行践履、锲而不舍的探

---

① ［法］勒内·笛卡尔：《哲学原理》，商务印书馆1958年版，第1页。

② ［美］约翰·杜威：《我们怎样思维经验与教育》，姜文阁译，人民教育出版社1991年版，第6页。

③ ［德］卡尔·马克思：《资本论》，人民出版社1972年版，第26页。

求。时而勤奋刻苦，时而懒惰散漫；时而注重钻研，时而浅尝辄止。这种在学习研究上摇摆不定、犹豫不决的现象，正是意志缺乏的表现。大学生不论是知识学习还是研究创新，不以一种孜孜不倦、锲而不舍的精神和顽强拼搏、不达目的决不罢休的毅力去对待，是难以成才和有所成就的。美国发明家托马斯·爱迪生、被称为"镭的母亲"的居里夫人等科学家的事迹都证明了这一点。爱迪生发明电灯历时 10 年，先后用了 6000 多种不同的物质做灯丝试验；于 1977 年荣获诺贝尔化学奖的美国科学家吉耶曼和沙利为研究下丘脑激素，历经 21 年的磨难，在解剖了 27 万个羊脑后，终于取得成功。他们在回答旁人问及成功的秘诀时说，靠的是坚忍的意志。所以，贝弗里奇指出："几乎所有有成就的科学家都具有一种百折不回的精神，因为大凡有价值的成就，在面临反复挫折的时候，都需要毅力和勇气。"① 巴斯德说："告诉你使我达到目标的奥秘吧。我唯一的力量就是我的坚持精神。"这一切表明，顽强的毅力是他们成为自主创新巨人的一个必备的重要条件。相反，摇摆不定、浅尝辄止无疑是自主创新活动的阻力。

二是意气用事难以进行自主创新活动。意气用事，实际上是感情用事，理性控制不住自己的行为，难以自主。自主创新需要创新主体具有高度的自制力，综合把握创新活动的各种要素，按照创新目标定位，严格要求自己去一丝不苟、坚决果断地推进，并尽力克服来自内部与外部、主观和客观方面的种种困难和障碍，勇敢地面对挫折，顽强经受各种艰难困苦的折磨，正确地对待失败并能冷静地分析导致失败、挫折的原因，坚持下去，才能成功。这种自主创新所需要的顽强意志就是一种独立的理性精神，它要求人们想问题、办事情不能跟着感觉走，反对轻信和盲从，而要以科学理性指导言行，防止感情用事和意气用事，切实确立"追求真理的价值观，崇尚科学的价值观，提倡实事求是的价值观，倡导法治精神的价值观"②。在自主创新过程中，如果不能对自己的情绪状态进行调节，不能约束自己的行动，当遇到与既定目标不符合、具有诱惑力事物的干扰、引诱时，不能控制自己的感情，做不到心无旁骛，而是放任自己，缺乏自控，就会冲击自主创新活动的进程。人的时间与精力、天赋与能力都是有限的，要开展自主创新就必须对有限的自我资源进行严格管理。一个人只有合理配置自我资源，将自己所有智慧、精力、时间集中在某个确定的目标上，才能使自我资源发挥最大效

---

① ［英］威廉·贝弗里奇：《科学研究的艺术》，陈捷译，科学出版社 1984 年版，第 144 页。

② 吴增基：《理性精神的呼唤》，上海人民出版社 2001 年版，第 3-5 页。

益。而集中就需要自制力，意味着需要当事人克制或激发自己某些方面的欲望和天性，需要有计划地履行甚至重塑自己，意味着必须根据自主创新的需要，有所为而有所不为。人不可能同时完成好若干工作，在一段时间内，最佳的工作方法是集中时间、精力完成一个目标。花匠们剪去大部分花蕾而使养分集中到少数花蕾上，培育出罕见的奇葩，就是这个道理。自制力弱的人不能控制和协调自己的欲望或情绪，以保持充沛精力去克服困难，有的甚至不敢面对困难、挫折和失败，而采取逃避的态度，同样有碍于自主创新的成功。

三、大学生自主创新障碍成因分析

社会存在决定社会意识，人的主观因素无论看上去差异有多么大，"观念的东西不外是移入人的头脑并在人的头脑中改造过的物质的东西而已"①。"意识在任何时候都只能是被意识到了的存在，而人们的存在就是他们的现实生活过程。"② 当代大学生自主创新障碍产生的原因是多方面的，既有社会客观原因，也与大学生自身特点有关；既有传统教育的影响，更与高校教育体制有关。在这些复杂的影响因素中，社会的现实影响是主要的。

（一）多元文化的影响

我国实行对外开放之后，特别是加入世界贸易组织，融入经济全球化大潮之后，在引进国外先进技术与管理经验的同时，国外的文化及各种思潮也伴随着西方价值观涌入，形成了我国社会主义文化主导、多元文化并存的格局。在这样一个多元文化格局中，求知欲旺盛的大学生通过学习、比较、选择，放眼世界，开阔视野，增长见识，有利于他们在面向世界竞争中成长，有利于他们在学习国外先进技术和借鉴国外有益成果中发展，有利于他们在复杂、多样的文化格局中通过比较、鉴别加快成熟。因而我们可以看到，当代大学生所体现的开放、活跃以及知多识广等时代特征，正是自主创新所需要的主观条件，也是现代人才所必备的素质。但是我们也要看到，由于大学生正处在成长、成熟的过程中，他们还缺乏对历史的了解和社会生活经验，判断事物的价值标准尚在形成之中。当他们面对多元文化格局，面临各种价

① 《马克思恩格斯选集》第2卷，人民出版社1995年版，第112页。
② 《马克思恩格斯选集》第1卷，人民出版社1995年版，第72页。

值观冲击的时候，难免有些学生对西方文化发生兴趣并受其价值观影响。西方发达国家的价值观在个人与社会价值取向上，更崇尚个人主义价值观；在科技与人文价值取向上，更倾向科技主义价值观。西方的个人主义价值观、科技主义价值观并不是直接、显性传播的，而是渗透于一些影视、文艺作品以及生活方式之中，进行潜移默化的影响，通过某些未来学、心理学、伦理学、社会学等学术著作进行扩散。有些大学生一时难以辨别这些带有艺术性、学术性文化中的价值取向而受到影响，在学习上和生活中表现出自私、片面的价值追求。应当肯定，西方国家在个人主义价值观、科技主义价值观驱动下，是可以进行科学技术创新的，如发明科学理论、创造新式武器、研究控制社会技术等。这些成果，或被用于增加剩余价值，或被用于对外侵略战争，或被用于保护资本家的既得利益。因而，这种创新是在资本主义价值观的指导或影响下进行的，发达资本主义国家通过这些成果对外对内都获得了巨大资源，其原始资本积累、对外殖民掠夺、现代货币战争都充分证明了发达资本主义国家创新的价值取向。当然，我们应当承认，在资本主义国家，有许多为了和平、为民谋利、为人类造福的自然、社会科学家、技术专家在科学技术创新上为社会做出了贡献。我们要学习这些为人类造福、为社会做贡献的科学家、技术专家的科学精神与奉献精神，反对把科技成果作为对外侵略、为少数人牟利的工具。我国是社会主义国家，坚持的是社会主义核心价值体系，代表最广大人民的根本利益，这一价值取向与根本原则决定了自主创新的方向，也向创新主体提出了应当遵循的准则。因此，大学生中存在的自私、片面的价值取向既不符合我国社会发展的要求，也不能为自主创新提供良好的主观条件，只会使其在学习、创新过程中与他人和社会发生矛盾甚至冲突，使学习与创新难以进行下去。

（二）市场竞争的影响

我国在探索社会主义市场经济体制改革的过程中，特别是市场经济体制建立以后，赋予竞争主体独立性、自主性，并随着竞争的广泛展开，不断增强竞争主体的积极性与创造性，使我国社会充满发展活力，极大地推进了社会经济和科学技术的快速发展。大学生在社会竞争中主体性迅速增强，表现最活跃，并努力在学习上争优，乐于在各种比赛中大显身手。应当肯定，社会竞争激发了大学生的奋进精神，促进了大学生健康成长。但是，也应当看到市场经济体制赋予社会主体与个体的自主性和效益性，充分肯定了其获取自身利益的合理性，而有些社会主体与个体在谋求利益的过程中，往往只考虑个体和小团体利益而忽视全局利益；只注重眼前利益而忽视长远利益；只追求物质利益而忽视精神价值。同时，市场经济条件下的竞争性与激励性促使了社会主体与个体之间的直接比较，这种直接比较方式也往往使一些人重视可直接进行比较的物质条件、业务指标，而忽视隐藏其后的思想道德、价值目标。这就是在社会中普遍存在的功利倾向，诸如在官场中存在的重政绩工程、形象工程，轻基础工程、灵魂工程；在市场中存在的重金钱、轻道德，重眼前、轻长远；在高校存在的重智育、轻德育，重应用、轻理论等功利倾向，对大学生产生了直接、广泛的影响。再加上应试教育、片面追求升学率的竞争，更使一些学生只顾眼前、注重实用、讲究功利，应付思想政治理论课学习，忽视远大理想和崇高人格追求。有的人急于求成，甚至不惜弄虚作假。这种自发性、平庸性目标取向不仅因缺乏内在精神动力而导致竞争力缺乏，还将影响今后的长远发展。

（三）信息社会的影响

当今社会是一个信息化社会，大众传媒多样发达，计算机网络覆盖广泛，信息变化极其频繁，新的知识呈几何级数增加。这样一种信息环境，一方面为大学生学习提供了丰富的思想资源、智力支持与便捷条件，激发了学生的求知与创新欲望，推动了自主创新活动的深入、快速、广泛开展。但另一方面，大众传媒的影响强化，网络领域的海量信息，特别是碎片化、低俗化、诱惑性信息的混杂，既容易使一些学生热衷于信息追踪而疏离理论经典，沉醉于网络而无心学业，专注于传媒而拒斥教育，也容易使一些学生面对复杂多样的知识与信息，难以辨别与取舍，还容易使一些学生在知识更新、信息流变过程中因难以把握发展趋势而陷于感性化、表面化。同时，科学技术的迅速发展和海量信息的存在，特别是科技地位与作用的凸显造成了对人文的挤压，造成大学生对科技知识的盲目追求和狂热崇拜，往往又容易造成对人文价值的忽视。联合国发展计划署教育顾问德怀特·艾伦曾经指出："20世纪，高等教育自发地把如何使学生变得'聪明'当做了主要目的。当今，知识量已经翻了好几倍。高等教育忙于应付令人头晕目眩的新知识，无暇顾及价值观和道德教育。教育有两个目的：一个是要使学生变得聪明；一个是要使学生做有道德的人。如果我们使学生变得聪明而未使他们具有道德，那么，我们就为社会创造了危害。"由于科学技术具有工具性、功效性特点，信息具有流变性、碎片性特点，长期专注于科技知识与信息变化，而缺乏对科技的人文思考和对信息的加工整合，就容易形成技术性思维与感性思维习惯，观察问题和分析问题往往仅仅从技术的角度、感性层面理解，而忽视从人文价值、哲学思维的角度来探索取向与实质，致使思维陷于微观、具体或表面。少数大学生甚至形成了对信息技术的过度依赖，产生信息崇拜，具有"信息强迫症"倾向，即不管是遇到学习问题，还是生活问题，诸如做作业、写文章、搞竞赛等，自己不思考，习惯到网络里找现成答案、资料。这种依赖性、复制性习惯对理性思考、自主创新的阻力是显而易见的。

（四）风险社会的影响

我国社会多样、快速发展，使社会变得既复杂，又多变，人的岗位流动、劳动流动、地点流动、生活流动、住所流动已成常态；社会的不确定性、不稳定性、偶然性因素量大质异，流动易变，机遇与风险并存是当代社会的显著特点。在这样的社会条件下，有利于学生开阔眼界、丰富生活、增长阅历、应对风险、促进发展。但是，流动加上各种机遇与风险的不期而至以及各种危机事件频发，容易使一些学生只考虑适应流变、应对风险，而忽视对多样、多变现象的深层思考，忽视确立长远目标，形成"当下即是"的即时性思维，追求现实的、眼前的满足。正如西方马克思主义者鲍曼所描述的："不制订长期计划或不做长远投资；不要同任何特定的地方、人群、事业有太紧密的联系，甚至不要过久地保持自己的某种形象，以免发现自己不仅不安定、四处漂泊而且根本就没有精神支柱；今天指导人们作出选择的，不是控制未来的愿望，而是不愿将未来抵押出去的勉强心态。"[①] 这种即时性思维是一种以个人为立足点和归属，以感性、眼前利益为满足，忽视全局与长远，陷于不确定性的思维。这种思维方式只认定社会偶然性、不确定性因素的存在，不愿去探索偶然性、不确定性因素所隐含的必然性与规律性，因而也会对揭示社会与人发展的必然性、规律性理论产生排斥，使具有强理性特征的自主创新思想难以形成。

（五）高校教育的影响

我国高等教育在改革开放过程中由封闭走向开放，由精英教育走向大众教育，由适应计划经济体制走向适应市场经济体制，由单一职能走向多样职

---

① ［英］鲍曼：《生活在碎片之中——论后现代道德》，郁建新等译，学林出版社 2002 年版，第 311 页。

能；改革、发展呈现良好局面，为中国特色社会主义现代化建设培养了大批人才。但是，也应当看到，由于我国经济社会快速发展，世界科技日新月异，高校在内涵发展上与社会实践发展相比较显得滞后，表现为一些教育内容与方式更新不及时，培养的学生难以满足社会的知识、能力需要。同时，高校在适应我国大发展的过程中，过分注重外在规模与数量的扩大，对教育改革、教育质量关注不够，致使有些高校内部改革不力，在由精英教育向大众教育转化的过程中，教育质量有所下降。特别是应试教育没有得到明显改变，以分录人、以分选人、以分评人的考评模式、政策仍然在许多高校居于主导地位。在这样的传统教育模式下，大学生养成了知识型的学习与思维习惯，一切唯书、唯上、唯师、唯"标准答案"是从，产生应试性学习障碍，禁锢自主创新所需要的批判精神、怀疑精神，抑制了自己自主创新的欲望与个性。因而，高校现行的教育教学状况受传统教育的影响还很深厚，进行教育教学改革，发展创新教育的任务还很艰巨。

（六）大学生特点的影响

当代大学生的年龄一般在 18～25 岁，正处于迅速成长、发展的关键时期，他们既具有一般青年的敢想、敢说、敢干的特点，也存在经验不足、容易产生依赖性的弱点；既富有理想、充满激情和具有追求创新的强烈愿望，也存在目标易于变动、意志力较薄弱而影响创新的不利因素。从大学生的生理特点来看，他们虽已成人，其生理结构已基本成熟，思维能力明显增强，有探索、创新的冲动，但在当代社会条件下，随着物质生活的不断改善，一些学生表现为生理成熟前倾而心理成熟后倾的矛盾，呈现一种所谓"边缘人"（marginal man）的状态。这种心理发展滞后的现象影响了大学生理性思维与创新思维的发展。大学生在开放环境、市场经济体制与民主政治条件下，独立性、自主性不断增强，但由于在经济上尚未完全独立，又难免存在依赖性。当代大学生的依赖性表现更为多样，除了表现为对家长、老师的依赖，更多地表现为对环境因素的依赖，诸如对传媒、网络信息、书本的依赖，对公众人物、社会思潮的依赖等，盲目从众、追随自以为是的"新知识""新思潮""新时尚"，其价值观念尚不稳定，时常处于波动、迷惘、抉择之中。① 这种缺乏独立性、自主性的行为使创新缺乏形成的前提与基础。大学生经过系统理论、知识学习以后，思维已逐渐从经验性思维转向逻辑性

---

① 黄蓉生：《青年学研究》，四川人民出版社 2001 年版，第 102 页。

思维，进入了形式思维阶段，思维的灵活性和敏捷性都有很大提高，具有独立、辩证思维的特点。但他们中的许多人由于受经历的局限，还难以把事物放在更为开阔的背景下和历史与现实的联系中进行分析、思考，往往容易凭自己的想象、意愿对事物进行判断，思维带有以自我为中心的特点，"对事物抽象的看法和思考方法，也易于远离现实，流于空想。因而，青年人往往容易陷入用非社会、反社会、不成熟的推理方式进行思考"[①] 的窠臼，这种思想方法的片面性、主观性也容易使学习、创新活动难以深化。

四、大学生自主创新障碍的克服与超越

大学生自主创新不仅是时代发展、民族复兴对大学生群体提出的要求，而且是大学生适应时代发展、实现自身价值的需要。帮助大学生认识自主创新障碍的表现、危害与原因，促进大学生自觉克服自主创新障碍，是高校教育的重要任务。

（一）确立自主创新目标

树立明确的学习目标，特别是确立自主创新目标，是大学生自主创新的前提。一般来说，人们要进行自主创新实践，必须具备两个基本条件：一是自主创新的客观条件，二是自主创新的主观条件。当自主创新的客观条件基本具备，这时，自主创新的主观条件特别是确立科学的自主创新目标就显得尤其重要。自主创新目标具有新颖性、未来性、科学性、导向性和动力性五个特点，这些特点决定自主创新主体坚定地沿着自主创新方向前进，源源不断地激发自主创新动力，在实践磨炼中形成自主创新的顽强意志，保证创新主体顺利进行创新活动。因此，自主创新目标是自主创新主体最核心的主观条件，是自主创新主体开展创新活动的内在根据。

自主创新目标，既基于也高于明确的学习目标、事业目标。也就是说，缺乏明确的学习目标与事业目标，是不可能形成自主创新目标的；明确的学习目标与事业目标是自主创新目标形成的基础。如果一个学生存在着前面所讲的那些目标障碍，则不可能有创新的欲望与追求。因此，克服学习目标障碍，只是为确立自主创新目标奠定基础，还不是自主创新目标的确立。而自主创新目标是一种更高境界、更长远的目标。这一目标的内容是开辟创新活

---

① 关忠文：《青年心理学》，习川、黄奔译，江西人民出版社1984年版，第3页。

动的新途径与新道路，克服创新过程的各种困难与风险，承受创新失败的痛苦与考验，获得创新的成果与经验。这些内容蕴含着科学的信念、执着的追求、开拓的勇气、顽强的意志、献身的精神。没有这些精神准备与凝练，自主创新目标是无法形成的。因此，自主创新目标的内容既是丰富的，也是具体的，它需要自主创新主体在学习、实践过程中，把事业与奉献联系起来，把自己与社会联系起来，把现实学习与未来创业联系起来，在主观上不断丰富、反思、提高，不断实现思想境界的超越。专注于业务学习，满足于一般目标是难以形成自主创新目标的。有学者对创新的主观因素进行过划分，认为创新思想是自主创新人才的灵魂，创新精神是自主创新人才进行创新的指南，知识是自主创新人才创新的基础，智力是自主创新人才的认识能力，创新能力是自主创新人才的最高本质力量，创新个性心理是自主创新人才的强大动力，思想方法是自主创新人才进行创新的认识工具，创新人格是自主创新人才德与才的结晶。[①] 显然，自主创新是人们执着追求目标的活动，目标的明确性与坚定性是自主创新活动的灵魂与根本价值取向，没有明确与坚定目标的自主创新活动是盲目的、自发的、冲动的，而不是自主创新活动。有了明确与坚定目标的自主创新，其他的素质可在目标的指引下不断得到提高，这是保证目标实现的条件。

（二）增强适应社会的能力

如前所述，社会的开放性、市场化、信息化与风险性构成了我国当代社会的时代特征。这些特征深刻地影响着当代大学生，并使之患上诸多"环境障碍症"，加之他们正处于心理发育的关键期，其在自主创新方面存在如前述的一些障碍。但是，时代是我们无法选择的，只有适应时代、把握时代，进而引领时代，才是唯一明智的选择。大学生作为自主创新主体，只有正视障碍、克服障碍，才能担当时代所赋予的自主创新任务。

首先，辩证地认识社会环境，培养正确的价值观。社会环境是指人类生存及活动范围内的社会物质、精神条件的总和，广义的社会环境包括整个社会经济文化体系，如生产力、生产关系、社会制度、社会意识和社会文化；狭义的社会环境仅指人类生活的直接环境，如家庭、劳动组织、学习条件和其他集体性社团等。社会环境对人的发展起着重要作用，同时人的活动给予社会环境以深刻的影响。社会的开放性、市场化、信息化与风险性环境推动

---

① 彭健伯：《创新哲学论》，人民出版社 2006 年版，第 67—68 页。

人们由地域性走向世界性，由封闭性走向开放性，由现实性走向虚拟性，由稳定性走向流动性。大学生面对这一环境变迁，应该以不变应万变，即坚持为人民、为社会服务的价值观不变，坚持实现人生价值、报效祖国的追求不变，坚持自主创新目标、推进社会文明进步不变。有了这样明确而坚定的价值判断准则，我们才能在复杂多变的环境中进行分析、辨别和选择。如果听任瞬息万变的社会环境左右自己，就会陷于迷茫困惑，甚至疲于奔命，找不到自己的社会定位，更难以自觉投入自主创新活动。应当看到，当代社会环境在给大学生自主创新带来某些阻力的同时，更为大学生自主创新提供了越来越多的机遇，比如，自主创新资料的获取更加便捷，自主创新合作可以在更大范围内开展，自主创新的方式更加多样，自主创新的经验借鉴更加丰富，等等。关键是大学生要尽早确立分析、辨别、选择环境因素的正确价值准则，学会辩证地看待和对待社会环境，摈弃不良环境影响，吸纳良好环境因素，适应并驾驭环境变化。

其次，积极投身社会实践，磨炼创新意志。要适应社会，必须投身社会，脱离社会是无法适应社会的。一部分大学生要求独立，但不同程度地依赖环境中的某些因素；乐于交往，但把握不好交往的道德与方式；期望值高，但实现期望的能力不强；情绪强烈，但积极的情绪稳定性不够。这些矛盾在大学生成长过程中是难以避免的。一些学生存在这些问题并不可怕，可怕的是不正视、不克服这些看起来习以为常的问题。正是这些问题，像逆风阻碍行船、像坎坷阻碍行车一样阻碍大学生，使其或不能独立自主地进行学习和创新，或不能将学习和创新活动持续下去，其集中表现是意志力缺乏。锻炼意志，增强克服困难的勇气和承受挫折的能力，最有效的途径是参加社会实践，因为只有在实践中，我们才能真正面对实践接受检验并认识存在的不足，才能通过克服实践中的各种困难磨炼意志，知道如何去实现自身价值并创造社会价值。

（三）推进创新教育发展

改革传统应试教育，发展素质教育，探索创新人才培养模式，是帮助学生克服自主创新障碍的关键。近代以来，学校教育经历了应试教育、能力教育、素质教育的发展历程。传统应试教育是以应试分数作为评定标准的教育，其特点是以教师为中心、以课堂为中心、以书本为中心。这种传统应试教育忽视学生的主体性与主动性，忽视实践教育与能力锻炼，自然会给学生的学习与创新设置障碍，因而必须进行改革。我国高校自推进素质教育以来，传统应试教育的状况有了改变，但许多高校的改革或停留在口头，或追求形式，传统应试教育的影响仍很深厚。要培养自主创新人才，只能发展创新教育、素质教育。创新教育、素质教育将成为人类教育发展的必然趋势。① 我国深化教育改革的价值取向就是全面推进素质教育。素质教育的本质是促进人的全面发展，重点是培养创新精神与实际能力。只有全面发展的人，才能提供自主创新所需要的各种主观条件，保证创新活动进行。因而，素质教育与创新教育是相互包含的关系，前者强调素质的全面性，后者强调素质的重点。

创新精神与创新能力是21世纪人才培养的重点，并且日益成为当今社会进步、经济发展和科技竞争的决定性因素。所谓创新人才培养模式，是指建立在素质教育和学生个性发展基础上，采取各种教育手段，培养学生创新素质，提高创新能力和水平，最终以培养适应21世纪需求的创新型人才为目标的高等教育模式。东南大学提出了优才优育培养模式、交叉复合培养模式、产学研合作培养模式、国内外联合培养模式、柔性化培养模式、敏捷性培养模式等集成创新培养模式。武汉大学提出了"三创教育"的新理念，注重培养学生的创新、创造与创业能力，以培养"厚基础、宽口径、高素质、创新型"人才为目标，积极探索适应经济与社会发展的人才培养模式。武汉科技大学提出了"1+N人才培养模式"（1即学业合格，N即学生个性和特长），推行大学生自主素质拓展工程，健全学生人格塑造体系、知识学习体系和能力培养体系，高度重视学生创新精神和竞争意识的培养。②

在当代社会条件下，以知识占有为特征的传统应试教育弊端已十分明显，但许多高校又走不出这个怪圈，其根本原因是以考分为主要标准的评估、升学"指挥棒"制约着高校的教育与教学。素质教育的"指挥棒"还没有完全形成，放弃考分这一"指挥棒"，担心有违公平，因而一些高校就轻驾熟地沿袭传统方式，致使传统应试教育仍有市场。因此，改革传统应试教育，发展创新教育与素质教育是高校的紧迫任务，否则，学生学习、创新的障碍将难以被消除。应当承认，传统应试教育的习惯势力是深厚的，进行改革和发展创新教育与素质教育是一个艰难的过程，它既需要高校管理者的果断决策与坚定推进，也需要广大教师拓宽教学领域和创新教学方法，还需要广大学生在教学中充分发挥自主性与创造性。只有师生共同以改革、创新

---

① 彭健伯：《创新哲学论》，人民出版社2006年版，第67-74页。

② 林玲：《高等院校"人才培养模式"研究述论》，载《新华文摘》2008年第22期。

为价值取向，才能切实推进创新教育与素质教育发展，才能有效克服学生学习、创新的障碍。即便在传统应试教育的影响下，也有一些学生在学习中不以应付考试、获取分数为目的，而是孜孜不倦地追求真才实学，立足事业发展，敢于进行知识创新，在高校学习阶段就取得了具有创新价值的成果。因此，我们既要承认高校教育体制、考试制度对学生学习、创新的影响，也要看到教育体制、考试制度对学生来说不过是外在条件。大学生要克服障碍，自主创新，关键是要发挥学习、创新的自主性、创造性。学生发挥学习、创新的自主性、创造性越充分、越广泛，对高校教育改革的推进力度就越大。

（四）探索创新教育方法

教育培养方式由单一向多样发展，切实实施因材施教、因人育才，是催生各类自主创新型人才成长的重要条件。大学生是一个个活生生的个体，有各自不同的天赋、爱好、兴趣、追求、性格、经历等，因此，应根据个体的实际与需要，采取多样化的教育方式。"一刀切"、一律化的教育只会培养模式化人才，不可能促进学生个性发展与特长培养。为此，首先要改革教学方法。进行知识传授是高校教育的传统方法，也是迄今为止不少教师使用的主要方法。这一方法在现代教育中当然可以继续使用，但仅仅使用这一方法已经不适应社会与学生发展的需要，必须进行改革。要按照人的思维规律和知识的逻辑体系，努力实行启发式教学，引导学生学思结合，启发学生感受、理解知识，认识知识产生和发展的过程及其内在联系，融会贯通地掌握知识，培养学生的科学精神和探索思维习惯，避免死记硬背知识概念。同时，要按照理论联系实际的教育原则，善于提出与理论知识相关的实际问题、典型案例，引导学生开展讨论式教学，推广"主体参与式课堂教学模式"。主体参与式课堂教学模式，是以发挥学生学习主体性为指导，以教师指导学生主动参与教学全过程为基点，以培养学生创新精神与学习能力、实际能力为目标，组织、动员学生与教师共同开展课堂教学，切实做到教学相长，避免学生在教学过程中的被动状态。因此，有效运用课堂辩论、专题讨论等方式，能够激发大学生的求知欲，培养学生的探索精神。其次，加强实践教学不仅能帮助学生巩固已学过的知识，而且能锻炼学生运用知识分析、解决问题的能力，还能促进学生在实践中发现新问题，激发创新欲望。因此，要摒弃把教学局限于课堂的传统，重视学生的实验、实习与社会实践，设立开放型实验室，建立产、学、研相结合的实践基地，为大学生培养、锻炼实际能力与创新能力提供条件。再次，鼓励学生参加科技活动。大学生在校期间参加科学研究，是提高大学生创新能力的一条有效途径。在科学技术社会化和社会科学技术化的当今社会，忽视大学生的科学精神与科研能力的培养，是高校教育落后的表现。因此，高校教师可以通过课堂教学、吸收学生参加课题研究、帮助学生掌握研究方法、指导学生承担研究项目、组织学生开展科技社团活动等方式，培养学生的研究意识，锻炼研究能力，避免学生养成只会学习知识，不会运用知识，更不会创造知识的习惯。最后，改革考试方法。现在的考试方法偏重知识测试，而忽视能力考核，单纯以分数作为学生水平高低的评价标准，抑制了学生的创新能力。应该遵循理论联系实际的原则，重点测试学生理解、掌握、运用所学知识的能力和实践动手能力，其考试方式可采取试卷考试与科研论文、产品设计、社会调查报告、实际动手操作等相结合的方式，做到既考知识，又考能力和综合素质。